# 大学出版社的
# 坚守与创新

DAXUE CHUBANSHE DE
JIANSHOU YU CHUANGXIN

金鑫荣 左健 主编

南京大学出版社

**图书在版编目(CIP)数据**

大学出版社的坚守与创新 / 金鑫荣,左健主编.—
南京:南京大学出版社,2014.10
　ISBN 978-7-305-14045-7

　Ⅰ. ①大… Ⅱ. ①金… ②左… Ⅲ. ①南京大学出版
-出版工作-文集 Ⅳ. ①G239.275.31-53

　中国版本图书馆 CIP 数据核字(2014)第 232017 号

出版发行　南京大学出版社
社　　址　南京市汉口路 22 号　　　　邮　编 210093
出 版 人　金鑫荣
**书　　名　大学出版社的坚守与创新**
主　　编　金鑫荣　左　健
责任编辑　束　悦　　　　　　　编辑热线　025-83686308

照　　排　南京紫藤制版印务中心
印　　刷　南京爱德印刷有限公司
开　　本　787×1092　1/16　印张 16.25　字数 265 千
版　　次　2014 年 10 月第 1 版　2014 年 10 月第 1 次印刷
ISBN　978-7-305-14045-7
定　　价　58.00 元

网　　址　http://www.njupco.com
官方微博　http://weibo.com/njupco
官方微信　njupress
销售咨询热线　025-83594756

# 序

时光荏苒，岁月如梭，成立于1984年的南京大学出版社已经走过了三十年的历程。三十年花开花谢，三十年风生云起，一万多种、数亿册图书从我们手里走向读者，走向世界。三十年来，几代南大出版人在这里辛勤耕耘，如今，老一辈中不少人已经退休了，而80后、90后的青年，成为新的南大出版人。南京大学"诚朴雄伟，励学敦行"的文化品格激励我们前行，我们是精神文明和知识文化的传承者，是作者与读者沟通的桥梁，是社会主义文化事业和文化产业的忠实践行者。

"三十而立"，我们有自己的创业史。经过历代南大出版人的努力，我们由无到有，由小到大，由弱到强。现在有了较为成熟的学术及大众图书出版、高等教育教材出版、基础教育图书出版、少儿图书出版四大板块主营业务，逐步形成了在高品位的学术专著、国外学术名著译介、传统思想文化研究、中华民国史研究等方面的出版特色。在传统出版转型升级的战略发展过程中，我们正在积极推动数字出版，实施"中文人文社科学术著作引文索引数据库 CSSCI - BCI"、"民国历史文献数字化出版平台"等国家及省级重大项目。在市场化规模和程度上，在学术品牌建设和影响力及美誉度方面，我们已取得重大进展。

"学术立社，品牌兴社"，是我们的出版价值观。我们已经出版了《中国思想家评传丛书》（200部）、《近代新闻图像史》、《南京大屠杀全史》、《中华民国史》、《全清词》、《中国现代戏剧总目提要》、《中国昆剧大辞典》、《太平天国通史》、《中国抗日战争全史》、《当代学术棱镜译丛》等一大批学术精品。列入出版计划或将要出版的有《南海文库》、《孔子新汉学丛书》、《百年佛学精华集成》（100卷）、《中国学术思想史》（20卷）、《中国阅读大辞典》（200万字）、《中华民国专题史》（18卷）、《中国当代文学史稿》（8卷）、《南京大学珍本文库》、《汪伪政府公报》（100册）等，已经或将会产生广泛而深远的学术影响。

企业的提升，不仅是产品品牌、利润的提升，也是经营理念的升华。三十年，有不少经验需要总结。我们有总结的传统，研究的传统。我们一直倡导出版研究的风气，倾心打造研究型的文化企业。从社管理人员到编辑，到行政、印务、发行、财务、物流等业务部门，都注重以研究的态度对待自己的工作，也经常有研究成果发表。在建社八周年的时候，我们曾出版论文集。在今年建社三十周年之际，我们编辑了新的论文集，曰:《大学出版社的坚守与创新》。论文集汇集四十多篇文章，绝大部分是我社员工三十年来在社工作期间正式发表的文章。文章分七个板块:"大学出版社与学术出版"、"出版改制与出版业发展"、"编辑功能与素质研究"、"出版业务探索"、"数字化与新媒体"、"出版法律与法规"、"域外出版借鉴"。从这些论文中，可以看到我社员工对出版业务和规律的探究，对行业发展的思考。

"长风破浪会有时，直挂云帆济沧海"，出版产业已经进入转型升级，向文化产业综合发展的时期。今后的竞争会更加激烈，产业形态会更加复杂，这就更需要我们认清大势，研究问题，钻研业务，把工作做得更好，在竞争和发展中实现我们的价值和理想，实现我们大学出版人的中国出版梦!

是为序。

编　者

2014 年 9 月 15 日

# 目　录

大学出版社与
学术出版

DAXUECHUBANSHEYU
XUESHUCHUBAN

# 大学学术出版要守望大学精神

左　健　金鑫荣

　　翻开世界出版史,我们会发现,是大学最早孕育了现代意义上的出版社。世界上最古老的出版社是英国的牛津大学出版社,建于 1478 年;巴黎大学、海德堡大学都在 16 世纪之前建立了自己的出版社;美国,在 1869 年创立了最早的康乃尔(Cornell)大学出版社。大学,是大学出版社的母体;大学出版社,是大学事业的重要组成部分。学术出版,是大学出版社与生俱来的使命和职责,它承担传播科学知识的功能,推动着社会生产的发展和人类文明的进程,集中体现了大学母体的精神,与大学精神互为映照。

　　什么是大学精神? 哲学家威廉·詹姆斯说到"哈佛"时指出,哈佛是一个"无形的、内在的、精神的哈佛",它的实质就是"自由的思想"与"思想的创造"。中国的现代大学虽然创办较迟,但一批早期的教育家都有很好的办学理念,都强调了大学的思想和精神。蔡元培办北京大学的宗旨是"兼容并包,思想自由";梁启超为清华大学题写的大学精神是"自强不息,厚德载物"。史学家陈寅恪认为,大学精神的第一要义是"独立之精神,自由之思想"。清华老校长梅贻琦说:"所谓大学者,非谓有大楼之谓也,有大师之谓也。"他说的大师,不仅是有学问,而且还应该有高尚的人格,能够成为人们的精神导师。综上所述,大学精神应有如下内涵:一、对真理执着追求,无怨无悔。当年,布鲁诺面对火刑,也不改学术信仰。南京大学赵宪章教授说,视学问为拐杖,可登高望远;视学问为友朋,可相伴终身;视学问为宗教,方达至境。追求真理,有宗教般的虔诚、执着,才能达到很高的境界,这也是大学精神的境界。二、创新的精神。只有创新,不断进取,才能保持学术的活力,也才能保持大学的活力。三、独立、自由、超越的品格。有了这种品格,才能不受或少受世俗的羁绊,俯仰人生,在扰攘的世俗中保持一方精神家园。在这个家园中产生的精神产品,无疑是每个大学出版人孜孜以求的。

在体现大学精神的产品中,学术出版,无疑是最有分量的一个方面。美国霍普金斯大学首任校长丹尼尔·科伊特·基尔曼创办了约翰·霍普金斯大学出版社,他认为大学出版社应服务于大学的三个职能:"教学、科学研究和传播推广研究结果"。从中我们可以解读出,追求学术进步、推进文明进程,是大学所崇尚和身体力行的伟大事业。以大学为母体的大学出版社,同样以这样的精神为导向,以能够出版富有创见的学术著作为荣,努力维持出版物的学术品质。有统计数字表明,近年来,美国的大学出版社出版了美国的诺贝尔经济学奖、诺贝尔文学奖等奖项得主的全部或者部分作品。这些作品或记载着科学技术的进步,或记载着人文学科的发展,极大地推动着人类文明的进步。

相对而言,中国大学出版社创办得晚一些,大学社的崛起也是近 30 年来的事情。但是,大学精神一直是大学出版人所追求的。国内大学出版社相继成立以来,在大学精神的激励下,在大学母体的支持下,对学术出版的重视程度明显高于其他类型的出版社,为学术出版所作的贡献也有目共睹。北京大学出版社、清华大学出版社、外语教学与研究出版社、中国人民大学出版社、北京师范大学出版社、复旦大学出版社、华东师范大学出版社、南京大学出版社等大学出版社在学术出版方面都取得了可喜的成绩。南京大学出版社出版的《中国思想家评传丛书》作为我国跨世纪最大的传统思想文化研究工程,共 200 部,近 7 000 万字,积 20 年之力,坚持不懈,终于于 2006 年 9 月全部完成,在海内外产生了重要的学术影响和社会影响。大学出版社以外,像商务印书馆、中华书局这样有百年历史的老牌出版社,虽然不是大学所办,但是在其创办和发展的过程中,其经营者、作者、读者都与大学有着非常深刻的联系,一定程度上成了学术品牌的象征,是对大学精神有力的阐释。

但不可讳言,在现代商品经济的社会中,功利主义、实用主义,世俗化、庸俗化、快餐化等,都形成了对大学精神的严峻挑战。有文章指出,有些大学已沦为现实生活的工具,有些知识分子则成为讨生活的高级市井之徒。这种情况对大学的学术出版也带来了不少负面的影响。学术的浮躁、创新乏力甚至弄虚作假,都在一定程度上折射出"大学精神"的失落。从某一个时期开始,学术著作出版难的时代似乎已经成为过去,学者们不断推出新著,呈现一派"繁荣"的景象。然而深究起来,真正有价值的学术著作并不多。一些学者学风浮躁,不愿意下苦功夫,不作深入的思考和研究，东拼西凑，只追求数量，不追求创新和质量。有的则披着学术的外衣走商业化、世俗化、快餐化和娱乐化的道路，美其名曰"普及学术"。

另一种现象也值得注意，即学术界和出版界的评价体系也存在一定的问题。在大学以及整个学术界，有很多的考评和评级，这本无可厚非，但在实际操作中，则往往变味。出版社的"级别"和学术著作的数量往往起到相当重要的作用。此外，学术研究中动辄谈"项目"、谈"学术工程"，毋庸置疑，有一些项目确实需要集体合作，动员集体的力量才能完成。但也有不少课题，并不适合"群众运动"，更适合个体的潜心思考，感悟发现。如果不顾课题本身的实际，定规划，定人员，定任务，定时间，这样完成的学术著作，其价值和质量也是大可怀疑的。这些现象与范文澜说的"板凳要坐十年冷"，陈寅恪说的"五十岁前不著书"，真有天壤之别。这种复杂的出版环境，给大学出版人守望大学精神，做好学术出版，带来了新的问题。

那么，大学出版社如何做好学术出版，坚守大学精神？

大学出版人要有崇高的理想，坚守本位，杜绝低俗，远离平庸。对那些只顾市场，一味迎合大众低级趣味的"伪学术"作品，不能趋一时之小利，而忘记大学出版人的根本职责，忘记自己身上所承载的大学精神。大学出版人要志存高远，以传承文明、发展学术、传播真理为己任，把最好的精神产品奉献给这个时代，留给后人。

大学出版人坚持学术品位，自己还应该是个"学人"，能够了解学科前沿的研究动态，具有基本的学术眼光和较高的学术水准。"盖有南威之容，乃可以论于淑媛；有龙渊之利，乃可以议于断割。"[①]没有一定的学术眼光，就无法对作品的学术价值作出评价、选择和判断，既不能与学者进行对话，也容易被所谓的"学术"所糊弄。编辑学者化，正是在这个意义上显示其重要的价值。

大学出版人要坚守大学精神，做好学术出版，还要注意并处理好如下几个关系。

### 1. 冷和热的关系

学术出版，就其研究的对象、社会反响和受众面而言，确实有冷和热的差异。冷门的学术，藏在深闺无人识；热门的课题，众人关注，是谓"显学"。就冷与热而言，我们更应该关注"冷"。其一，冷的学问本身有其价值，真正具有开创性的学术

---

① 曹植：《与杨德祖书》。

是孤独的,往往存在"深废浅售"的现象,在同时代的人那里难以觅得知音。其二,冷和热是转化的,在时空条件变化的情况下,冷门学问也可能被社会关注,对社会现实产生较大的影响。学术出版人要别具只眼,坚持独立的学术判断,不为外在的冷热所左右。

### 2. 出世与入世的关系

大学精神是自由的、超脱的,指的是它能够摆脱一些现实利益关系所造成的人们视野上的局限和迷障,更加注重长远的、终极的目标,更加注重理想的追求。在这个意义上,它有一定的出世性和超越性。但大学精神并不意味着是象牙塔中的供品,它也应该关心现实的运动,关心国计民生。从这一点上说,大学精神又是入世的。大学的学术出版不能把学术研究与为现实服务一味地对立,以为关注现实的著作,学术含量就不高;岂不知马克思《资本论》的理论阐述,无一不从现实中来,又指导现实。应该兼顾这两方面,以入世的情怀,做出世的文章。既有学理的探究,又能够有裨于现实。

### 3. 个人学术研究与集体项目工程的关系

个人学术研究的成果比较深入,易于形成个人独到的研究成果。但个人研究比较专门,对于大的、"战役"性的课题往往力不从心。因此,大的项目采用集体分工合作的方式易于尽快地形成成果。但往往可能因为迫于任务,研究难以深入;成于众手,水平参差不齐。对此,学术出版人要有清醒的认识。在这方面,南京大学出版社采取"编辑提前介入"的方式,较早地介入到项目中去,以出版人的理念和学术标准施加影响,以前期成果的经验教训提醒后来的项目承担者,跟踪每本书的写作过程,使得这一集体项目的学术质量得到了较好的保证。

### 4. 义和利的关系

中国大学出版社的体制,大多是一个自负盈亏、自我发展的经营实体。看一个出版社,从目前来看,码洋、利润无疑是重要的评价指标,不讲经济效益是不行的。但是对于大学出版社而言,要弘扬大学精神,则一定要"义"字当先,以学术为重。学术出版价值的首要指向并非经济利益,而是学术本身。对于有价值的项目,我们决不能做"守财奴",要把资金投入到有价值的项目中。南京大学出版社在做完200部《中国思想家评传丛书》巨大工程后,现在又开始启动近乎同样规模的《全清词》、《全清戏曲》等项目,也是基于大学出版人的使命感和责任感。

### 5. 国内与国际的关系

学术是无国界的,真正好的学术著作因其思想的深刻性和超越性会成为人类共同的、永恒的财富。法兰克福国际书展主席岳根·博思说:"任何一个国家都需要学术类的专业书籍……学术类图书和专业类图书有一个共同特点就是国际化的程度比较高。"[①]学术著作阅读面较窄,我们又主要面对国内的学术市场,因此国内的学术出版总是承受比较大的经济压力。国外的学术出版一般有基金的资助,加上国际化程度高,面向全球市场,所以经济压力不大,更能坚守学术的本位。而且国外的学术著作在数字化方面已经十分领先,科学、医学、法律等专业出版的数字化程度达到80%,传统出版只占20%。这也是我们应该向国外同行学习的。只有与时俱进,及时地学习和掌握先进的出版手段和技术方法,才能更好地把学术出版坚持下去,跟上时代发展的步伐。

过去,大学精神孕育了大学出版社的学术出版,学术出版又反过来阐释大学精神。在大学精神面临考验的今天,大学出版社唯有坚持学术出版宗旨,通过对理想的追求,卓越品质的打造,向社会奉献可以传之后世的创新学术精品,才能使大学精神得以维护并发扬光大。

（原载于《科技与出版》2008年第1期）

---

① 岳根·博思:《我的出版体验及对学术出版的观察》,《中国图书商报》2007年9月7日。

# 论品牌出版物的延伸开发

金鑫荣

我们在出版品牌出版物的过程中，除了要开发新的原创作品，还应该关注既有产品的延伸开发和内容创新。社会大众对优秀文化产品的需求，读者对优秀出版物的期待以及出版社自身发展和建设的需要，都要求我们不断开发新的产品。经验表明，对已有品牌出版物的延伸开发和内容创新是一条"捷径"，可以节约大量的时间和物力；如果运作得当，还可以凤凰涅槃，焕发品牌出版物新的生命活力。

对品牌出版物的延伸开发大致可以分为几个途径。

## 一、衍生开发，一纲多目

即在原有产品的基础上，开发出一种或若干种优秀名牌读物。品牌出版物从诞生之初就是出版社着力打造的精品，从作者的遴选、内容的确定等方面经过精心的酝酿。它们往往是某一个知识领域或某一个学科的经典之作，是位居该领域或学科的"上游"产品，而其"中游"乃至"下游"的衍生产品有待于持续开发。比如有些品牌产品是集大成的大部头作品，其衍生产品就可以根据市场的需要分化为若干子项目，各炫其彩；反之，有些品牌出版物是单本或零散的作品，也可以根据需要集腋成裘，整合成大部头的作品。如一些大型工具书，如《辞源》、《辞海》，篇幅大，价格高，一般读者使用率低，尤其对中学生来说，让其使用，往往是勉为其难。但如果能够开发出适合学生使用的《学生辞源》、《学生辞海》之类的小型工具书，就会受到广大中学生朋友的欢迎。再如百科全书之类的作品，内容包罗万象，不适合中学生使用，但现在有的出版社"借壳上市"，借用百科全书的"壳"，推出

《少儿百科全书》、《学生百科全书》之类的作品，取得了极大的成功。依照此例，有的品牌出版物还可以开发出简约版、图文版、动漫版、影视版，甚至可以开发适合不同市场需要的城市版、农村版等。

在开发的过程中，出版者还应该在图书内容、装帧设计、价格策略上下功夫，以满足各个不同层次读者的需要。当然，衍生开发要注意"形散神不散"，即在开发的形式上可以多层次、多途径，但不能散漫无章，一味求全；要把握好品牌出版物的核心价值及主体意义之"魂"，不能捡了芝麻、丢了西瓜，损害到品牌出版物的良好声誉。

## 二、接壤前贤，连续开发

有些品牌出版物在推出阶段性的成功之作之后，因各种原因没有持续开发，留下了一条"光明的尾巴"。这条"尾巴"为后续出版物的及时跟进留下了很大的发展空间。这和影视剧的开发有些类似，往往是一部作品大红大紫之后，接着就推出续作。但作为图书生产，在操作此类图书的接壤之作时，要注意时序、内容、方式、方法上的关联性，不可一成不变，也不可面目全非，要拿捏好接壤的分寸，否则狗尾续貂，起了反作用。《红楼梦》高鹗续作的四十回，就是对经典作品的接壤之作。虽其创作水平红学家们见仁见智，但毕竟使得《红楼梦》成为一部完整的文学巨著，是一大贡献。风靡全球的青少年读物《哈利·波特》，作者 J·K.罗琳就非常懂得读者的心理渴求和市场的销售规律。她不是一次性完整地推出一系列的图书，而是分期推出，让市场酝酿出一个个时间上的"空窗期"，吊足了小读者的胃口。这就是一种极为高明的出版技巧。所以，我们对品牌出版物的出版也可以不"毕其功于一役"，而是给市场一个充分的时间缓冲期、一个适当的读者期待期，借此机会听取各方对它的反应，再根据市场的需要作出调整。

## 三、触类旁通，"形""神"兼备

品牌出版物的内容和主题在某一个学科或领域取得了成功，对其他学科或领域的内容创作也具有借鉴意义。这是一种发散性思维模式，由点到面，成功的概率很大。二战后日本的许多制造业产品也是从模仿西方的名牌产品起步的，但经过他们不断地改良、创造，取得了极大的成功。这就是一种"创造性的模仿"。图书生产中，同样可以借鉴这种成功的模式。例如，《十万个为什么》无疑是一套经典的书系，其影响力几十年经久不衰，但因其内容仅限于自然科学的知识解答，于是有出版社推出不同知识体系的人文社会科学的"为什么"书系，也取得了不俗的市场效果。再如，20世纪80年代中期，有出版社推出了第一本古诗鉴赏词典，风靡一时，于是有的出版社及时跟进，相继推出了宋词、元曲、明清小说等的鉴赏词典，也取得了相当多的收益。当然，模仿并不等于因袭，不能亦步亦趋，不能在低层次的水平上重复。它应该是"形同神不同"，更多的是借鉴其形式和创作的模式，在内容上必须具有独特性和创造性。否则，就像白石老人所说的——"学我者死"。

## 四、推古出新，洋为中用

这既是我们对待古今中外文化一如既往的态度，也是我们今天对经典出版物的一种创造性开发的方法。人类的文化传承和积累是一个漫长的过程，而留存下来的经典之作是我们今天宝贵的文化财富，值得我们不断总结。我们可以在对中外经典的汲取和整理中创造出具有时代特色的新经典。例如，泱泱中华五千年灿烂辉煌的文明史中，有些大型集成式的类书、史书需要不断地修订、补充，经史子集也需要吸收最新的研究成果，对原有经典的诠释和整合就成为时代的需要。目前已经和正在出版的《中华大典》《清史》之类的大型书系就是这样的案例。同样，我们也要以开放和宽容的心态接受西方的经典作品。从晚清到现当代，对西方传统经典的译述一直是知识界、出版界致力的目标；许多经典的出版物历久弥新，是学术界的必备之书，有的甚至已成为出版社的品牌代言。而在当今信息化的"后现代"时期，我们尤要关注当代西方经典的译介工作。中外经典品牌出版物必须是对经典的发扬光大，而不是割裂扭曲。要杜绝"伪经典"的产生，要防止借阐释经典之名，挂羊头卖狗肉，肆意地篡改亵渎；要注意不能一哄而上，"村村点火，户户冒烟"，似乎"拿来主义"就可以信手为之。事实表明，如果没有前瞻性的思路、精心的组织、持之以恒的坚持，想要将经典译述打造成为品牌出版物是不可能的。

最后要注意的是，延伸开发是手段，不是目的。要杜绝以延伸开发为名剥除品牌出版物核心价值的现象发生,或以此作为"傍大腕"的手段肆意侵犯品牌图书的知识产权。我们所主张的延伸开发是对原有品牌的光大,而不是重复。但目前出版界有人做的只是重复性的工作,看到市场上某一种书畅销了,就跟风而作,急功近利,粗制滥造,结果成为图书市场的"山寨"版,成为品牌出版物的赝品,给品牌出版物造成了伤害。同时,我们还要把握好科学适度的原则,不能因为是品牌了,就无限度地开发,结果使读者出现审美疲劳,得不偿失。有的品牌图书是独特的"这一个",从内容到形式不可能有什么延伸的空间,那就要尊重并维护其独特性。我们不可能因为有一本霍金的《时间简史》,就再来照葫芦画瓢创作一部《空间简史》——总之,要遵循品牌图书的出版规律。

品牌图书的延伸开发给我们图书的内容创新提供了一条可行的路径,但我们更应该关注新品牌的创造、新产品的开发,与时俱进,拓展更大的发展空间,在品牌图书结构的创新上找到适合自身发展的道路。

(原载于《科技与出版》2009 年第 5 期)

# 浅论大学出版社在学术文化建设中的作用

金鑫荣　沈卫娟

在世界出版史上，现代意义的出版社最早是由大学孕育的。建于1478年的牛津大学出版社是世界上最古老的出版社，最初是牛津大学的一个部门。这至少透露了大学出版社与生俱来的两个特点：一、为学术而生，通过出版学术著作来传播和推动知识，推动人类文明的发展，是学术精神的承载者；二、与所依托的大学母体有着千丝万缕的联系，折射着母体大学的学术文化特色。

不单牛津大学出版社，中外的其他大学出版社，无论其规模大小和知名度高低，其创办的初衷，也都脱不开这两个特色。美国老牌的大学出版社，如霍普金斯、康奈尔、芝加哥、加利福尼亚、哥伦比亚等大学出版社的创建也可回溯到19世纪末，其学术出版的职责也被认为是美国大学的职责之一。[①] 就中国的大学出版社而言，虽然创办的时间较晚，但是其与大学的关系甚至更为密切。著名图书馆学家、目录学家、教育家钱亚新先生，在其遗稿《大学出版组的理论与实际》[②]第一章"出版组的特征"中，就写道，"自从民国二十八年五月教育部颁布大学行政组织补充要点与独立学院及专科学校行政补充要点以来，各高等学校纷纷成立出版组，专属于教务处之下的，为数不鲜。良以出版事业在高等学校中，尤其在大学中，不仅有迫切的需要，且负有重大的使命"。钱先生在这部遗稿中，论述了大学出版组的使命，除了出版教员的学术成果、学生上课用的讲义，还有记录整理学校的各类信息、师生的活动等等。虽然学界普遍认为的现代意义上的中国大学出版社大多成立于20世纪50年代或70年代，但钱先生的这部遗稿表明，早在1939

---

① 参见约翰·B.汤普森著：《数字时代的图书》，张志强等译，译林出版社2014年版，第108页。

② 钱亚新先生手稿，未发表，可能是国内最早论述大学出版的著作。

年,中国的高校其实已经意识到大学出版的重要性,并且成立了隶属于自己的"出版组",来为自己的学术出版和学术文化建设服务;并且,出版组与大学的关系极为密切,某种意义上还担负着"记录和整理校史"的功能。

尽管随着中国出版业的改革和发展,学术出版并非大学出版社的专利,很多社会出版社也涉足学术出版,并具有雄厚的实力,但是,中国的大学出版社经过 30 余年的发展,在学术出版中占据了重要的地位。根据中国出版传媒商报社、中国文化走出去协同创新中心·中国海外汉学研究中心发布的"海外馆藏:中国图书世界影响力(2014 版)"报告,进入前十强的大学出版社有 2 家;单就海外馆藏品种数量来看,179 家部委社共有 19 186 种图书被海外图书馆系统收藏,比例超过 51%;200 家地方社有 8 796 种摆上了图书馆的书架,比例为 23%;92 家大学社的有 6 786 种,比例达到了 18%。① 由此可见,大学出版社的学术出版实力不容小觑。

学术出版的直接成果就是学术专著,学术专著是学术文化的载体之一。毫无疑问,从事学术出版的出版社,对于学术文化的走向有着直接的影响力。何为学术文化? 笔者认为,学术文化是学术人在研究发展学术的过程中所形成的成果、价值观、精神及其规章制度、行为准则、行为方式的外在表现。从广义上来说,包括文学艺术、科学技术以及教育状况和文化素养、各类文化人才和文化成果等;但从狭义上,或者说本文所特指的,是指专业的学术成果、学术氛围、学术评价体制以及学者的学术精神和价值观,推动着人类文明的发展。而文明的创造,需要对自然世界和人类社会做出系统的解释,需要对现实做出深刻的批判,需要对未来做出理论的预见,需要用理性去开启大众的心智。真正的学术文化正是在这样的背景下承载着求真、批判、预测和启蒙的责任。②

中国的学术文化传统源远流长,在 5 000 年的文明传承中从未中断。今天的中国已经成为世界第二大经济体,就出版的图书数量和品种来看,中国已经是名副其实的出版大国。就学术出版而言,至 2012 年,全国出版图书总量接近 40 万种,其中 90% 以上的出版机构都涉及学术出版,年出版学术图书的种类用宽口径统计有 4 万种,约占新书总品种数的 1/4,而其中人文社会科学图书有 22 000 种左

---

① 凤凰读书网:"海外馆藏:中国图书世界影响力评价"发布,http://book.ifeng.com/yeneizixun/detail_2014_08/28/2034-51_0.shtml,2014 年 8 月 28 日,访问时间:2014 年 9 月 18 日。

② 参见赵继伦:《学术文化与学术人》,《世纪评论》1998 年第 4 期。

右,自然科学和科学技术类图书有 19 000 种左右。① 虽然拥有巨大的规模,中国当下的学术出版,却出现了数量与质量不平衡、低水平重复、学术规范缺失、学术评价紊乱,乃至抄袭剽窃学术道德沦丧等各种问题,中国当下的学术文化堪忧已是不争的事实,迫切需要正本清源,加强学术文化建设。

基于大学出版社自身的特色,以及在学术出版中的整体实力,笔者认为,大学出版社在学术文化建设中,可以凭借自身优势,发挥自己的特色,起到引领学术风潮、促进学术文化建设的作用。

## 一、依托丰厚的学术资源,优中选优,提高学术出版的质量和门槛,从而积累和传播真正创新型、高质量的学术文化成果

大学出版社以大学母体为依托,而大学是人才荟萃、知识密集之地,学科门类齐全,和国内外教学科研单位联系广泛,信息渠道多,交换及时,人文社科、自然科学、教育方面的出版资源丰厚是高校出版社得天独厚的共性条件,也奠定了大学出版社办出各自特色的深厚基础。因此,在众多的学术资源中,大学社有底气也应该有责任进行严格的遴选,优中选优,出版学术价值高的学术文化成果。大学社在共性之中又各有所长,要形成自己的特色,真正为学术文化建设服务,就需要创新性的思维,深挖所在学校的学科特色,自觉地进行选题策划,有持久的追求和积累,成为某些学术领域的出版重镇,提高同类学术书的出版门槛,从而沉淀出真正有价值的学术文化成果。

同时,依托实力雄厚、声名卓著的综合性高校的大学出版社,不仅可以从母体大学获得丰厚的学术资源,而且能够从母体机构所拥有的声望中获得一些"象征性资产"。约翰·B.汤普森就认为,一个学术出版商所持有的象征性资产的数量并不取决于出版社的规模或营业额,因为象征性资产不只是通过处理经济上的事务而产生并积累起来的。在学术出版领域,最重要的象征性资产来源是在特定学科领域内图书的质量,因为它可以通过作者和著作的质量来证明。象征性资产是一种可以在学术领域和学术出版领域之间来回流动的资源:一个出版商通过出版在学术领域内拥有很高声誉的作者的著作,能够增加自己的象征性资产;同时,一

① 谢寿光:《中国学术出版的现状、问题与机遇》,http://www.bkpcn.com/Web/ArticleShow.aspx? artid=111703&cateid=A21,2013 年 1 月 25 日,访问时间:2014 年 9 月 19 日。

位作者通过与已经积累了大量象征性资产的出版社合作出书，就能够在学术领域站稳脚跟。① 当然，从母体机构获得的象征性资产并不是主要来源。举例来说，国内外著名的大学出版社，如牛津、剑桥、哈佛、北京大学、中国人民大学等大学出版社，毫无疑问受益于它们所在的母体机构，但是，如果图书质量普遍低的话，那么衍生自这些机构的象征性资产也会消失。因此，大学出版社，尤其是名牌大学的出版社，应该珍惜和积累自身的象征性资产，使其在学术资源和出版资源之间形成良性的互动，进而吸引更优质的学术资源，推动学术文化的建设。

## 二、大学出版社可以通过对学术成果的判断、选择和出版，强化乃至引领学科的建设，反哺所在高校的学术文化，参与社会的学术文化建设

作为大学学术文化和学术精神的积累和传播者，大学出版社在反映学校学术文化成果的同时，本身就是大学学术文化的一部分，与大学精神相映照。

一方面，大学出版社的编辑大多具有高学历，本身有一定的学术科研能力；在积累编辑学术著作经验的同时，也要提高自身的学术科研能力，提高对学术成果的判断和遴选能力。通过有计划、有目的地对中外学术成果的选择出版，来强化乃至引领学科的建设。复旦大学出版社原社长贺圣遂曾提出，大学出版是为教学、科研服务的，是大学发展的重要辅助机构。大学出版社应该与大学图书馆、实验室一起，力求成为大学继教学、科研之后，推动大学发展的"第三方势力"。② 其意思亦即，大学出版社本身也应该成为一股学术力量，形成自己的学术文化，不仅成为所在高校的学术文化的一部分，甚至能够起到引领的作用。

另一方面，大学出版社也需要承担传播文化、普及文化的职能：既要能反映象牙塔内的学术文化，也要能够走出大学的围墙，传播大学的学术文化和学术精神。和社会出版社相比，不可否认，大学出版社在大学教师和其他潜在的作者、消费者以及代理商心目中，地位有所不同，或多或少与"学术"有关。大学出版社在深厚的学术资源基础上，策划和开发学术文化普及类的读物，相对来说，更易吸引读

---

① 参见约翰·B.汤普森著：《数字时代的图书》，张志强等译，译林出版社 2014 年版，第 85 页。
② 贺圣遂：《成为大学的第三方势力》，http://www.shub2b.com/article - 2520 - 1.html，2009年 12 月 19 日，访问时间：2014 年 9 月 19 日。

者,只不过,要获得读者的认可,则需要下一番功夫。大学出版社要利用这样的优势,立足高校,但又能走出高校,积极参与社会的学术文化建设。

## 三、参与学术规范、学术出版规范体系建设,参与构建有利于推动学术文化良性发展的学术评价体系

当前学术出版存在众多问题,如出版门槛低、学术腐败、粗制滥造、学术失范等等,加强学术著作的学术规范和出版规范,已经成为学界和出版界的共识。国家新闻出版广电总局的有关部门也在积极推动制定中国学术出版标准,推进学术出版的规范体系建设。对此,大学出版社可以充分发挥自己的优势,积极参与其中。通过成立学术委员会、聘用学术顾问等措施,首先把好学术成果的学术规范关,对不合学术规范的专著不予采用;加强编辑的学术规范、出版规范培训,鼓励编辑积极参加学术研讨会,提升自身的学术能力,把好学术著作的编校关。

同时,大学出版社也可以利用自身的优势,积极参与学术评价体系的构建。比如,南京大学出版社依托南大的资源,与中国图书评论学会合作,提出建设《中文人文社会科学学术著作引文索引数据库》(BCI项目),旨在为中文的人文社科学术著作的出版建立一个客观、科学的数据评价平台,为出版社和科研院所的人文社科学术研究水平建立科学的评价体系,进而也为中国的学术出版提供一个科学、客观、权威的数据评介平台。该项目已获得政府主管部门的高度认可,获得了项目资助。

## 四、大学出版社可以凭借所在院校的科技优势,积极参与学术出版的数字化进程,引领学术文化发展的时代潮流

今天,随着高科技的发展,技术成为推动社会进步,推动学术文化变化和发展的重要力量。在数字化浪潮的席卷下,学术出版的数字化也是大势所趋。互联网的发展,数据库的出现,为学术研究提供了强大的资料支撑,极大地提高了学术生产的能力。同时,因为学术成果载体的改变,学术文化的出版方式、传播方式、阅读方式等等都产生了翻天覆地的变化。可以说,科技的进步,正在创造新型的学术文化。从事学术出版的出版社,都必须面对和适应这样的变化,进行转型升级。

大学出版社也不例外。

学术出版的数字化,不仅仅是简单的纸质书变成电子书,最重要的还在于内容资源的数字化,构建学术出版的数字化平台。在最近的十年中,国家对高校的教育科研的投入逐年大幅增长,各个高校的学科发展日新月异,科研项目快速增加,积聚了丰富的内容资源。这些内容资源中,有很多可以转化为优质的数字出版资源。这给了大学出版社良好的发展机遇。大学出版社如果能紧紧抓住所在高校的重点学科、优势资源,及时掌握学校的科研动向,近水楼台,首先争取到学校的数字出版资源,努力探索,那么,更有优势走出具有特色的学术出版数字化之路,从而为新型的学术文化之发展起到推波助澜,乃至引领潮流的作用。

总之,大学出版社是学术文化建设不可或缺的一股力量,凭借自身的优势,可以对学术文化的发展发挥重要的作用。

# 对社会学最有学术影响的百家出版社分析

## ——基于 CSSCI(2000—2007 年度)数据

施　敏

本文依据 CSSCI(2000—2007)中社会学论文的引文数据,统计出版社在社会学论文中的被引情况,然后采用定量为主、定性为辅的方法对这些出版社在社会学研究领域的学术影响进行分析,推选出在该领域学术影响较大的出版社。

在统计过程中,对引文数据主要做了以下技术性处理:数据校正,对引文中错误的出版社名称进行改定;数据合并,包括对同一出版社的不同表述(例如,生活·读书·新知三联书店和北京三联书店是同一家出版社)、出版社的历史沿革问题(例如,中国劳动社会保障出版社曾用名劳动出版社、中国劳动出版社;中央民族大学出版社曾用名中央民族学院出版社)、出版社的全称与简称的统一(例如,社科文献出版社的全称是社会科学文献出版社,人大出版社的全称是中国人民大学出版社)、被引图书是由多家出版社合作出版的将数据计入第一出版单位(例如,上海三联书店与上海人民出版社合作出版的被引图书,被引频次归入上海三联书店)等。

根据 CSSCI 的数据统计,2000—2007 年我国社会学论文引用的国内外出版社近 1 600 家。其中被引频次前 200 位的出版社中,中国大陆出版社有 160 家,比例占到 80%。国外出版社被引频次排名靠前的是 Cambridge University Press(剑桥大学出版社,被引 447 次)、Sage Publications(塞奇出版社,被引 373 次)、Oxford University Press(牛津大学出版社,被引 350 次)、University of California Press(加利福尼亚大学出版社,被引 290 次)、Routledge(罗德里奇出版社,被引 275 次)等。这些出版社大多是欧美最顶尖的高校出版社或是老牌学术图书出版社。由于中国社会学的发展经历过比较长的断层,中国社会学的发展在一定程度上是在西方社会学话语体系中展开的,国外很多学术专著以译文形式对中国社会学的发展起到极其重要的影响。伴随着全球化浪潮,我国对国外社会学理论著作介绍也有"同步"趋势,国内学者以国际化的学术视野直接引用国外原版学术专著。因此,这些国外出版社频频出现在中国社会学论文中的引用也是情理之中的事情。

本文主要探讨中国大陆出版社的学术影响,因此重点分析被引频次较多的大陆百家出版社,而对中国港澳台地区出版社和国外出版社不作深入分析。

## 一、大陆百家出版社分析

根据 CSSCI(2000—2007)的数据对大陆出版社的被引频次进行深入分析,其中被引频次超过 100 次的出版社有 90 家,按照被引频次从高到低,表 1 给出了排名前 100 的出版社名称。

表 1 社会学论文引用频次较多的 100 家大陆出版社

| 序号 | 出版社 | 被引频次 | 性质 |
|------|--------|----------|------|
| 1 | 人民出版社 | 4 120 | 人民 |
| 2 | 商务印书馆 | 2 990 | 综合性 |
| 3 | 社会科学文献出版社 | 2 924 | 综合性 |
| 4 | 生活·读书·新知三联书店 | 2 104 | 综合性 |
| 5 | 中国社会科学出版社 | 2 011 | 综合性 |
| 6 | 中华书局 | 1 958 | 综合性 |
| 7 | 中国人民大学出版社 | 1 766 | 高校 |
| 8 | 上海人民出版社 | 1 737 | 人民 |
| 9 | 中国统计出版社 | 1 707 | 综合性 |
| 10 | 北京大学出版社 | 1 550 | 高校 |
| 11 | 华夏出版社 | 1 206 | 综合性 |
| 12 | 浙江人民出版社 | 891 | 人民 |
| 13 | 上海三联书店 | 757 | 综合性 |
| 14 | 中国人口出版社 | 704 | 综合性 |
| 15 | 江苏人民出版社 | 616 | 人民 |
| 16 | 中央编译出版社 | 601 | 翻译及文献类 |
| 17 | 天津人民出版社 | 556 | 人民 |
| 18 | 中国财政经济出版社 | 530 | 综合性 |

| 序号 | 出版社 | 被引频次 | 性质 |
|------|--------|----------|------|
| 19 | 上海古籍出版社 | 523 | 古籍 |
| 20 | 中国劳动社会保障出版社 | 470 | 综合性 |
| 21 | 上海译文出版社 | 445 | 翻译及文献类 |
| 22 | 高等教育出版社 | 428 | 教育 |
| 23 | 科学出版社 | 396 | 综合性 |
| 23 | 经济科学出版社 | 396 | 综合性 |
| 25 | 法律出版社 | 389 | 其他 |
| 26 | 四川人民出版社 | 358 | 人民 |
| 27 | 南京大学出版社 | 353 | 高校 |
| 28 | 复旦大学出版社 | 345 | 高校 |
| 29 | 上海社会科学院出版社 | 344 | 综合性 |
| 30 | 云南人民出版社 | 333 | 人民 |
| 31 | 中国政法大学出版社 | 332 | 高校 |
| 32 | 译林出版社 | 329 | 翻译及文献类 |
| 33 | 中国经济出版社 | 326 | 综合性 |
| 34 | 山东人民出版社 | 300 | 人民 |
| 35 | 上海书店出版社 | 292 | 综合性 |
| 36 | 华东师范大学出版社 | 288 | 高校 |
| 37 | 学林出版社 | 286 | 综合性 |
| 38 | 中国大百科全书出版社 | 271 | 工具书 |
| 39 | 民族出版社 | 259 | 综合性 |
| 40 | 新华出版社 | 242 | 综合性 |
| 41 | 清华大学出版社 | 227 | 高校 |
| 42 | 广西师范大学出版社 | 217 | 高校 |
| 43 | 武汉大学出版社 | 211 | 高校 |
| 44 | 东方出版社 | 210 | 综合性 |
| 45 | 黑龙江人民出版社 | 201 | 人民 |
| 46 | 首都经济贸易大学出版社 | 199 | 高校 |
| 46 | 吉林人民出版社 | 199 | 人民 |
| 48 | 辽宁人民出版社 | 198 | 人民 |

| 序号 | 出版社 | 被引频次 | 性质 |
|---|---|---|---|
| 49 | 江西人民出版社 | 187 | 人民 |
| 50 | 中国发展出版社 | 185 | 综合性 |
| 51 | 重庆出版社 | 184 | 综合性 |
| 52 | 经济管理出版社 | 181 | 综合性 |
| 53 | 中国社会出版社 | 180 | 综合性 |
| 54 | 中央文献出版社 | 173 | 翻译及文献类 |
| 55 | 河南人民出版社 | 163 | 人民 |
| 56 | 福建人民出版社 | 156 | 人民 |
| 57 | 中共中央党校出版社 | 155 | 翻译及文献类 |
| 58 | 文物出版社 | 150 | 其他 |
| 59 | 北京出版社 | 146 | 综合性 |
| 60 | 人民教育出版社 | 145 | 教育 |
| 61 | 辽宁教育出版社 | 139 | 教育 |
| 62 | 人民文学出版社 | 138 | 人民 |
| 63 | 贵州人民出版社 | 136 | 人民 |
| 64 | 中央民族大学出版社 | 135 | 高校 |
| 64 | 广西人民出版社 | 135 | 人民 |
| 66 | 河北人民出版社 | 132 | 人民 |
| 67 | 上海文艺出版社 | 131 | 其他 |
| 68 | 山西人民出版社 | 129 | 人民 |
| 69 | 中国妇女出版社 | 128 | 综合性 |
| 70 | 南开大学出版社 | 126 | 高校 |
| 71 | 光明日报出版社 | 126 | 综合性 |
| 72 | 北京师范大学出版社 | 124 | 高校 |
| 73 | 中国建筑工业出版社 | 119 | 综合性 |
| 73 | 湖北人民出版社 | 119 | 人民 |
| 75 | 陕西人民出版社 | 118 | 人民 |
| 75 | 广东人民出版社 | 118 | 人民 |
| 77 | 湖南人民出版社 | 117 | 人民 |
| 78 | 群言出版社 | 116 | 综合性 |

续 表

| 序号 | 出版社 | 被引频次 | 性质 |
| --- | --- | --- | --- |
| 78 | 江苏古籍出版社 | 116 | 古籍 |
| 80 | 人民卫生出版社 | 109 | 其他 |
| 81 | 中山大学出版社 | 108 | 高校 |
| 82 | 世界知识出版社 | 107 | 综合性 |
| 82 | 上海财经大学出版社 | 107 | 高校 |
| 84 | 中国环境科学出版社 | 106 | 综合性 |
| 85 | 中国青年出版社 | 105 | 综合性 |
| 86 | 上海远东出版社 | 103 | 翻译及文献类 |
| 87 | 教育科学出版社 | 102 | 教育 |
| 88 | 云南民族出版社 | 101 | 综合性 |
| 88 | 海南出版社 | 101 | 综合性 |
| 90 | 东南大学出版社 | 100 | 高校 |
| 91 | 知识出版社 | 98 | 综合性 |
| 92 | 鹭江出版社 | 95 | 综合性 |
| 93 | 华中师范大学出版社 | 95 | 高校 |
| 94 | 云南大学出版社 | 93 | 高校 |
| 94 | 岳麓书社 | 93 | 古籍 |
| 96 | 宁夏人民出版社 | 91 | 人民 |
| 97 | 中国广播电视出版社 | 89 | 综合性 |
| 98 | 群众出版社 | 87 | 综合性 |
| 99 | 当代中国出版社 | 86 | 综合性 |
| 100 | 中国农业出版社 | 84 | 综合性 |

分析表 1 的数据，入选 100 家出版社的被引总频次（44 562 次）占所有出版社被引总频次（62 712 次）的 71.06％，说明排在前列的这大陆 100 家出版社对我国的社会学研究起到非常重要的作用。

根据出版社的不同性质，将表 1 中 100 家出版社大致划分为 8 类：综合性出版社、人民出版社、高校出版社、翻译及文献类出版社、教育出版社、古籍出版社、工具书出版社和其他，详见表 2。

表2　100家被引频次较高的大陆出版社性质统计

| 序号 | 出版社性质 | 数目 | 比例(%) |
|---|---|---|---|
| 1 | 综合性出版社 | 40 | 40 |
| 2 | 人民出版社 | 24 | 24 |
| 3 | 高校出版社 | 18 | 18 |
| 4 | 翻译及文献类出版社 | 6 | 6 |
| 5 | 教育出版社 | 4 | 4 |
| 6 | 古籍出版社 | 3 | 3 |
| 7 | 工具书出版社 | 1 | 1 |
| 8 | 其他 | 4 | 4 |

据表2显示,综合性出版社、人民出版社和高校出版社的占有比例位列前三位,分别为40.00％、24.00％和18.00％。下面对这3类出版社进行重点阐述。

1. **综合性出版社**

在社会学论文引用频次较多的大陆100家出版社中,综合性出版社有40家,所占比例最高。中国现代化的加速转型过程,成为中国社会学发展的沃土。涵盖众多学科和研究范围跨度大的综合性出版社为社会学专著的出版提供了一个良好的平台。商务印书馆、社会科学文献出版社、生活·读书·新知三联书店、中国社会科学出版社、中华书局等老牌学术出版社在编审学术专著、译著方面有着较高的业务水平和专业知识,因此出版资源雄厚且实力强大,它们出版的国内外学术专著被引率较高。一些新兴的综合性出版社也随着社会的发展,将出版眼光投注于与时代息息相关的图书出版选题,出版了不少对社会学研究产生影响的图书。总体而言,综合性出版社尤其是老牌学术出版社在社会学研究中占有举足轻重的地位。

2. **人民出版社**

人民出版社包括位于北京的国家新闻出版广电总局主管的人民出版社和各省的人民出版社。在表1的100家出版社中,入选的人民出版社有24家,占24.00％,位居第二。关于人民出版社的性质,我国出版界有明确的规定:"人民出版社作为以出版政治理论读物为主的出版社,是宣传思想文化工作的重要单位,是社会主义精神文明建设的重要阵地。"[1]

---

① 《关于加强和改进人民出版社工作的若干意见(1998年1月20日)》,新出图〔1998〕54号。

根据 CSSCI 的数据,在社会学论文中,领袖著作对社会学领域的指导作用显著,被引频次位居前列,例如《马克思恩格斯全集》被引 1 114 次,《马克思恩格斯选集》被引 1 008 次,《邓小平文选》被引 310 次,且其篇均被引也居于榜首。按照专业分工的原则,人民出版社对社会学的学术影响是巨大的。

### 3. 高校出版社

高校出版社有 18 家入选,所占比例为 18.00%。其中中国人民大学出版社和北京大学出版社对社会学研究的学术影响较突出,被引频次为 1 766 次和 1 550 次,分别位列第 7 和第 10。根据教育部学位中心 2009 年的学科排名,社会学中位列第一和第二的分别是中国人民大学和北京大学,[①]这与它们的出版社在社会学领域的学术影响水平是相符合的。

高校是学术成果产生的摇篮,图书出版是展示学术成果最重要的途径之一。高校出版社依托母体大学的学术优势,在学术影响力方面表现出强劲的势头。不可否认,高校出版社已经成为我国出版领域的一支生力军。随着中国高校出版社体制改革的深化,高校出版社在科教兴国战略中的作用将日益重要,是"高校继教学、科研之外的第三种力量"[②]。

## 二、对社会学学术影响最突出的出版社——人民出版社

通过表 1 可以看出,高居于被引频次榜首的是人民出版社,被引 4 120 次,由此可见它对我国社会学研究的学术影响最为突出。

人民出版社的出书范围是:"出版马克思列宁主义原著,老一辈无产阶级革命家的原著,党和国家的重要文件、文献,社会主义建设成就和经验的著作,中共党史和党的建设的著作,中外哲学、经济、科学社会主义、历史和学术著作、教材,国际问题以及国际共产主义运动的重要文献、专著等图书。"[③]具体而言,马克思、恩格斯在领导国际共产主义运动的革命实践中建立了经典马克思主义社会理论,从而为马克思主义社会学的发展奠定了理论基础和方法论原则。而列宁、毛泽东、邓小平、江泽民等人结合社会主义革命和社会建设的实践经验,建立了具有东方

---

① http://www.cnedu.cn/news/21_27/2009_7_29_wa4499847241927900212336.shtml.

② http://www.sinobook.com.cn/press/newsdetail.cfm? iCntno=7024.

③ 新闻出版总署图书出版管理司:《图书出版管理手册》,中国法制出版社 2006 年版,第822 页。

特色的马克思主义社会学理论与方法,使马克思主义社会学有了进一步的本土化发展。在中国社会学的发展方向、与历史唯物主义的关系、本土化问题、社会学学科的性质等问题上,这些领袖著作的影响力是显而易见的。

基于 CSSCI 对 2000—2007 年度社会学论文中图书被引数据进行统计,按被引频次从高到低排序,分析位居前 10 位的学术著作,其中一半为人民出版社出版的领袖著作,详见表 3。

表 3　社会学论文引用较多的学术著作

| 序号 | 图 书 信 息 |
|---|---|
| 1 | 马克思:《马克思恩格斯全集》,北京:人民出版社 |
| 2 | 马克思:《马克思恩格斯选集》,北京:人民出版社 |
| 3 | 中国统计年鉴(所有年份),北京:中国统计出版社 |
| 4 | 邓小平:《邓小平文选》,北京:人民出版社 |
| 5 | 费孝通:《乡土中国,生育制度》,北京:北京大学出版社 |
| 6 | 杜凤治:《杜凤治日记》(藏于中山大学图书馆) |
| 7 | 毛泽东:《毛泽东文集》,北京:人民出版社 |
| 8 | [美]詹姆斯·S.科尔曼(James S. Coleman)著,邓方译:《社会理论的基础》,北京:社会科学文献出版社 |
| 9 | 陆学艺主编:《当代中国社会阶层研究报告》,北京:社会科学文献出版社 |
| 10 | 列宁:《列宁全集》,北京:人民出版社 |

# 三、结　　语

改革开放 30 多年来,我国社会学发展迅速:学科体制条件和政策环境得到很大改善,学科体制和体系建设逐渐趋向科学,经验研究和理论创新也硕果累累。通过对 CSSCI 中 2000—2007 年社会学论文的引文数据分析,得出对社会学研究学术影响较大的出版社和学术著作,一方面,为社会学研究者提供可参考的研究信息;另一方面,也体现出目前我国社会学类图书的出版状况。综合性出版社和人民出版社的学术影响优势相当明显,高校出版社虽然依托自身的长处在社会学图书出版方面有所建树,但与前两者相比,差距仍然存在。

中国的出版业正向深度化和专业化方向迈进,出版社在这股潮流的推动下将如何实现自身的发展与突破是面临的大问题。图书是人类思想文化的载体,出版社在传播先进文化和理念方面有着不可推卸的责任与义务。本文所做的统计分析,并不是为了简单地给出版社排序,而是想以此引起各大出版社尤其是高校出版社对学术研究的重视,并最终促进我国社会学研究的健康、持续发展。

(原载于《出版科学》2011 年第 1 期)

出版改制与
出版业发展

CHUBANGAIZHIYU
CHUBANYEFAZHAN

# "公司"二字对大学出版社意味着什么

## 左 健

过去称高校是"象牙塔",高校人做的学问是"学院派",这种背景和氛围自然对高校出版社的性质、定位和思想观念产生影响。在加快发展我国的出版产业、积极参与国际竞争的国家战略的导向下,大学出版社被推上了既有路线图又有时间表的改制轨道。这对于大学出版社来说,既是机遇,也是挑战;既是体制的改革,更是思想观念的转变。大学出版社转制过程中遇到的问题和转制后的发展模式,是近来诸多大学出版人思考和热议的话题。改制后,大学出版社将变成大学出版社有限责任公司,看起来是企业名称的变化,实际上却要经过脱胎换骨的深层次的、复杂的蜕变,才能真正实至名归。在传统的观念中,中国内地的出版社是事业身份的佼佼者,是审批制的产物,也就 500 多家,哪像公司,全国不知有多少。现在出版社变成了公司,社长变成了总经理,"公司"二字一下子把你彻底推向市场。这种角色的转变,不是所有大学出版人及社长们一下子能够适应的,其带来的心理上、观念上的冲击,不啻一场头脑风暴。这种变化实际上喻示着我们已经没有了事业和企业的模糊地带,靠体制"皇粮"吃饭的时代已经渐行渐远、成为历史,大学出版人必须真正地、义无反顾地直面市场,投身到出版市场的大潮中;只能成为"弄潮儿",而不可能是岸边的"观潮者"。在这场机遇与挑战、信心与困惑并存的体制改革中,我们不能不思考"公司"两个字对大学出版社意味着什么。就目前而言,首先需要面对的是两个问题:一是现代企业制度以及体制机制的问题,二是用人的问题。

长期以来,大学社因为体制机制上的原因而存在不少问题。如:企业机构的组织和人力资源的配置不是以市场为导向,而是因循守旧或考虑其他什么因素;市场主体意识不强,专业化程度不高,决策效率低下,执行力和创新力不足;责权利不够明确,干好干坏一个样,吃大锅饭;人浮于事,缺乏具有核心竞争力的人才;等等。改制中的大学社要解决这些问题,必须思考"公司"的内涵,按照现代企业制度打造现代化的"公司"。要像真正的现代企业那样在制度的框架下进行运转,以制度管人,以制度管事,以制度管权。同时要进一步创新体制机制,使之能够起到奖勤罚懒、激励先进、凝聚人才的作用,使企业具有创造力,焕发勃勃生机。部分发展较快较好的大学出版社,正是率先引进现代企业制度、及时转变观念、抢先创新内部经营机制、赢得发展主动权的出版社。出版社的各个编辑部乃至策划编辑个人都要作为市场的主体,作为"公司人"承担相应的经营责任。南大社从 2008年开始就贯彻经营责任制,社里与几大经营板块的责任人签订年度经营目标责任状,在年终进行考核,奖罚分明。最近,南大社与江苏的淮安、常州、连云港等市政府进行合作,成立"中心"或"分社",也落实专人负责。这些"中心"或"分社",就相当于一个"子公司",就是一个市场主体,我们给予其充分的决策权和经营权,同时要求其承担相应的经营责任。

出版社作为一个公司,内部的三项制度改革是关键。针对部分编辑市场主体性不强、市场意识薄弱的状况,南大社在 2008 年初颁布并实行《关于聘任、考核和分配的暂行规定和实施方案》,按需设岗,以岗定薪,实行全员聘任,实施岗位目标责任制,打破了原有的用人机制和薪酬体系,淡化学历、职称、工龄等因素,在分配上加大绩效工资部分。同时也强调团队化与产品的板块化、品牌化,在政策上进行倾斜,努力使个人考核、团队化目标与出版社的发展方向相结合。新方案影响到部分员工的既有利益,有些人收入不升反降,实施过程中遇到一些矛盾。但这是大势所趋,势在必行。由于我们采取了一些配套的措施,运作近两年,总体上势头是良好的,改革的思路也逐渐被员工所接受,激发了员工的工作积极性。

用人和"人才"的问题,也是出版社成为"公司"的核心问题。市场的竞争,说到底,就是人才的竞争;"公司"的发展战略,很重要的一条就是人才战略。这几年,我们在人才建设上采取了一些措施。第一,引进人才。南大社近年来陆续引进了几名分别在文化类图书、经管类图书等选题策划方面有特长的人才,策划了一批社会效益和经济效益突出的优质图书,带动了某些图书板块的发展。第二,通过合作借"外脑"。引进人才是一种办法,与人才进行合作也是一种办法。近年来,我们与几家优秀的图书策划公司进行合作,丰富了品种,提升了图书品牌,同时也学到了合作方的长处,达到了互利双赢。第三,加大对年轻人的培养力度。

我们实施了“南京大学出版社青年骨干（青蓝）人才培养计划”，首批挑选 4 名优秀的青年骨干委以重任，给他们更多的机会，提供更好的平台，以利于他们快速地成长。第四，打破常规，不拘一格使用人才。如，提拔过去意义上的“临时工”为储运部主任助理，让各种用工方式的员工都有奔头，都具有主人翁意识。这些措施的实施，为推进南大社的改制和进一步发展打下了基础。

大学出版社成为面向市场的“公司”，还有很多问题值得关注。如：如何做到干部能上能下、员工能进能出？如何处理与母体高校的关系？如何看待主业发展与多元化经营的关系？如何把握专、精、特与规模拓展的关系？如何进行资本运作？如何在跨地区、跨媒体、跨行业、跨所有制的经营和资源整合中发展壮大自己？等等。这些都要求大学社以“公司”二字来确立自己的市场主体身份，以现代企业制度的建设练好自己的“内功”，根据自身的优势和特点，找到一条适合自己的发展路径。

（原载于《科技与出版》2009 年第 9 期）

# 加强领导班子建设是出版社事业发展的重要保证

郭学尚

一个单位、一个企业能否健康快速持续发展,关键在于是否有一支德才兼备的干部队伍,是否有一个好的领导班子。南京大学出版社三十年建设与发展的实践证明,带头人的能力、素质、水平直接关系到企业发展的质量、速度和效益,直接关系到职工的切身利益和企业的长远发展。只有"政治素质好、工作业绩好、团结协作好、作风形象好"的"四好"领导班子,才能带出过硬的员工队伍,企业管理水平才能不断提高,企业核心竞争能力才能不断增强。近几年来,我们通过深入开展先进性教育、创先争优、党的群众路线教育实践等活动,进一步认清领导班子自身存在的问题和不足,进一步明确了领导班子建设的目标、思路和举措,对"建设一个什么样的领导班子,如何建设领导班子"有了更加深刻、更加清醒的认识。针对存在的突出问题,我们从六个方面入手,采取切实措施,努力提高出版社领导班子驾驭复杂局面的能力和领导科学发展的水平。

## 一、加强学习是基础

要使领导班子提高思想觉悟、管理知识和专业知识水平,增强运用市场经济规律科学管理企业的能力,牢固树立正确的世界观、人生观、价值观,特别是树立正确的权力观、地位观、利益观,必须加强理论学习,这是"政治素质好"的基础。在"四好"班子建设中,我们将加强领导班子的学习教育作为一项重要内容来抓。学习中国特色社会主义理论,学习习近平总书记一系列重要讲话,学习关于党的基本理论和领导干部队伍建设方面的文章,学习管理知识和专业知识,提高对"四好"班子建设重要性的认识,提高领导干部个人思想、文化、科技、法律等方面的修养和素质。在学习过程中，重视理论学习和业务学习相结合，理论学习和处理实际问题相结合，以及学习内容与改革发展中心工作相结合。通过学习，领导班子的思想理论水平、专业知识水平等都得到了进一步提高。

## 二、改进作风是核心

贯彻民主集中制是党的优良传统，坚持"集体领导，民主集中，个别酝酿，会议决定"的十六字方针原则，是建设"团结协作好"、"作风形象好"的领导班子的核心。"团结协作好"的领导班子应当始终坚持集体领导和个人分工负责制，正确识位、正确定位，既能切实履行自己的职责，又能主动关心全局工作，班子成员互相信赖、互相配合、互相支持、互相补台，从而塑造一个重事业、顾大局、讲团结、比奉献，齐心协力干事业的良好班子形象。而对领导干部个人，坚持党风廉政建设、坚持勤政廉政是必备的素质，是实现人生价值和筑牢党纪国法、思想道德防线的有效途径，是领导班子"作风形象好"的根本所在。社领导班子要始终坚持和注重加强团队建设，认真贯彻党风廉政建设的有关文件精神和条例，严格执行《南京大学出版社社委会议事规则》和《南京大学出版社领导班子廉洁从业的若干规定》，始终坚持改进工作作风，创造团结共事、积极进取、团结和谐的工作氛围，着力打造和建设团结和谐的工作团队，在员工中树立起良好的领导团队形象。

## 三、群众路线是根本

在领导班子建设中，要坚持以科学发展观为指导，坚持以人为本的理念，坚持"从群众中来、到群众中去"的方针，坚定地走群众路线，自觉接受全社职工的监督。要高度重视发动员工关注、参与领导班子建设工作，不断拓宽、夯实领导班子建设的群众基础，保障员工的参与权、知情权、监督权。出版社改革发展的重大决策、劳动人事分配制度的调整、政策的修订等重要事项必须广泛听取职工意见并经职工代表大会审议通过，确保领导班子的权力在阳光下行使、在监督下运作，坚决杜绝暗箱操作、以权谋私，做到秉公用权、依法办事。要坚持并完善领导班子及其成员向职工大会述职述廉制度，使群众的参与权、选择权、监督权得到充分尊重；同时，领导班子要牢固树立群众观点，满腔热情地关心群众工作和生活，努力提高职工收入,切实改善职工福利,全心全意地把广大职工的利益维护好、实现好,要把职工满意不满意、认可不认可、高兴不高兴、拥护不拥护作为衡量领导班子建设的重要标准。

## 四、制度建设是保障

建立健全科学规范的制度并认真贯彻执行是领导班子建设的重要保障。社领导班子成员在努力提高自身素质和修养的同时,要自觉遵守领导干部党风廉政建设的条例、规定,严格执行学校和出版社颁布的有关领导班子建设的各项制度,切实做到用制度约束自我、完善自我。从出版社的现实状况出发,在领导班子建设过程中,要特别重视、严格执行以下四项制度:一是领导班子集中学习制度;二是议事决策制度,努力做到民主决策、科学决策;三是民主生活会制度,每半年召开一次民主生活会,通过开展批评与自我批评,增强班子的凝聚力和战斗力;四是述职述廉制度,通过班子成员年度述职述廉,接受职工民主测评和监督。

## 五、廉政建设是关键

出版社虽然不是党政机关,但是一个产值过亿元的国有文化企业,出版社的党员干部虽不是政府官员,但拥有处置大额资金的权力。出版社的领导班子的廉洁与否,不仅关系到党的形象,更直接关系到出版社的健康发展和每个员工的切身利益。因此,近几年来,我们始终把廉政建设作为党员干部队伍建设的重中之重。近几年来,我社党风廉政建设工作围绕发展这个第一要务,认真贯彻"为民、务实、清廉"要求,坚持标本兼治、惩防并举,不断建立健全教育、制度、监督并重的预防惩治腐败体系,以求真务实的精神狠抓工作落实,党风廉政建设和反腐败工作取得了令人满意的成果。党风廉政教育开展得扎实深入、有声有色,领导干部从政行为得到有效规范,源头治腐的制度建设进一步加强。社领导班子的每一个成员都能够按照党风廉政建设责任制要求,严于自律,自觉规范言行,主动接受监督,为全社党员干部做出了表率。

一方面,通过组织全社党员干部认真学习中央有关党风廉政建设的文件以及《中国共产党党员领导干部廉洁从政若干准则》《加强高等学校反腐倡廉建设的意见》等规定,增强党员干部尤其是社领导班子的廉洁自律意识和廉洁从政的自觉性;另一方面,加强制度建设,构筑预防腐败的制度防线。几年来,我们制定并颁布了《社领导政子廉洁从业的若干规定》、《社委会议事规则》、《关于"三重一大"制度的实施细则》等制度,并要求社领导带头执行,自觉接受党内外的监督。此外,我们还通过排查廉政风险点,强化对人事、财务、物资采购等环节的监督,并建立相应的防范制度,以确保出版社领导班子的权力在阳光下行使、在监督下运作,营造风清气正的环境。

## 六、加强监督是保证

切实拓宽监督渠道和完善监督机制是社领导班子思想作风、工作作风、领导作风建设的重要保证。综合运用党内纪律监督、工会民主监督和职工群众监督相结合的配套手段,尽快完善监督制约机制,包括以防范制约为重点,建立权力运作监督机制,以社务公开为重点,建立群众参与监督机制,以发扬民主为重点,建立健全党内监督机制,构建教育、制度、监督并重的防范体系。要多听取各个方面的意见,特别是来自民主党派、工会以及职工群众的意见建议,切实建立起全方位、多层面的监督长效机制。

风雨三十年,追梦三十年。经过几代南大出版人的不懈努力,我们已经站到了一个新的起点上。展望未来,我们既面临难得的机遇,也面临严峻的挑战,前进道路上还有各种各样的困难和问题,但是,我们有理由相信并期待,在学校党委和行政的正确领导下,新一届社领导班子一定能够不负重托、不辱使命,继承和发扬历届领导班子的好传统、好作风,不断提升领导班子治社能力和水平,不断增强凝聚力、战斗力,成为团结务实、勤政廉政、奋发有为的坚强领导集体,一定能够团结带领全社党员干部职工同心同德,开拓奋进,实现出版社又好又快地发展,谱写南大出版事业的新篇章!

# 大学出版社转型发展的思考

胡　豪

## 一、引　言

改革开放以来，我国的大学出版社得到了快速的发展，从上世纪 50 年代初，最早成立的两家大学出版社——中国人民大学出版社和华东师范大学出版社，到 2012 年，我国的大学出版社已增加至 105 家，占全国出版社总数 586 家的 18％。其中绝大部分大学出版社是在改革开放以后的 30 年中，特别是在上世纪 80 年代应运而生并迅速成长起来的。目前，大学出版社年出版图书占全国年出版总量的 1/5，产值、利润等其他指标均占全国出版业的 1/4。2012 年大学社中，年出版图书在 1 000 种以上的有 20 多家，年出版图书在 500—1 000 种的大学出版社占大部分；年销售码洋 2 亿元以上的也有 20 多家，占全国大学社的 20％多。[①] 大学社出书品种范围已从原来出版主管部门规定的学术著作、高校教材及与教学有关的工具书，发展到多品种、多类型的综合性图书；出版社性质也从最初规定的为学校教学、科研服务的事业单位或后来所谓的企业化经营的事业单位，发展到 2010 年 102 家大学社完成"转企改制"，成为拥有独立法人资格的市场主体——出版有限公司形式的企业，这是一个快速发展的过程。

近年来，党中央和国家主管部门对出版业的改革和发展高度关注，先后出台了若干指令和文件，核心要求是全面引进市场机制，除少数出版社外，全国出版社分批转制改企，更鼓励实力较强的出版企业成立出版集团，实现行业间资源的兼

---

① 据 2013 年 7 月 9 日，国家新闻出版广电总局发布的《2012 年全国新闻出版产业分析报告》，以及《中国出版年鉴(2012)》、新华网等相关资料综合统计。

并重组，并上市融资，实行资本化运作。由此，全国出版行业在整体发展的大背景下，呈现出了重新洗牌、"春秋战国"的格局，大社、大型出版集团愈做愈大，而中小出版社面临的资源和市场的挤压则是空前加大，出版业绩和出版企业的前景呈两极分化的趋势。

面对此情此景，作为国家出版产业中一支重要的方面军——大学出版社，在目前形式上完成"转企改制"后，如何立足市场，如何更好地依托高校的学术、人才优势，在助推国家教育、文化的发展中发挥自身的功能，并做大做强，尽快完成向现代出版企业的真正转型，这是大学出版业的管理者和从业人员必须深思和直面的问题。

## 二、转型中的尴尬和困惑

大学出版社目前的景况是，发展的水平参差不齐，普遍有着出版品种不少、效益不高、体制与经营机制上存在"瓶颈"、经营管理水平与市场经济的要求之间有不小的差距、下一步发展的路径并不清晰等问题。但加快实现转制转型，改变经营方式，独立面向市场，成为市场主体，促进从出版规模到内容质量以及经营管理水平的全面提升，已成为大学出版界的共识。概而言之：大学社原有的传统的粗放式发展模式已走到了尽头，转制转型已进入实质性阶段，而转型中面临诸多的尴尬和困惑，主要表现在以下几个方面。

### （一）转制带来的不适应

中国的出版业是市场化改革最迟缓的领域，许多大学出版社计划经济的意识浓厚，30多年来，一直持续着数量增长的模式，重视企业规模的扩大、出版品种的增加、出版物总码洋（各图书定价×印制册数之总和）的增长，却忽视对优质作者资源和优质稿源的培育和挖掘，对出版物的质量和出版物的生命周期不够重视，对出版资源的消耗、出版生态及读者满意度是忽视的。随着转企改制，大学社成为独立的市场主体，如果准备不足，不少大学社将在与出版同行的竞争中处于劣势，甚至有被淘汰的可能。目前，全国大学社完成了转企改制的要求，成立了出版有限公司，但形式上完成了转制，不等于实质上成了真正的企业，在员工的市场意识、企业的运营机制等方面要完全转变，符合现代企业的要求，还需待以时日。

### （二）如何在新的公司治理结构中处理好与所在高校的关系

高校出版社与所在大学是一种"毛皮"关系。毛要附着在皮上，大学出版社离不开所在大学。它承接了大学资源的同时,也必须承担大学所要求的服务性职能,这是不能用企业的投入产出和供求关系来衡量的。大学社这种资源的供给优势和职责要求给大学社的企业化经营带来了困惑。大学出版社在转企改制后如何处理好背靠学校和面向社会的关系,十分重要。

### (三) 产品面临结构性的调整

大学社一直以来过分依赖教材、教辅。据 2012 年《中国出版年鉴》统计,全国有 20 多家年出版新书超过 1 000 种的大学出版社,教材教辅占了一半左右;全国每年销售的图书中有约 60% 是各类教材教辅,而大学社的总销售额占全国图书总销售额的比例在 20% 左右,其中 14% 是教材教辅带来的。在全国销售量位列前20 名的出版社中,有 6 家大学出版社,包括北京师范大学出版社、华东师范大学出版社等,它们的出版物中,教材教辅(包括基础教育和高等教育的教材教辅)占比均超过 50%。随着国家对中小学教材供应政策的调整,中小学教材开始实行政府采购和循环使用,并引进教材招标、政府限价的措施,这必然导致需求减少,利润摊薄;同时民营出版业在中小学教辅方面已逐渐形成竞争优势,逼迫包括大学社在内的非民营出版社逐渐失去在这块领域的优势。另外,各级各类大中专教材在高校出版社中占比也较大,而目前高等教育正处于招生人数趋于减少、高校规模处于稳定和控制阶段,因而大中专教材扩展的空间有限,高校教材市场处于暂时饱和状态。这些都要求大学出版社及时调整、优化产品结构,在拥有比较优势的学术出版、专业出版方面寻找出路,探索出适合自身发展的模式来。

### (四) 行业内的兼并重组

国家级和地方的出版集团、发行集团的频频组建,以及它们跨地区跨行业的兼并重组、上市融资、产业上下游贯通、产业链的延伸,使得大学社面临的行业资源(包括市场空间)竞争空前加剧,深感日益被紧逼、挤压的局促形势。

### (五) 产业升级问题

在数字出版、网络出版等新媒体出版快速发展的今天,大学社与资金和技术占优的国家级和地方出版集团比拼,难免落后,这将阻滞大学出版社的产业升级。尽管大学社也有发展数字出版、网络出版等的意识,也在进行一定程度的尝试,但因资金、技术等相对薄弱和这种新业态本身目前还没有完全找到有效的赢利模式,难免心怀胆怯,心存观望,举步不前。

### (六) 学术出版与市场经济如何契合

一方面,大学社的使命和宗旨是坚持并挺拔学术出版,并形成自身的学术出版特色和核心竞争力；另一方面，学术出版本身读者的小众，使得学术出版不可能在市场经济硬的竞争中取得丰厚的利润。这是大学社面对的现实矛盾，也是中外学术出版都面对的事实。过去，学术出版社，包括大学出版社，能从政府和主办学校或作者那里获得资助，但随着出版业的进一步市场化、商业化，以及出版业内部竞争的日趋激烈，学术出版由出版社买单、由出版社承担风险已逐步变成惯例，特别是声誉度较高的作者，更是众多出版社讨好的对象，希望由作者来补贴学术图书的出版变得非常困难。因此，大学社坚守学术出版的成本增加了，经营风险加大了。但如果放弃，又将面临失去部分优质出版资源，降低大学出版社在学术界的知名度和市场影响力的风险。

上述这些困惑和问题，对转型发展中的大学出版社构成了多重的考验。

## 三、突破困境的对策与途径（从宏观和微观两个方面考量）

### （一）依托资源，选择道路

30多年来的发展，使一批大学出版社具备了抗市场风险的能力，但大部分大学社出版规模和出版能力还普遍弱小，难以在高度市场化的竞争中与国内大型出版社、出版集团抗衡，更难以与先进的国外的出版业抗衡。因此，大学社若要突破上述尴尬和困惑，实现发展，选择道路尤为重要。

选择一：能大则大，向综合化、集团化方向发展。

现在，一批实力已较雄厚的大学社，比如外语教学与研究出版社、北京师范大学出版社、北京大学出版社、清华大学出版社、中国人民大学出版社、华东师范大学出版社等可以采取或独立或兼并（联合其他出版社，容纳其他资本、其他经济体）的方式，率先成立面向学术市场、教育市场的高校出版集团，打破中央级和地方出版集团的封锁包围，带动大学出版业的集团化进程，引领大学出版业在转型过程中完成市场主体的塑造，最终与中央级出版集团、地方出版集团形成三足鼎立的中国出版业架构。

当然，一般较弱的大学社想通过兼并或联合其他出版主体或其他企业，成立投资成分多元的大型出版社或出版集团，难度较大。因为大学出版社分属不同的主办高校，缺乏中央级出版社、地方出版社组建集团的行政推动力，并且不少高校领导担心本校的出版社在重组、兼并中被吃掉，失去自己家的这个学术出版窗口和学校资金的来源地。尽管这种想法与现代企业发展的规律相违背,是一种短视、一种多虑,联合、融合并不是失去,而是争取更好的发展。主办高校的领导和现任出版社的领导应该明白,不要为了自己暂时的名利而失去企业发展的良好机会。而较强的大学出版社联合其他非高校的出版企业,或跨领域的企业,组建出版集团的可能性倒是很大的。而力量较弱的大学社,与其在激烈的市场竞争中等死,还不如参与到其他出版集团中。这种做法保持了原有资源在新的平台上的增值,对原有出版社和其主办高校来说,回报也将是更大的。

选择二:规模偏小的出版社可以在明确自身优势资源的前提下,选择走"小而特"、"中而特"的生存道路。

向来以专业特色出版著名的大学社,如中国矿业大学出版社、北京大学医学出版社等出版方向相对单一、出版物专业明显的大学社,可以坚持走专业出版之路,逐步形成有影响力的专业出版社,乃至成立富有特色的专业出版集团。

当然,所谓的"小而特"、"中而特"也是相对的、暂时的。对于广大的出版品种相对较少、规模中等或较小的大学社,如果长期保持规模狭小、品种单一的局面,在当下出版业普遍崇尚打造大型出版"旗舰"、"航母"的形势下,还是会感到有巨大压力,时常会感到局促,最终会吃亏的。"大鱼吃小鱼"是市场铁的法则。因此,立足做大做强应该是目前迫不得已先走"小而特"、"中而特"生存之路的出版社必须永远追求的目标。

**(二) 采用"联合、兼并"和"上市",实现企业的跨越式发展**

联合、兼并是现代企业发展的模式,也是出版业资源整合的高级形态。大学出版社可参照国外出版业和国内其他行业已有的先例,搞"联合"或"兼并、重组",实现资源的优化组合。其形式可以是多种多样的,如北京师范大学出版社、广西师范大学出版社,主要依托自身资源,联合重组了学校内部与出版业务有关的企业、单位,组成出版集团;北京师范大学出版集团与安徽大学出版社的融合重组则是跨部门、跨地区的联合。要迅速发展,兼并重组是一种选择,但兼并重组中应该有选择,要把优质资源兼并重组进来。一般来说,要避免同质化的兼并重组,否则不但不能产生互补优势,反而会产生 $1+1<1$ 的结果。

即使不与他人兼并重组,在经营过程中,大学出版社还应积极与外界开展合作,有合作才能加快做大做强。大学社的合作发展,既要依托政府和主办学校的政策支持和项目上的扶持,也要主动与大学出版社之外的出版企业,乃至跨行业的企业开展合作。比如,营销方面,开展多年的全国大学出版社图书订货会、全国师范大学出版社联合营销活动等,这些合作节省了图书营销成本,沟通了信息,取得了共赢。除此之外,大学社之间还有更大的合作空间。比如,可以联合申请国家资金开发项目,一起集合发债等。

上市,是企业发展的一种形态,它的前提是事业单位首先转为企业,然后通过整合内部资源完成股份制改造,有了扩张的原动力,有了对资本需求的冲动,然后申请上市,目的在于通过吸引市场资本参股,建立规范的股份制公司,实现股权结构多元化,壮大资本实力,将企业做强做大。2006 年 10 月 18 日,上海新华传媒股份有限公司成功"借壳上市",成为我国出版发行企业中第一家上市公司,开创了我国文化企业上市和股权分置改革的先例。2007 年 5 月 14 日,四川新华文轩连锁股份有限公司宣布在香港联合交易所主板挂牌上市,成为继上海新华传媒之后第二家上市的中国图书发行企业。2007 年 12 月 21 日,辽宁出版传媒股份有限公司严格按照资本市场的标准和规则运作,将多家出版社整合上市,成为第一家正确解决了关联交易和同业竞争问题的出版企业,受到了广大媒体和投资者的高度关注,充分显示了在文化体制改革不断推进的背景下,出版产业在资本市场具备良好的发展机遇,对后续上市的出版传媒企业具有重要借鉴意义。接着,安徽时代出版传媒公司、江苏凤凰出版传媒集团也整体或部分业务借壳上市。2009 年中国创业板的出世,更催发了众多民营出版公司上市融资的欲望,他们正在加紧谋划,跃跃欲试。

到 2013 年底,全国已有 41 家新闻出版传媒企业通过各种模式在境内外上市,还有很多新闻出版企业有着强烈的上市意愿。大学出版社应把握时机,选择这条已被业内和其他行业证明了的快速发展之路,乘势而上。

**(三) 将现有的业务做精、做深,是大学社共同面临的课题**

首先,大学社可以根据自己的资源优势,加强教材出版与学术出版,以此作为发展的突破口。其次,将学术书大众化、普及化,走学术出版与大众出版融合的道路。这不仅可以推动学术知识的普及,也可以为正在摸索学术图书市场化的大学社提供一条途径。如南京大学出版社在已出版《中国思想家评传丛书》(200 部)的基础上,与国家汉语推广办公室等单位合作推出的《中国思想家评传》简明读本系列,就是很好的尝试。他们在 3 年多的时间中出版了这个系列中的近 50 个品种;2009 年开始入选全国农家书屋,累计销售已有 3 万多套;并陆续翻译成英语、日语出版；2014 年,此套书中多个品种入选"经典中国"图书输出项目。

### (四) 参与国际合作与竞争,融入国际出版市场

开展国际出版业的合作与竞争,既要引进来,又要走出去,以适应经济全球化对出版业的要求。大学社有背靠高校的有利条件,要利用好所在高校教学、学术研究以及在国际学术交流和国际合作方面的资源,借力实现大学社的出版国际化。大学社寻求与国外出版业的合作,形式多样,或输出/引进版权,或共同出版(分担翻译、印制等),或由海外出版机构代理发行等。从目前我国输出的图书品种看,主要集中在中国传统文化、语言教学、民俗、传统艺术、旅游类等方面,反映当代中国的图书非常少,这反映了我国科技、社会发展水平的落后,但也唯其如此,更要体现出高校出版社的使命和责任:向世界传播我国的科研学术成果,介绍当代中国。这也是大学社扩大自身学术影响力、赢得海外图书市场的途径之一。

当然,开展国际出版合作,不仅要有人员和版权的引进和输出,还应有出版管理、资本和服务的更高层次的引进和输出,唯此才能加快提升大学社国际合作的水平,增强大学出版业在国际出版业中的影响度和竞争力。

大学社开展好国际合作交流的措施主要有以下几点。

1. 引进或培养优秀的版权经理。他们既要说得熟练的外语,又要懂得国际图书贸易(包括版权贸易)规则,同时又熟悉图书出版的流程。

2. "引进"和"输出"并举。就目前来看,要通过国际合作使中国大学社有较快的发展,"引进"比"输出"更为重要。首先,国外存在着丰富的出版资源,无论是人文还是科技,较之我国的出版资源,均体现出它们更高的多彩性、丰富性和先进性;其次,国际出版同行先进的出版理念、管理机制,都是我们的发展所亟须的。

3. 利用好国家和地方政府鼓励文化产业"走出去"的政策。现在,国务院新闻办、文化部、新闻出版总署、国家"汉办"等多个管理部门设立了"走出去"的奖励基金和奖励措施,都可以争取。另外,还可以借力国际图书博览会,国际书市,孔子学院,国家部委,以及所在省市、高校搭建的国际文化交流平台,争取更多的国际合作。

4. 创新可持续产生外向型选题的机制,建立起具有国际影响力的作者群体和书稿资源库,建立并保持与国际一流出版社的联系与合作。

### (五) 理顺校、社"皮毛"关系,获得主办高校政策和资源的支持

"后转企改制时代",大学社在路径选择上,除了努力建立真正意义上的现代

企业制度,采取多媒体、多介质、全流程(即产品多元、产业链延伸)的经营方式外,还应积极利用学校的资源和品牌优势,积极参与学校发展的项目,比如加大学校学术成果、特色教材的出版等,以此获得学校的信赖,获得学校给予的政策、资金、人才、学术出版资源等方面的支持。同时,让学校认识到出版社建立现代企业制度的必要性,尊重出版社按照现代企业制度运作。为此,应将学校与出版社的关系形成文件、固定化,以便有据可循、有章可依,不以领导的更换而改变。

### (六)建立起对出版社管理、编辑、发行等各支队伍的选拔、培养和使用的机制

人力资源始终是企业发展的核心动力,重视人力资源的建设和管理是大学出版社生存与发展的关键。在出版社各支队伍建设中,重点是建立一支职业管理团队,特别是一把手社长和社主要领导的配备,尤为重要。

最近几年,特别是转制后,大学出版社的用人机制已得到了改变。过去,用人权在学校,无论是进人,还是干部的任命,出版社没有独立的人事权,制约了出版社的发展。近年来,不少大学社获得了较为宽松的用人权,新员工的招聘、一般干部的任命有了自主权。用人机制上采取双轨制,所谓"老人老办法,新人新办法",老员工还保留学校的事业编制身份,新招聘的员工不进学校编制,实行企业聘用合同制。

改制后,大学出版社应积极创新用人机制,按照现代企业的岗位设置和薪酬模式,留住人才,吸引人才,为人才作用的发挥提供平台。

### (七)强化出版社的核心资源

作者资源和出版社的重点项目、策划人才是出版社的核心资源,是出版社持续、快速发展的保证,出版社应从制度、政策层面,潜心加以培育。吸引人才,并发挥好他们的作用,既要高薪留人、用人,更要感情留人、用人。可以采用稿酬(薪酬)+股权的办法支付重点作者、重要策划人的报酬,真正让企业的发展与人才的贡献相捆绑、相一致。形成以策划人为核心的生产运营机制,建立起项目负责制,变全体编辑考核为项目人考核,充分调动策划人、项目人的积极性。积极储存作者资源,善待作者,善于与作者交朋友,严格按著作权法的规定,维护好包括稿酬在内的作者的各项权利,保持与作者的持续沟通,让作者放心、舒心,产生对出版社的信赖。

### (八)提高创新能力

创新能力是出版社发展的保障。出版企业归根结底是内容产业,出版社之间

的竞争传统上讲是图书产品、图书质量的竞争,而实际上则主要体现在图书内容和出版品种的创新上。随着出版业经营的多元化,出版社之间的竞争,将不仅仅体现在图书产品的质量上,还体现在赢利模式、服务质量、顾客满意度、管理水平等方面。管理学大师彼特·德鲁克在《下一个社会的管理》一书中说:"下一个社会中能够生存的公司必须拥有'领导改变的能力'以及打造熊彼特所主张的'创造性破坏'的能力,即创新的能力。而创新的目的就是有效地利用资源,提高生产力,创造价值,获得资金,促进企业和社会的和谐发展。"大学出版社应创造条件,让创新人才脱颖而出,让创新产品层出不穷。而其关键是创新机制和创新氛围的营造。

### (九) 彰显出版特色,建立属于自己的核心竞争力

出版社的核心竞争力,就是出版社的优势,就是出版社的出版特色。要通过政策层面上的调整,用富有倾向性的管理措施和机制,来优化出版社的图书产品结构,彰显出版特色,逐渐形成自己的核心竞争力。

建立或提升自己的核心竞争力,首先应剖析自己的优势所在,理清所拥有的资源的状况。在此基础上,根据国家经济社会的大环境和行业发展的前景,制定并实施优势竞争战略,以达到建立和提升核心竞争力的目的。

第一,优化图书产品结构。这包括两层意思:① 调整和完善图书品种的出版布局,决定哪类图书该撤,哪类图书该增;② 有优势资源的、可望形成特色和规模效应的图书品种应当扩大规模,并不断升级换代,以逐步形成品牌和品牌优势。

当然,集中全社之力,在较长时间内出版某类图书的做法也存在风险,一旦失败,损失巨大。而分散风险的做法则是:集中社内的优势资源,选择一两个规模适度的项目,支持社内一部分人员,在规定的一段时间内开发出具有创新意义的新产品,并做重点营销推广,一旦成功,再接再厉,乘胜开发下去,直到形成这类图书的规模优势。

第二,打造核心竞争力,应有眼光、有魄力,看准了就舍得投入,并有坚持的毅力和经受挫折的勇气。要善用外力,与人合作,或引进资金或引进人才,催生核心竞争力的早日形成。

一个企业要在激烈的市场竞争中立足、发展,必须善加利用自身的资源,形成自身的优势产品,做出特色来。否则,跟风、模仿、急功近利,形成不了特色或会丧失原有的特色。大的、综合性大学出版社(集团)如此,规模较小、资源较为薄弱的

大部分大学社更应坚持做出特色,以特色立社。为此,大学社在转型中采用差异化战略是十分必要的。竞争策略大师迈克尔·波特的理论表明:"差异化是竞争优势之源。假如人人都用同一套变数进行竞争,标准就会水涨船高,但没有一家企业能够胜出。领先一步并保持领先地位的基本策略是创造竞争优势,因此,重要的不是把工作做好,而是做到与众不同。"在特定的市场中,充分满足读者的消费需求,在小众、细分的市场中取得优势,是赢得竞争的策略。

### (十)再造运营流程,注重成本

任何经济环境下,大学社都应努力探寻依靠自有品牌的创新和价值增值的成长模式。

书业竞争从某种程度上讲就是成本控制与企业管理能力的竞争。出版企业如果能对目前人力成本降低的现状善加利用,同时在人力资源的管理与优化上下功夫,就必定会在竞争中具有更强的优势。管理出效益,管理能力和管理水平决定了企业的成败兴衰。

出版社的编、印、发的过程似乎并不复杂,但正是这种并不复杂的过程,社与社之间却能见出高低。有些社,编、印、发之间缺少协调,编辑抱怨发行人员不努力,发行人员抱怨编辑没有出好书。其实,从成功的出版社来看,特别是市场依存度强的出版企业,策划、编辑、印制、发行,每一环节都必须像机器的齿轮一样,啮合十分紧密。一个图书产品,从确定选题,到编辑修改、润色,确定体例,到版式、装帧设计,纸张选用,印制工艺,都要从市场角度考虑;出版环节要根据项目策划者和编辑的建议,预算成本,选择工厂,确定交书时间;发行环节更要根据产品的进度,安排宣传营销,联系销售渠道,利用多种媒体介绍产品,传递信息;图书发送时,要考虑发货的时间安排,要搜集图书面市后的销售动态,校正宣传策略,考虑调货或者重印。一本书的成功不仅是各环节之间的协调配合,更重要的是细节的安排与实施。

建立 ERP 系统,是加强出版社内部流程管理、提高效能的有效手段。ERP 系统是一套按照现代企业管理标准,将现代管理思想和现代信息技术结合的产物。它利用企业的内部资源和外部市场资源,包括物流、资金流、信息流,为企业产品生产和提供客服建立出最佳的解决方案,并通过系统软件加以实现。目前,国内的一些出版社、出版集团正在开发、使用 ERP 系统,这对理顺、完善出版企业的内部管理制度,打造以财务为重心、以成本控制为核心的企业内控机制,提高企业效益,无疑是有帮助的,大学出版社应积极引进,并在运用中不断完善。

如果出版社规模较小,可以实行扁平化管理,以减少环节,降低运营成本。如果是一个大社,就必须设立专门机构进行协调,保证生产流程不受阻滞;或者划小生产单位,实行事业部制,独立核算,减少生产流程上的障碍。现在外研社、法律社、机工社、电子工业社等大型出版单位,正在采取事业部制的办法,以改善大型出版社的管理,使之运作方便、高效。

### (十一) 建立合适的薪酬和考核体系

包括薪酬和考核制度在内的内部管理机制的制定一定要突出提高效率和以人为本两个维度,以激发员工的创新力和劳动积极性。比如:现在大学社对编辑考核的几种形式,有团队考核和个人考核,有利润考核与码洋考核,等等,就存在不同品种图书、不同岗位编辑的业绩如何衡量,如何统一到考核指标上去,考核指标能否引导图书结构的优化和出版社长远目标的实现上,等等问题。

### (十二) 加强客户管理,实现增值服务

增值服务就是超出商品价值以外的服务。产品提供的价值是有限的,但企业能够附加在产品之上的服务价值是无限的。当图书的价格和品种难以形成差异时,服务便成了赢得读者的关键因素。

目前,教育出版单位和专业出版机构是增值服务的积极推行者,因为这两种类型的出版社具有一定的专业优势和资源优势,可以提供相关服务来实现赢利。其中,专业出版机构多采取提供信息定制和咨询服务进行收费的模式实现赢利,教育出版单位则主要通过提供在线课程、家庭作业管理、在线测试等增值服务而实现赢利。

数字出版从传统的物流转变为信息流,从单向传递转变为双向互动,从以产品为主转变为以产品和服务为主,从基于形式转变为基于内容。图书出版业已在逐渐从传统图书产业转变为现代信息技术产业,而且由于网络的出现,IT(信息技术)产业重心已发生转换,即从 T(技术,technology)转换为 I(信息,information)。因此,数字出版将成为未来的信息产业的中心,提供内容服务将成为未来最主要的赢利点。传统出版要适应产业发展,完成数字化转型,不仅要有优质的内容,还要有更多的增值服务。大学社要突破行业思维局限,争取与网络公司、专题网站发展合作,将图书的数字内容研发与网络公司、专题网站的相关业务项目、服务信息紧密结合起来,在为客户、为读者提供多种增值服务中实现图书生产的增值。

### （十三）塑造企业文化

许多成功的企业都认为，其成功的秘诀在于有了自己的企业文化。企业文化凝聚了员工的希望和要求，形成了共同的愿景，为企业的持续发展提供了动力。企业竞争中，有没有文化是不同的。一个具有竞争力的企业一定有自己的企业文化，如惠普建立在社会价值基础上的人性理念，戴尔建立在客户基础上的价值理念。联想的杨元庆将他们的企业文化分为四个阶段：第一阶段是创业文化，第二阶段是目标导向文化，第三阶段是规则导向文化，第四阶段是团队亲情文化。他们的核心理念是把员工的个人追求融入到企业的长远发展之中。还有，海尔以"敬业报国，追求卓越"、"海尔只有创业没有守业"等经营理念和追求作为企业文化的内涵。

我们的大学出版社最有理由成为最有文化的企业，但有些大学出版社没有主动去构建、形成自己的企业文化。体现在：一是对企业文化在凝聚人心、鼓舞士气、促进企业持续发展中的作用认识不足；二是忙于日常事务，没有注重根据企业特点来规划、提炼具有代表性的企业文化并将其固化；三是有企业文化建设的设想和基础，但没有注意贯穿在日常工作与生活中，没有将企业文化用在管理与发展中。因此，导致员工缺乏现代企业必需的企业文化意识，缺乏主人公精神，缺少为企业和客户忠诚服务的意识。

大学出版社是文化企业，文化企业更应注重企业文化的建设，注重企业自身文化的内涵和特色的凝练。应让富有特质的企业文化凝聚为大学出版业的优良制度、生产氛围和产品内容的一部分。

### （十四）重视网络营销，加快建立电子商务

电子商务的建立可以大幅度地减少成本，方便读者购书，是图书销售的必然趋势。目前，实体书店在不断缩小、倒闭，有预测，未来2—3年，网上销售将占图书总销售的40%—50%。网上书店还有锁定各类读者群体、便于建立客户信息系统、掌握读者兴趣和阅读热点等优势。加大对网络销售渠道的建立已十分紧迫，应设专人专岗，加强与网络销售商的合作。

### （十五）注重价格策略

要想做活市场，就要灵活产品定价，灵活销售折扣。针对不同图书种类、不同读者对象、不同销售区域、不同销售时段，采取灵活多样的价格战略，以抓住读者、抓住市场，争取长期利润的最大化。

### （十六）强化资本营运

现代企业经营活动的灵魂就是资本运动，即以资本的循环和周转来实现价值的增值。实行资本运营的必然结果是实现多元投资主体的融合，通过吸收跨行业、跨所有制，甚至吸纳国外资本的参与，促使原来计划经济模式下形成的管理机制的根本改变。其次，资本运营有助于优化出版社产品的结构，提高管理水平，促进企业人力资本、组织结构发生根本变革，促进企业内部资源的合理使用，提高资本使用效率。通过资本的融合，实现企业间的兼并重组，是出版业组合优势资源，实现多媒体、多样化的经营，实现低成本快速发展的重要途径。

### （十七）强化出版社自身形象和产品的宣传

大学社应注重自身形象的宣传。发挥宣传的功效，利用多种媒体、多种平台，特别是采用成本低廉的自办网站，扩大出版社的影响度，增强产品的营销力。据《中国图书商报》2009 年 2 月 20 日报告，国内 576 家出版社，建有网站的有 440 家，占出版社总数的 76.4%，开设英文网站的只有 64 家。而不同的出版社介绍的内容、容量差别很大。有的文字太少，内容简单，信息有限，宣传效果就难以发挥。而节点宣传和过程宣传（如图书出版前预热、出版中媒体宣传、出版后营销宣传）尤其值得关注。

加强出版社形象的宣传，就是出版社品牌树立的过程。对于一个企业而言，拥有著名的品牌，就好比拥有了利润的源泉，大学出版社不能忽视这一个环节。

### （十八）创新传统出版模式，延伸产业链，实施多元化经营

所谓"东方不亮西方亮"，在激烈的市场经济中，挺拔主业后，发挥现有资源的优势和在行业中的地位，向相关产业进行产业链的有效延伸，是巩固大学出版社在行业中的地位、扩大自身产业规模的有效途径之一。另外，敏感捕捉经济发展中的热点、新兴点，实现新的产业布点，培育新的企业发展模式、新的赢利模式，也可以为企业的发展增添后劲。

### （十九）开展与民营书业的合作，实现互利共赢

中国的民营书业，经过 20 多年的发展，已倔强地从地下发展到地上，逐步被官方所认可。笔者认为，被视作中国出版业重要补充的中国民营出版业，是与国外出版业比肩的启发和催生中国出版产业快速发展、快速现代化的重要力量。近几年，民营出版也开始转型，从教辅图书的出版发展到一般图书、热点图书的出版，从组稿策划到宣传营销，搞得风生水起。目前，不少国营出版社主动向他们伸

出了橄榄枝,或者与之合作,或者兼并收至麾下。现在市场上很多的畅销书都是由民营出版公司策划、由出版社提供书号出版的。不仅选题策划是民营出版公司在做,宣传营销也是他们在做,令人刮目相看,肃然起敬。大学社也应积极探索与民营书业的合作,实现优势互补、共同发展。

## 四、结　语

"转企改制",转型发展,既是大学出版社适应市场经济要求、求生存求发展、做大做强的必然选择,也是世界出版业发展的必然规律。因此,大学出版社的转型发展既可以观照世界大学出版社的发展道路,也可以通过对国内先进出版企业成功典范(模式)的解读,以及其他行业的示范作用,得到启示。

一要大胆地借鉴其他行业的成功经验,实行企业产权多元化,特别应注重引进民营资本与外资。实践证明,单纯的国有资本之间的合资,依然是聚集在国有的旗下,不利于互相监督,企业仍然缺少动力。

二要彻底改变选人用人的机制,通过组织推动、市场化运作,培养职业化的管理团队,特别是要选好首席执行官。

三要建立完备的企业管理制度,通过制度保证企业可持续发展。

大学出版社的转型是一个过程,不是一夜之间就能实现的。清产核资、成立董事会、工商局登记注册,挂牌为公司,那仅仅是形式上转化为企业,而真正成为独立面对市场、完全实行市场化运作的企业,必定要经过人的思想的转变、体制机制的转变,这是一个艰难的历程。

面对目前出版业竞争加剧、利润率下降的态势,采取短期保增长、长期促转型、寻求新的增长点的策略,是大学出版社目前的目标和任务。改变目前的出版增长模式,实现从数量、规模型向质量、内涵、效益型的转变是大学出版业持续健康发展的必由之路,其中制度、机制的创新和发展模式的创新是两个关键点。应防止一味追求市场化、规模化,否则很可能陷入对读者、对市场的刻意迎合和竭力迁就,最终丧失出版社应有的文化特性,使出版社陷入市场的困厄中,失去灵魂——失去读者——失去市场,更谈不上获得希望的利润和效益回报。

制定好发展战略,是大学出版社发展的关键。要在了解大的经济、政治环境,分析、挖掘自身优势资源的基础上,与懂行业管理、有投融资知识的人员一起制定大学出版社的发展战略。

寻找资源，特别是建立和开拓融资渠道，是大学出版业实现战略发展的重要保证。出版社管理者首先要有投融资意识，最好管理层中有既懂出版又懂得金融的人才，否则，要积极借助外脑。随着出版等文化传媒产业的改制、开放，随着政府对文化产业支持力度的增强，随着其他行业，包括国资大企业和富有实力的民营企业投资文化产业，出版企业寻求合作、扩大投融资的时机已经到来。但不能盲目投融资，这是有成本、有风险的。必须先有明确的发展战略，有了优质的项目，才适合投融资，才能产生明显的效益。当然，出版社也可以像其他企业、其他行业一样，有了一定的资本，有了合适的项目和时机，可以跨行业投资。但合适的操盘手是关键。现在有出版主业微利化的倾向，但放弃主业也就意味着放弃了扩大投融资、扩大赢利的平台和资源优势，就非常危险。

国家扶持文化产业发展的系列政策中，出版产业，包括大学出版社可争取的空间很大。至少有六种融资渠道可以利用——国家有关部门设立的多种专项财政资金支持，国家税收政策的优惠，上市，债券，贷款，引入战略投资者、天使基金和风险基金，出版社可以根据自己的需要选择使用。特别要关注以项目来申请国家资金的支持。大的文化产品项目和进出口、版权贸易项目均可申请国家或地方出版基金、银行贷款的资助。募集到的资金也可以设立"创投基金"——这是文化企业做大做强的一个方向。

大学出版社必须练好内功，再造组织结构、业务流程和产品结构，打造品牌产品，形成企业的核心竞争力。

彼得·德鲁克在《下一个社会的管理》一书中指出："下一个社会将是知识社会。知识会成为社会的关键资源，知识工作者将成为主要的劳动力。"而对于开发、整理、传播知识的大学出版社来说，也将大有用武之地，因此必须作好准备。

# 大学出版业如何适应知识经济时代

## 范 余

## 一、努力出版富有创新知识的教育图书

按照知识经济社会的要求,教育发展与改革是经济发展的首要支撑点。首先,教育不仅在所有行业中应得到相对优先的发展,而且根据我国"科教兴国"的战略要求,教育必须适度超前发展。其二,必须从根本上实现教育思想、教育观念的彻底转变和更新,使之主动积极地为知识经济发展服务。① 要实施"创新教育",培养有创造能力和创新精神的人才;② 要培养既有某门专业知识,又有广博知识根基的人才;③ 把管理作为一种经济资源,加强管理人才的培养;④ 发展"教育产业",使教育在经济上独立和赢利。其三,尽快全面提高全民族教育发展的总体水平,加快实现教育现代化,使高等学历化教育扩大范围。其四,知识经济社会对劳动者的劳动知识、技能提出不断更新、进步的要求。这样,每一个劳动者对知识教育的渴求处于永无止境的状态。因此,教育的终身化将是知识经济赖以存在及发展的不可缺少的条件。其五,联合国曾不断向国际社会提出警告:人类在告别 20 世纪的时候已走进了一个"人口在暴涨、贫困在加剧、环境在恶化"的"人类困境",只有变革人类的生活方式才能摆脱这个困境,而只有变革教育、改善人类的素质,才能改变人类的生活方式。大学出版社作为直接服务于教学和科研的机构,理应挖掘所依托的大学蕴藏的丰富知识资源,以富有创造性的系列教育图书去开拓、引导、培育图书市场,为发展知识经济发挥大学出版业应有的积极作用、先导作用。

# 二、努力实现出版信息化

知识经济在某种意义上就是信息经济,因此也有人称知识经济时代为信息经济时代。面对我国已经启动的出版信息化潮流,大学出版社应充分发挥高校的优势,率先走出版信息化的道路。但目前大学出版信息化工作与时代的信息化步伐还有一定的距离。信息意识薄弱、信息观念落后、信息手段缺乏,这种情况在目前的出版行业还很普遍。为此,笔者以为,大学出版社要依托高等院校的现代先进科技知识和人才优势,率先把信息技术更快更好地运用到出版管理、营销等方面。其一,请高校计算机人才设计一套既符合知识经济发展要求又符合大学出版业自身发展规律的计算机软件,并与有关政府部门联合,实行社内各部门的联网、社与兄弟社的联网、社与地方出版系统的联网、社与全国出版系统的联网、社与国际的联网,一方面将管理人员从手工劳作中解脱出来,提高工作效率;另一方面,可以从各级网络上获取各种科技信息,网络营销图书也将给图书市场竞争带来机遇和效率。其二,大学应利用自身优势,不断培养具有现代高科技知识、具有创新意识的大学出版人才。通过各种学习机会、各种教育方式,使出版人获取全新的知识。

第一,加强出版内部管理自动化。出版内部管理自动化首先要解决的问题就是将现有的出版资源进行数字化处理,这是出版信息化工作过程中的一项基础性工作。先制定符合出版规律的规划和可行的步骤,对出版资源进行信息化的整理、加工并输入计算机,形成一套编务管理、选题管理、版权管理、编辑管理、财务管理、人事管理、档案管理、发行管理、库房管理等系统化的内部管理自动化。当然,这些管理的数字化过程要与新闻出版总署或有关部门对数字化信息的要求相一致,以便今后顺利地与相关部门接轨、交流。

第二,迅速实现办公自动化。建立出版社办公自动化系统,在技术方面只要在常规出版管理系统、文字处理软件和其他一般商品化数据图文处理软件的基础上,集成、开通出版社内部网络,同时可使办公自动化系统及其内部网与全国的出版信息网络乃至其他行业网络互联互通。

第三,逐步实现决策信息化。决策信息化要求构建自己的出版信息系统,它的主要组成子系统应当包括:① 政策、方针信息系统。通过该系统搜集党和国家有关出版工作的方针、政策等信息,并结合自身的实际情况对这些信息进行综合分析，使自己的出版指导思想和决策符合国家的出版方针、政策。② 选题信息系统。决策者通过该系统可以及时掌握本社和外社的选题情况，以及本校专家或其他作者正在研究的课题或科研项目的情况等。③ 市场信息系统。通过它搜集图书市场信息，为出版者决定发行策略和策划新选题提供依据。④ 书目信息系统。这些信息以书目数据库的形式存在于出版信息系统中，供出版者随时查考。⑤ 作者信息系统。作者信息包括作者的一般情况、科研项目（尤其是国家及省部级重大科研项目）和著作情况等与出版有关的信息。有了这些信息的支持，可以为出版社所策划的图书选题选择最合适的作者。⑥ 读者信息系统。读者信息包括读者的一般情况，还应包括与出版有关的信息，如读者的读书兴趣（爱好）、对出版社的建议等。这些信息对出版者为图书确立准确的读者定位有重要意义，同时它也是出版社建立图书直销网络的基础。⑦ 参考信息系统。收集国内外间接性的资料、数据往往能收到意想不到的效果。如全国各种图书的获奖情况，其他出版社、书商的情况等。这些参考信息是出版者决策不可或缺的资料。

## 三、大学出版业应更新管理观念

在知识经济时代，要管理好出版业，一定要有远见卓识，管理者应具备一种全新的知识观念，苦练内功，在转换内部机制、优化经营策略、聚集出版实力、罗致人才、创企业品牌上下功夫。其一，大学出版社要依靠高校的人才优势，选拔、造就一批优秀的、充满活力的和敢于创新的卓越领导者，让他们带着全新的知识观念去管理大学出版业。其二，树立创品牌出版业的意识、出精品图书的意识。树立品牌，必须做到：① 所出版的图书要有自己的个性特色；② 图书内在质量一定要是精品；③ 不断为整个出版业进行形象设计；④ 品牌形象要有长期的连续性，精品图书迭出；⑤ 出版形象设计、图书版式设计等要有独特的风格；⑥ 重视图书封面设计且应与精品图书本身相一致。其三，应十分重视对市场的研究开发。可以成立具有探索精神、创新意识的知识经验比较丰富的以年轻同志为主要成员的市场调研开发小组，不断策划出符合本企业出版特色的优秀选题；还要不断了解出版业在编、印、发上的一些新手段来改善本企业的技术状况，并且争取领先别人一步。其四，领导者要善于求才、知才、用才、育才。① 要关心人。领导者应经常与职工进行面对面的非正式的口头形式的思想交流，鼓励、教育职工要有高度的信心和责任感、敬业感,力求在本职工作上获得最大的发展。② 要信任人。让职工充分发挥自己的积极性和创造性。③ 重视职工培训。可以举办学制、内容、形式不同的培训班。哪怕一期培训班只解决一个方面的问题也行。④ 重视职工福利。除发放正常基本的劳保生活福利外,可设立医疗保险、残废保险、误餐补贴、免费的工间茶点、生日送礼等。⑤ 鼓励创新。职工在任何一方面有创新发现,只要对出版业有用,都应从优奖励。其五,按知分配。出版企业中的分配也要打破"大锅饭",而应根据各人在出版业中创造财富的知识含量来进行分配。这是按劳分配原则在知识经济时代的新特征。

在知识经济时代,对知识、技术、信息的依赖性达到前所未有的高度。每一位出版人都有责任和义务,依靠知识、技术将传统的出版业转化为知识产业,并为完成这一转化做出自己最大的贡献。

（原载于《大学出版》1999 年第 1 期）

**参考文献**

［1］秦言.知识经济时代[M].天津人民出版社,1998.

［2］彭坤明.知识经济与教育[M].南京师范大学出版社,1998.

［3］陈钢.出版信息化:我们如何应对[N].计算机世界,1998.

# 国际视野下图书出版业的变迁与创新

田 雁

## 一、不容乐观的前景

如果仅就中国图书出版业的数据而言，这无疑是一个最好的时代。因为从 20 世纪 70 年代末起，中国的图书出版业便进入了一个高速增长的时期。从 1978 年到 2010 年，图书品种由 14 987 种增加到 32.8 万种，总印数由 37.7 亿册增加到 71.7 亿册，图书纯销售额也由 9.30 亿元猛增到了 599.9 亿元。

正是因为有这样出色的增长前提的存在，国家新闻出版总署非常乐观地将今后"十二五"时期图书出版的指标，确定为图书品种由 32.8 万种增加到 41.9 万种（年增长率 5%），总印数由 71.7 亿册增加到 79.2 亿册（年增长率 2%）。[①]

然而，当我们走出中国，将目光转向美国与日本的图书市场，会发现国际图书出版业正面临着一个前所未有的挑战。在库存图书电子化、电子书以及按需打印三股浪潮的冲击下，美、日传统的图书出版业早已经是败象丛生，且岌岌不可终日。

以美国为例，作为世界上图书销售金额最大的国家，2010 年美国图书的销售量为 7.1 亿册。然而，据美国出版商协会（AAP）的资料统计，自 2001 年，美国的图书销售金额达到了创纪录的 253.6 亿美元之后，就一直在 230 亿—240 亿美元的水准上下浮动。而与新闻出版总署对中国的图书出版业积极乐观的预期不同，IHS iSuppli 公司对美国图书出版今后 4 年的预测是，至 2015 年，美国的图书销售金额

---

① 新闻出版总署：《新闻出版业"十二五"时期发展规划》，http://www.gapp.gov.cn/cms/html/21/508/201104/715451.html，2012 年 6 月 20 日。

总数会保持在 250 亿美元左右,不过,电子出版会有每年 40％ 的增幅,而纸质出版会出现每年 4.9％ 的降幅。

同样还有日本,1997 年之后,日本的图书销售额一直处于下坡态势,虽然在 2004 年有过短暂的回升,但在 2006 年之后又开始下滑至今。不仅如此,在 2001—2010 年间,除 2001 年、2003 年、2005 年 3 年外,日本每年破产的出版企业(出版社、书店、印刷厂)都在 1 万家以上。正是在这样的背景下,日本国内才有"出版大崩溃"的舆论。

由此可见,即便在中国,图书出版业的未来也未必令人乐观。这是因为传统图书出版业的形成与发展得益于工业革命,因此它所体现的也只是工业化的生产方式,即大规模生产、大规模销售及大规模阅读。从载体形式上看,纸质图书出版仍然属于传统的制造产业。但是,它所面临的是数字化时代的挑战,如储存的数码化、传播的信息化、阅读的电子化。在数字化时代,与电子图书相比,传统图书出版无论在信息储存的量,还是信息传播的速度,甚至在阅读的多元化选择上,都不具备任何的优势。可以说,目前传统图书出版面对的正是这种规模与标准化的工业文明与无穷多元化的信息文明之间转型时的艰难。

# 二、大变革时代

在数字化时代,以互联网为代表的数字化传播方式的兴起,在不断推动传统图书出版向数字化转型的同时,也给整个图书出版领域带来了一场生产关系的大变革。其中,图书出版领域的关联者,无论是作者、读者还是编者,也都被深深地卷入了变革之中。

## (一) 技术的变革

毫无疑问,在这场生产关系的大变革中,数字化与互联网技术的飞速发展是变革的主要推动力。回顾历史,不难发现,在中国,自 20 世纪 80 年代以来,有关图书出版业的技术发展可以分为三个阶段。第一阶段是在 20 世纪八九十年代,汉字激光照排系统以及平版胶印对铅排和铅印技术的取代,这一取代使得图书出版业就此告别了铅与火,步入光与电。第二阶段是在 20—21 世纪的跨世纪 10 年,随着互联网技术的迅速扩展,图书的内容编排和生产、经营管理开始全面数字化,出版社的图书编辑、书稿传送、发行管理等都开始在一个数字化平台上完成。第三阶段是自 21 世纪初至今,手机阅读以及手持阅读终端推出并迅速地市场化。其中,亚马逊 Kindle 的推出,成为数字化时代的一面旗帜。数字出版彻底地抛弃了传统图书出版的纸的介质,它是依靠各种电子平台或移动终端向读者提供信息的。这是完全不同于传统图书出版的新型出版模式,与传统图书出版相比,它储存量大、传播便捷、制作及销售成本低廉。正因为此,它的出世,最终将传统图书出版逼到了无路可退的绝境。

### (二) 作者的变身

数字化时代的作者变身,主要有两大趋势:一个是作者身份的大众化,另一个是成为作者的途径的多样化。所谓作者身份的大众化,是因为随着网络数字化平台的展开,"出版也不再是出版机构精英垄断的专利,任何人都可以将内容、信息、知识通过网络发布给读者而成为传播者和出版者"[1]。这意味着只要人们愿意,任何人都可以成为作者。在这样的背景下,作者不需要将作品投寄给出版社,只要像起点中文网、豆瓣阅读那样,将自己的作品直接挂贴上网就行。

由此可知,数字化时代的作者变身,是随着网络数字化平台的搭建而展开的。然而,这一变身的影响非比寻常,因为它绕过了出版社,两点一线,直接把作者与出版连接起来,颠覆了传统图书出版时代作者与出版社之间的不平等关系,直接动摇了传统图书出版的基石。

### (三) 读者的变化

随着数字化时代的到来,读者的阅读方式和习惯也正在悄然地发生改变,如今,他们已不再局限于图书或文字的阅读,而是将阅读伸展到了更开阔的空间——电子屏幕的数字阅读。由中国出版科学研究举行的"全国国民阅读调查"数据显示,国民的数字阅读率,除 2008 年有一个意外的跳水之外,其余的时段都呈现出一种上升的势态。

可以说,数字阅读正在潜移默化地丰富并改变着人们的阅读方式。这是因为数字化时代信息量的急剧增加,使得读者不得不加快阅读的速度,而数字阅读恰恰具有更快的数据搜寻和更详尽的解答功能。因此,尽管数字阅读依然存在着种种弊端,如浅阅读缺乏品味、需要外界阅读设备、长时间阅读会令眼睛疲劳等等,但是,读者在数字化的"更快"、"更多"的旗帜下,依然乐此不疲地寻找着惊喜,以至于大众阅读越来越呈现出"碎片化"的趋势。可以说,这种趋势的发展对图书出

---

① 刘成勇:《出版业技术革命 30 年》,《出版商务周报》2009 年 10 月 25 日。

版的未来是极为不利的。

### （四）编者的变化

在过去一个相当长的年代里，在出版社、编辑、作者、读者之间保持着一种非常纯粹的文化关系。然而，在出版数字化和产业化转型的时代背景下，在作者的身份渐渐由精英转向大众，读者的阅读开始由纸质转向数字的过程中，图书编辑的角色与作用也开始悄然变化。"以前出版社里各式各样的人碰头，都是在聊出什么书、什么书比较有意思，大家兴味盎然；而现在出版社则被迫召集一帮不相干的市场、财务、银行等方面的人每天都要讨论所谓的'数据'，根本不讨论书的内容、书是否有意思，而是在费尽心机地分析如何投入资本、投入了多少、收回了多少、怎样才可以赚取效益……"①

由此而言，正是在出版数字化和产业化的推动下，编辑、作者、读者之间的关系渐次发生变化，由过去较为纯粹的文化关系演变为彻底的市场关系。必须承认这种由出版技术的进步而带来的编辑、作者、读者间身份及关系的变化，本质上可以说是一种适应新生产力的生产关系的调整。这就需要出版社依据市场的变化重新去塑造与作者、读者甚至是编辑之间的关系。在某种意义上，这种塑造可以说是图书出版业的一场蓄势待发的新生。

## 三、图书出版的创新

随着出版数字化和产业化的进程，也伴随着数字化时代中的作者、读者以及编者角色的变化，传统图书出版业的变革势在必行。图书在知识传播过程中的作用主要体现有阅读、保存和传播三大功能。因而要在数字化时代获得生存，图书出版就必须在这三大功能方面有所创新。

### （一）阅读的创新

阅读是图书出版业的核心驱动力，决定着出版业的生死存亡。我们可以说图书的本质在于内容的深刻和文化的积累，而图书阅读更能给读者理性判断和思考的机会，因此，书是需要细细阅读慢慢品味的。但是，我们必须清楚地意识到，在数字化时代，所谓的阅读已不完全等同于读书，"阅读的对象远比读书的对象来得丰富。阅读针对的是文本，文本并不只表现为书写或印刷的形式，它可以包括文

---

① 舒炜：《图书业的死与生》，《中国经济》2009 年第 9 期。

字、图像、口语、图片、印刷、音乐等表现形式，乃至于声像材料、电影、电视节目，甚至任何一种计算机所储存的信息、碑铭、唱片等各种形式"①。所以，作为读本之一的纸质图书想要在所有的阅读中保持自己的传统地位，首先必须符合读者的阅读方式。

与传统图书阅读相比，电子阅读通常会采用鲜艳的色彩、突出的插图甚至以音乐搭配来刺激读者的感官，让读者保持阅读的兴趣；不过，电子阅读也存在缺陷，它必须借助外在光源才能阅读，而且长时间凝视会使读者的眼睛感觉疲劳。由此，作为传统图书的阅读方式上的改变，就是通过对图书内容的重视以及对图书纸张材料的创新，从而创作出能在院子里晒着太阳的自然阅读，或是点着烛光的咖啡馆里的复古阅读，又或是随遇而安的心情阅读的纸质图书，使之符合数字化时代读者的阅读心态、阅读习惯等的变化。显然，如何在内容及形式上选择出版适合读者的阅读心态的书，就成为数字化时代纸质图书的最主要选择。

### （二）保存的创新

在数字化时代，图书的保存是传统出版不可触摸的痛。无论在保存的路径，还是保存的容量，都远非电子书籍及其他电子出版物的对手。

不过，传统出版也有其他电子出版物所没有的优势，那就是仍有许多读者喜欢用手不停地翻阅纸张的实体感，喜欢散发着油墨香味的书的魅力。美国作家约翰·厄普代克对纸质图书曾经有过这样的评述："它们赋予了文学作品的完整性，数百年来以外在形式表达了印刷文字的永固特点。正是这些优势，让图书不易发生改变，无论岁月流逝，无论流行趋势如何改变，它们都能永保特色。"②此外，纸质书还有其独特的收藏价值，不仅仅作为阅读的媒介，同时也能够作为艺术品加以收藏及保存。这就需要传统出版对纸质图书在版式、装帧等方面的精雕细琢，以激发读者们对纸质书的留恋与渴望。

### （三）传播途径的创新

除学校教科书外，图书的一般传播途径，主要有图书馆借阅以及书店与网络的购买。然而，在 2011 年，实体书店的倒闭，已经成为蔓延全球的现象。对国人而言，最具冲击力的无疑是"光合作用"的破产。这家从厦门起家，在北京有 15 家分店，在全国有 30 余家分店被誉为中国"民营书业第一品牌"的书店，是在悄无声息

---

① D F McKenize：*The Book as an Expressive Form*，Cambridge University Press，1999.

② The future of news：Back to the coffee house，*The Economist*，2011(7).

间轰然倒塌的。其实,"光合作用"并不是第一家倒闭的知名民营书店,"据北京新华书店首席执行官利建华介绍,从 2007 年到 2009 年,中国民营书店已经锐减了 1 万余家之多"①。

显而易见,在网购和电子出版的双重打击下,传统的书店营销模式已经步入了绝境。然而,没有图书的传播与营销,就没有图书出版的未来。正因为此,无论国内还是国外,都在努力地尝试着数字化时期的书店营销模式。将来的书店,也许会以一种混合型的营销模式存在,就像乔安娜所说的那样,"坐在星巴克里,喝着咖啡购买图书、杂志或者任何我在实体书店里看到的感兴趣的图书"。

## 四、结　语

毫无疑问,我们现在正处在一个大变革的时代,在数字化、网络平台化的技术推动下,从图书编排印制的技术,到作者、读者、编辑与出版社之间的关系,已经发生了根本的改变,由此也决定了图书出版今后的变革方向。

在未来,图书的数字化是一个必然,但这并不表示纸质图书就此消亡。美国的 Gerard Reid 曾经有过一个非常形象的媒介相对位移理论:"每当一个新的媒介出现后,其他媒介就会相互移动各自的位子。没有媒介会彻底消失,而只是改变而已。想想即使在电视和电影双重挤压下,戏剧舞台的改变和演出产业的复兴吧。广播和各种音乐媒介再盛行,但乐谱还是照卖,人们还是要亲自弹奏音乐。"② 这也许是纸质图书与数字图书能够得以共存的最好的理论注解。

然而,即便是纸质图书与数字图书能够共存,纸质图书出版仍需要我们有所创新,尤其是在阅读、保存和传播功能上的创新。无论如何,在蔓延全球的实体书店的倒闭风潮中,传播功能的创新,也就是数字化时代的图书销售路径的开拓是至为关键的,甚至可以说它决定着纸质图书出版的最终走向。

(原载于《科技与出版》2012 年第 9 期)

---

① 何映宇:《书店的生存之道》,《新民周刊》2011 年第 46 期。
② 于文:《图书出版业,终结还是新生?》,《中国出版》2009 年第 8 期。

编辑功能与
BIANJIGONGNENGYU
SUZHIYANJIU
素质研究

# 编辑要走向市场走近读者

时惠荣　任天石

在出版改革开放的新形势下,以往编辑人员闭门编稿、专做案头功夫的现象再难继续下去了。面对形势的变化,编辑人员怎样做,才能使自己的编辑、出版工作达到优质高效,更好地为繁荣与发展社会主义出版事业服务,这是广大业内人士经常思考和议论的话题。

社会主义市场经济的建设与发展,转型期社会的全面进步与我国出版业的改革,不仅要求图书编辑人员切实做好书稿的文字工作,不断提高图书的编辑水平;还要更新观念,增强市场意识,使编辑职能向两头深化:一头是向前延伸,也即深入社会了解读者,从中发掘与策划最贴近时代、最适合读者需要的优秀选题,主动地、积极地组织并获得优秀书稿;一头是向后延伸,也即参与发行,开拓市场,接触读者,以自己的产品直接接受读者的检验与市场的评价,从而改进与提高编辑工作的质量。向前延伸是为了使案头编辑乃至整个图书出版拥有优质高效的源头活水,向后延伸是为了使图书的两个效益得以实现,这就形成了读者(市场)需求—选题策划—图书编辑—发行营销—读者(市场)需求这样一个图书出版的良性循环。读者(市场)成为这一循环过程起始与终结的交汇,也就是说,图书选题从根本上说来自读者(市场)的需求,而图书的价值和效益最终也只能在读者和市场上得到实现。读者(市场)是出版总链条上的中心环节,只有紧紧抓住这一环节,才能抓住全局。因此,一切具有现代意识的编辑人员,必须毫不迟疑地走出书斋,走进市场,走近读者,把编辑工作渗透、延伸到市场与读者中,使编辑功能由静态走向动态,由单一走向多元,由局部走向整体,真正把编辑工作做活做深做出成效,在编辑、出版全过程中长才干,显身手,做贡献。

认识到位,思路大开。为了把编辑引向市场,近年来我社采取几项措施并已见成效。一是从队伍建设上注重编辑对发行的介入和参与,把有经营意识和策划能力的青年编辑充实到发行部,使他们在发行实践中得到锻炼,同时发挥其在编辑与发行之间的纽带与沟通作用。这样做,一方面优化发行队伍的专业素质,另一方面,市场实践又使编辑人员对图书选题以至图书质量的观察、评价与设计具有新的眼光、新的尺度,更贴近读者与市场。二是组织编辑与发行人员共同参与各种书市及订货会,开拓图书市场,了解出版信息,如1997年3月我们派出六名编辑参加在广州举行的大学出版订货会,成效十分显著:一方面,编辑凭借自身的优势及对图书到位的宣传,容易赢得客户的理解与信任,从而提高订购的积极性;另一方面,编辑到图书市场第一线,近距离地了解、研究读者需求与市场趋向,就能真正感受到市场的脉搏和读者的心声,从无限生动鲜活的第一手信息中,开阔视野,左右逢源,有利于激发灵感,捕捉选题,开掘新意,提出不少新颖、独到、精彩的选题设想。三是派编辑到书店站柜台,直接倾听读者意见,触知图书市场的热点与焦点,发现与听取来自不同层次读者对图书从选题到装帧、定价的十分中肯的意见,这是平时走马观花做不到的。一位农村学生在书架前久久翻阅我社的一本畅销工具书,犹豫再三还是把书放回书架,经了解,他认为书的确不错,可惜经济条件有限,建议精选内容、减少篇幅、降低定价。随后我们参照此意见研究修订改版,果然收到成效。四是派出编辑到各市县进行图书市场调研,由于时间充裕,态度诚恳,深入扎实,听取基层新华书店及所联系的读者的意见十分具体、深入,有的甚至还提出了有较大开发价值的选题构想。五是成立了市场调研开发部,吸收部分思想活跃、社会活动能力较强的青年编辑参加,在平时参与市场调研与发行实践的基础上,每月举行一次研讨活动,交流信息,专题探讨选题策划、图书总体设计以及内容体式装帧等问题。以开发部的调研成果为依据,经过精心策划,已经形成了若干大有希望的新的生长点,一批编辑业务水平和市场意识都强的优秀青年编辑正在成长。实践证明,真正成熟的编辑必须学会在市场上拓展自己生存与发展的空间,社会是编辑真正的舞台,市场是编辑大有作为和增长才干的广阔天地。

强调编辑走向市场,参与发行,绝不等于只讲被动地适应市场需要,更非只讲经济效益。实际上,这样做也是引导与开拓市场,把社会效益与经济效益统一起来的需要。在走向市场的过程中,不仅要重视发挥市场机制的积极作用,还要善于防止与消除其负面效应。市场从根本上说就是读者,而读者的需求也要加以鉴别和分析,对正常的需要应当加以满足,对不正当的需求应当加以抵制并进而实行正确的引导与积极的提高。我们绝不能为迎合市场,失格媚俗,甚至迷失方向,放弃职责,产生各种短期甚至有害的行为;应以强烈的社会责任感与历史使命感,把党和国家的要求、读者的需要、出版社的需求创造性地统一起来,拓展并提出符合社会期待与市场需求的最佳创意与设计。编辑还应以敏锐的嗅觉与强烈的超前意识,善于透过一时的表象发现潜在的市场需求,紧紧把握市场的主动权。

对于大学出版社来说,编辑走向市场有特殊重要的意义。大学社编辑大多来自教学科研单位,再加上高等学府重学术轻经商的传统与环境的影响,同直属社、地方社相比,较为缺乏经营意识与能力,"书生办社"的状况一时难以得到较大的改观,这就更需要我们到图书市场大潮中经受锻炼。总之,编辑走向市场是当前出版改革与发展的必由之路与大势所趋。我们一定要以正确的导向,积极的步伐,走进市场,走近读者,勇于实践,勤于学习,当好跨世纪的新型编辑。

(原载于《大学出版》1997 年第 3 期)

# 新时期大学出版社编辑功能的六个拓展

金鑫荣　左　健

近几年,一些优秀的大学出版社之所以能在激烈的出版竞争中脱颖而出,正是因为其依靠了一批具有创新活力的编辑。但不可否认的是,在新时期竞争日益加剧的出版形势下,大学出版社的编辑与其他同行一样,面临着全新的挑战:一是知识发展的日新月异,新知识、新科学、交叉科学不断涌现。二是信息爆炸所引发的现代社会的资讯密集化。网络的兴起,更对信息量的扩张起到推波助澜的作用。三是阅读对象(受众)的变化。随着近几年高校的扩招,大学教育虽已从以前的"精英教育"转变为"大众教育",但新时期大学生的知识视野更为广阔,对知识和文化的需求层次更高,对信息的需求也更加迫切,这就对出版物提出了新的要求。四是教材更新速度加快。一本优秀的教材必须随时更新,随着学术的发展不断地进行修订。五是国外学术著作和教材的输入。例如,国内著名大学的 MBA 培训教材、商学院系列教材大都直接或间接引用国外原版的大学教材,而国内的原创性教材成为稀缺品种。

这些都是大学出版社面临挑战的外部因素及必须应对的客观形势。从国内出版界的改革和发展的态势而言,大多数大学出版社因为体制和属性等原因,目前还不可能像地方出版社那样组建大型的出版发行集团,集合人、财、物作连锁经营式的市场运作,追求效益的最大化。因此,如果大学社的创造主体——编辑不能强筋健骨,练好内功,拓展功能,迅速壮大自己,在风云激荡的市场面前就不能打赢这场出版领域的阵地战。

那么,新时期大学出版社编辑应该如何实现功能拓展呢? 我们认为,需要实现以下这些方面的转变。

一是从案头编辑到策划编辑的拓展。也许对许多出版社而言,策划本来就是编辑的功能,但对大部分大学社的编辑来说,这是一个全新的课题。大学出版社许多书稿的出版,并不是靠编辑的组稿策划而来,大部分是学校、各系组织的自然来稿,编辑只做案头编校工作,因此缺少创造和市场的元素。因为专业分工过细,一些编辑满足于耕耘自己专业上的一亩三分地,对出版社、编辑室及自己的选题计划缺乏长远的规划和切实的措施,对跨学科、跨专业的知识领域也涉足不深。也许有人认为,大学教材和学术图书,不需要策划,其实这是一个认识上的误区。因为它们同样需要编辑的策划来进行主题确定、市场定位和营销推广。例如周国平有关论尼采的哲学书籍,余秋雨的大文化散文,今年热销的易中天的评说历史系列,刘心武的评说《红楼梦》系列,都是编辑策划先期介入的成功案例。同样,高校教材,特别是人文学科的教材出版也需要策划,要改变以往单一的知识传输,着重培养学生的思考和创新能力。

二是从策划编辑到营销编辑的拓展。其实营销也是个老话题,但在新的出版形势下,营销的权重在不断加大。对于一个合格的大学社编辑来说,策划、编辑、营销必须三位一体,即从图书的研发、生产(包括装帧设计)到市场终端,要像卫星导航一样跟踪定位。从市场终端的书店和读者那里得到对图书反馈的意见,并通过修订、重版完善图书的内容。

营销作为编辑与发行之间的中间环节,要求编辑具备前瞻意识,既要有宏观的把握,又要有细节的维护。尤其是高校教材的发行就更加离不开编辑的营销,需要编辑走出书斋,完成大量的沟通和宣传工作。

三是从"杂家"型编辑向学者型编辑的拓展。对于编辑的角色定位,有人主张编辑当一个"杂家",有人主张编辑学者化。见仁见智,各有其理。但对大学出版社来说,我们认为编辑学者化应当成为一种要求。这也是由大学出版社学科专业化的要求决定的。在新知识不断涌现,新兴学科、交叉学科不断发展的今天,大学出版社的编辑必须努力提升自己的学术素养,通过学术研究、学术交流等活动了解学术的前沿动态,掌握学术研究的最新信息,关注学科专业的发展态势,这样才能得到与作者交流的"话语权"。古代如孔子写《论语》定六经,司马迁编创《史记》,司马光编纂《资治通鉴》;现代如叶圣陶、巴金等,他们就既是杰出的编辑家,又是一代学术巨匠;当代的如中华书局资深编辑周振甫也是集编辑与学者于一身,他编辑钱锺书的《谈艺录》、《管锥编》,常有审稿建言,钱锺书感言"小叩辄发大鸣……良朋嘉惠,并志笔端"。编辑要与作者互动交流,如果没有自己的学术功底作支撑,就不会有很好的判断力,也不能提高图书的质量。

四是从"技术精神"向人文精神的拓展。传统意义上的编辑功能主要是来料加工型的、技术型的。作为知识载体的图书不仅是一种商品,同时还承载着人类的心灵感知和审美诉求,寄寓着人们对人生意义的终极追求和不竭的人文关怀。大学出版社作为学术出版机构,当然富有传承历史文明、弘扬人文精神的这样一种社会责任。目前大学正在实施的"通识"教育即是大学人文精神的体现。"通识"教育提倡文理打通,有助于克服我国基础教育中多年延续下来的"背多分"和高分低能的现象。国家"十一五"文化发展纲要中也强调要加强和深化对大学生的传统文化教育和人文素质教育。这些都为大学出版社组织和深化相关选题提供了机遇。

五是从个体型编辑向团队型编辑的拓展。在大学出版社目前的经营体制中,因为专业划分及绩效考核等原因,往往比较注重个体的考核,发挥个体的作用。这从个体管理的角度来讲,也许是可行的,但对编辑和出版社的长期发展来说,却是不尽合理的。因为大学出版社要想实现自身的定位,完成远期的战略规划,形成特色的出版板块,组织实施大型的出版项目,单靠编辑个体是很难完成的,必须依靠编辑团队来协作完成。编辑不可能个个都是从策划到营销的"十项全能"型的选手,特别是现在选题的开发有不少是综合的复杂的系统工程,个体的单兵作战方式已经不能适应形势的需要。形象地说,一个合格的大学出版社编辑,不但是一个优秀的独唱演员,还应该善于参与或组织一个合唱团,只有这样,才能出色地完成"演出"任务。

六是从国内视野向国际视野的拓展。在经济和文化全球化的今天,新时期大学出版社的编辑应该具有广阔的国际视野,充分掌握国际出版界的各类资讯,积极参与中外文化的交流研讨,做好"引进来"和"走出去"的工作。南京大学出版社的《当代学术棱镜译丛》从欧美引进版权,这套书不仅反映了国外学术的前沿进展,还从学术的角度解说现实生活中层面广泛的问题和热点的问题,已经具有一定的品牌效应。同样是南大社,在2006年出齐了我国目前最大的传统思想文化研究工程——200部的《中国思想家评传丛书》,现在正在启动韩文、日文、英文的翻译工作,力图把我国的优秀传统思想文化介绍到世界。在这样的"引进来"和"走出去"的工作中,一定要求编辑具备国际的视野和国际交流的能力。一个大学出版社的编辑如果茫然于国际最新的出版潮流,不了解国际最新的学术动态,不能掌握前沿的出版信息,那么,他在作相关图书的版权交流时,就不能掌握工作的主动性。

从发展的眼光来看,大学出版社编辑功能的转变和拓展是新时期出版工作的必然趋势。如果说,选题是出版的核心竞争力,那么,编辑则是核心竞争力的"驱动器",只有使出版流程中编辑的"内存"和"内驱"容量不断加大,"升级"不断进行,才能创造出强大的出版动力和选题创造力,才能使"内容为王"的优秀图书不断涌现。

（原载于《科技与出版》2007 年第 5 期）

# 接受理论与编辑的读者观念

## 左 健

接受理论是 20 世纪 60 年代产生于西方的一种重要的文学理论,又称"接受美学"、"接受影响美学"。最初提出接受美学的是联邦德国的汉斯·罗伯特·尧斯(Hans Robert Jauss)、沃尔夫冈·伊瑟尔(Wolfgang Iser)等人。后来,民主德国的瑙曼,在接受美学的苏联学派、美国的"读者反应批评"等理论观点后,从不同的角度丰富了接受理论。

从表面上看,接受理论与编辑理论没有直接的联系,但由于前者致力于研究读者及其接受问题,"将注意力从本文转向读者,传统批评所依附的确定的本文被接受者取而代之"[①],所以它与编辑的读者观念以及市场意识就有了内在的贯通之处。因此,考察接受理论对于编辑的读者观以及编辑的组稿策划工作,就具有一定的启发意义。

## 一、对读者地位与价值的认识

在一般的观念当中,与作者、出版者相比较,读者总是被动的、次要的角色。而西方接受理论是怎样认识作者与读者的关系的呢? 尧斯指出:"在作家、作品和读者的三角关系中,后者并不是被动的因素,不是单纯的作出反应的环节,它本身便是一种创造历史的力量。"[②]他打破了以作家、作品为中心的传统文学价值观,认为读者与作家作品一样,都具有主体性的地位。一方面,作家作品影响读者;另一方面,读者又反过来影响作家的创作,读者在文学价值的实现和创造方面也起到

---

① R.C.霍拉勃:《接受理论.接受美学与接受理论》,辽宁人民出版社 1987 年版,第 447 页。
② R.C.霍拉勃:《接受理论.接受美学与接受理论》,辽宁人民出版社 1987 年版,第 447 页。

不可替代的作用。

接受理论的读者观对编辑出版工作是有启发意义的。进入市场经济时代，特别是在图书出版市场竞争十分激烈的形势下，出版者愈来愈重视读者，谁拥有读者，就拥有了市场，就拥有了生存和发展的权利。问题是我们是否善于贴近读者，是否有本领把握读者需求、引领阅读市场。编辑们要做的首先是影响作者，引导作者具有"读者观念"。一般来说，作者写作是个人行为，主要表现个人的长处和兴趣，较少考虑读者的需求和心理，学院派的作者更是如此。那么，编辑就应该承担起桥梁作用，在作者与读者之间进行沟通，影响作者，让作者的书写得生动活泼，有可读性。应当让作者知道，离开读者的阅读，你再好的作品也只是一堆印刷符号。法国作家萨特指出，要使文学作品的意义得以实现，"就需要一个叫阅读的具体行为"，离开具体的阅读行为，"存在的只是白纸上的黑色符号而已"。[①] 图书出版的最终目的是要通过读者的接受而实现其内在价值，所以对于编辑来说，应该像接受理论那样，引导作者面向读者，研究读者；或者根据选题的需要选择作者，要求作者应当如何写，从而推出受读者欢迎的作品。

其次是学会细分读者市场，满足不同读者的不同需求，是编辑读者意识的一个基本要求。编辑无论在选题策划，还是在组稿审稿时，都要加强对读者需求的分析，为特定的读者群服务。如南京大学出版社出版的《中国思想家评传丛书》（200 部），全面系统地总结从孔夫子到孙中山两千多年的中国传统思想文化，被学界称为中国最大的传统思想文化研究工程，是一套严谨的学术著作，它的读者对象应是学界人士。为了普及传统思想文化，在《中国思想家评传丛书》200 部出齐以后，南京大学出版社又推出了这套丛书的简明读本，以初高中以上文化程度者为读者对象。两者因读者对象不同，所以在书的性质、内容阐释、语体风格等方面，都有很大的区别，从而体现了各自的特色。

细分读者市场，应该看到读者是分类型的，出版人应根据自身的优势，去满足其中的某一类需求。从年龄上看，有老年读者、青年读者、儿童读者；从性别上看，有男性读者、女性读者；从社会角色来看，有工人、农民、白领、学生、学者、机关干部、军人等；从人数上看，有小众读者，有大众读者。就同一类型而言，也有不同的阅读需求，如为了增长知识技能而阅读的学术著作、教材等，为了休闲而阅读的文艺小说等，为了生活而阅读的实用类图书等。

---

① 萨特:《什么是文学》,《现代西方文论选》,上海译文出版社 1983 年版,第 193 页。

此外，还应加强对读者阅读心理的研究。如读者在选购图书时有"求新、求实、求雅、求美"的心理，还有从众的心理、追求名人的心理、追求名牌出版社的心理等等。以"求新"为例，人们一般不愿意长久地欣赏一副老面孔，在网络时代、图文时代，现在不少图书的策划者都注重图文并茂，在视觉上变阅读为"悦读"。从内容的表达方式上看，人们总希望它有新的变化，以新的方式来阐发传统的东西。《百家讲坛》系列图书变"论"为"说"，如易中天的"品三国"系列、王立群的"读史记"系列、于丹的"《论语》心得"等，就是充分考虑到听众（读者）的接受兴趣和接受能力，以生动新颖的语言讲解历史和传统文化，通俗易懂，生动活泼，兴味盎然，自然拥有了很大的听众（读者）群体，对推动历史知识和传统文化的普及，功不可没。所以，要想推出一本好的大众读物，就一定要了解、把握读者的阅读兴趣。这也是接受理论给我们的启示。

## 二、适应读者和提高读者

作者和读者是互相依赖的统一体，对于两者的关系，接受理论一方面认为，读者具有实现和创造文学价值的功能，他们对文学作品的评价如何，通过信息反馈，常常对作者的创作起到一定的制约作用。作者也往往根据读者的接受反应，调整自己的创作，使之更符合广大读者的审美需要。这是作者的创作要适应读者的一面。从另一方面来说，读者在文学接受活动中，不仅仅是实现作品的潜在价值，获得审美享受，而且还有接受影响、变革自身的一面。优秀的作品使人增长知识，陶冶情操，提升人格境界，所以，作品不仅要适应读者，而且还负有提高读者的使命。首先是"适应读者"。从我国的现状来看，整体上民族文化素质还比较低。要使整个民族文化素质得到提高，就不能无视这些读者，也就不能不适应他们。只有适应他们，才能提高他们。因此，编辑必须认清这些阅读对象的特点，在"适应"二字上做文章，推出为这一部分读者喜闻乐见的作品来。清代戏曲理论家李渔也曾说过："总而言之，传奇不比文章，文章做与读书人看，故不怪其深；戏文做与读书人与不读书人同看，又与不读书之妇人小儿同看，故贵浅不贵深。"[①]他提出戏文"贵浅不贵深"，就是为了适应"不读书人"这个层次。因此，无论是作者，还是出版社的编辑，都要面向读者，留意读者的接受水准，既要有适合高层次读者口味的"阳

---

① 北京大学哲学系，美学研究室：《中国美学史资料选编（下）》，中华书局1981年版，第226页。

春白雪",也要有适合为数众多的一般读者的"下里巴人"。

适应读者,并非一味地迁就读者,让他们在原有的接受层面上止步不前。通过作品的影响作用提高读者、重塑读者才是作者和编辑的最终目的。从文艺消费学的观点来看,这又叫为对象生产主体。出版社推出了古今中外大量的文学名著,使读者在阅读活动中,不断地受到美的熏陶,培育出健康、高雅的审美情趣,通过持久的阅读更新读者的期待视野,使读者的主体人格和审美鉴赏力得到发展。正如有些论家建议的,应该把文艺鉴赏的坐标定在"让当代观众跳一下才能摘到这个桃子"的水准上①。这样,使读者在阅读作品时,能最大限度地调动自己的知识储备和审美潜能,在"跳一下"之后,才"摘到桃子",在满足自己阅读需求的同时,也使主体的本质能力得到提升。

## 三、水平接受、垂直接受与畅销书、常销书

接受理论还有一个重要概念,即水平接受和垂直接受的概念。水平接受是指在某一时刻,不同的读者、读者集团和社会阶层对某一部作品的接受状况,反映了文学接受的广度和共时性的效果。垂直接受是从历史延续、历史发展的角度来考察作品被读者接受的情况,反映了文学接受的深度和历时性的效果。

水平接受和垂直接受的观念提供了价值判断的两个参照系,对于编辑策划畅销书、常销书有一定的启示意义。从水平接受的角度来说,我们必须考虑一个选题在某一时期横断面的影响,求得较大的读者覆盖面,产生较大的反应,甚至是"轰动"的效果。这种效果的取得往往与一个时代的"热点"相关。例如,"文革"刚结束时,痛定思痛的"伤痕文学"广为流行;出于对传统批评模式的不满足,从 20 世纪 80 年代中期开始,数以千百计的西方文学理论著作被翻译、出版;在如今竞争激烈的商业化社会中,如何从传统文化中寻求精神上的寄托成为重点,于是有"国学热"的兴起;近几年大学生就业形势严峻,出版社就推出了许多指导就业、创业的书籍;金融危机导致全球性的经济衰退,于是关于奋发励志、经济转型类的图书纷纷出版。从这个角度讲,编辑主体应该具有三个意识:一是宏观意识,编辑应结合社会时代的政治、经济、文化发展的大局来把握出版物的方向和时代精神。二是动态意识,编辑应该充分意识到,在现代快节奏的社会思潮与思维方式的作用下,读者的阅读需求与审美趣味更替的周期也有所加快。编辑要以一种动态的

---

① 金湘:《平仄声声动地来——何训田交响作品音乐会听后》,《人民音乐》1989 年第 2 期。

思维意识密切跟踪观察社会思潮的变化和读者审美趣味的变化,及时策划,推出产品。三是超前意识,编辑应该从现实的消费活动中预见到将来,使自己的选题具有超前性。编辑在实践中不断提高上述几方面的素养,就会作出正确的选择和判断,及时地采取行动,取得理想的水平接受效应。

然而水平接受效应并不是最重要的目标。一是因为读者在一种消费潮流面前,往往带有一定的"从众心理",这种消费热潮来得快,去得也快。二是出版部门在一种消费潮流面前,往往盲目上马,互相撞车,从而造成出版物的过剩。而垂直接受的思路正可以济此不足。垂直接受注重的不是一个横断面的共时效果,而是整个历史积淀的效果。它通过对历代数量众多、鱼龙混杂的图书作品的筛选和扬弃,去粗取精,去伪存真,使一个民族的文史精华得以流传、继承和发展,这个意义是十分重大的。正如近人刘永济先生所指出的:"文学之事,作者以外,有读者焉。假使作者之性情学术,才能识略,高矣美矣,其辞令华采,已尽工矣,而读者识鉴之精粗,赏会之深浅,其间差异,有同天壤。此舍人所以'惆怅于知音'也。盖作者往矣,其所述造,犹能不绝者,实赖精识之士,能默契于寸心,神遇于千古也。作者虽无求名身后之心,而其学术情性,才能识略,胥托其文以见。易词言之,一民族,一国家已往文化所托命,未来文化所孕育,端赖文学。然则识鉴之精粗,赏会之深浅,所关于作者一身者少,而系于民族国家多矣。论文者又乌可忽哉?"①刘先生指出,民族文化的承传,很大程度上依赖学术文章;而学术文章的承传,又在很大程度上依赖读者"默契于寸心,神遇于千古也"。一个有较高鉴赏力的读者,不仅实现了图书作品的价值,更重要的是赖此继承了民族学术的精华,使民族学术的一脉生机绵绵不绝,发扬光大。编辑在进行选题规划时,要有一个纵向的、历史的眼光,不仅要努力策划畅销书,也要努力策划经得起时间检验的常销书,为民族的文化传承打下深厚的根基。例如南京大学出版社穷20年之力推出的《中国思想家评传丛书》200部,思想史专家张岂之先生认为就是可以和历史上的传世经典相媲美的精品力作。这类图书拥有的读者面可能不是很大,也不会产生轰动的效应,但从垂直接受的角度,它们具有不可估量的历史文化意义。这是编辑应当建立的另一种不容忽视的价值标准。这也是接受理论给我们的启示。

(原载于《中国出版》2009年第3期)

---

① 刘永济:《文心雕龙校释》,中华书局1962年版。

# 简谈策划编辑利用与开发信息的能力

薛志红

　　人类已经进入 21 世纪,信息化浪潮方兴未艾,信息技术尤其是信息网络技术的发展,使各种各样的信息以不同的形式充斥着社会的各个角落,给人类提供了一个全新的信息环境,对人类社会的进步起到了难以估量的推动作用。这种环境使社会成员和信息之间的关系更加密切,也使信息素养成为人们的必备素养之一。从工作性质和特点来看,编辑工作实质上就是对信息的获取、优化、加工和传播的过程。对于肩负传播文化重任的编辑,其信息素养是编辑素养的重要组成部分,对于这一点业界是有共同认识的,本文不必赘述,而笔者在此只拟结合一些出版实践活动,简要阐述一下有关策划编辑如何开发和利用信息的能力问题。

　　利用与开发信息的能力是策划编辑信息素养的核心,也是策划编辑创造力的表现之一。要有效地利用与开发获取的信息,需要有"去粗取精、去伪存真"的功夫,不仅要对信息进行分类整理,从众多信息中找到有用的信息,更需要有创造性思维。有人说,编辑的日常工作本身就带有很强的创新性。编辑对作者交来的书稿进行审读、加工等一系列工作,实际上就是一种创新,我们的每一位编辑都在进行着创造性劳动。确实,编辑的工作源于知识的创新,他们的工作对象——书稿是作者进行知识创新的成果,编辑又通过自己的创造性劳动即对书稿进行加工和提升,进一步充实和完善了作者知识创新的成果。从这个意义上讲,编辑工作确实带有创新性质,编辑活动始终是一种创新活动。策划编辑除了要具有编辑层面的创新外,更应该具有策划层面的创新,以自己独具的知识慧眼、敏锐的信息意识、畅通的信息渠道,掌握社会需求信息,通过对已经出现、正在出现和将要出现的新理论、新观点及各种新知识的选择、重组、提升和包装,创造性地策划出一些能够满足社会需求并引导知识流动和知识创新的选题,特别是能够引起较大社会反响的重大选题和系列选题，并使这些重大选题和系列选题最终变成众多读者的心中至爱和案头常备。例如，南京大学出版社在20世纪80年代出版的《法律知识小百科》，就是在捕捉到当时社会上急需法律知识这一信息的情况下策划出版的。《法律知识小百科》出版后，该社根据市场反馈信息，又策划出版了《当代百科知识大辞典》和《当代社会科学大辞典》。真可谓，选题从信息中来，又满足了信息社会和知识时代的需求。

策划编辑对信息的开发利用重点体现在创新上。所谓"创新"，简单说来就是走出常规，突破传统，不落俗套，并在此基础上有所发现，有所"发明"，有所创造，有所前进。策划编辑作为创新主体，贯穿其选题策划活动始终的是创新内容与创新形式。上海文艺出版社的《话说中国》的策划出版，就是一个典型的在内容和形式上创新性地开发利用信息的案例。《话说中国》的策划编辑团队通过分析国内出版的众多的历史类图书现状，得到"既立足学术，又着眼大众，具有现代意识和表现手段，能够符合最广大读者需求的历史文化出版物，是一个空白"的有用信息，精心策划出一套大众爱看，同时兼具学术高度和一流出版水准的历史书。《话说中国》在内容方面的创新体现在如下三方面："一是突破了以往大众历史读物主要讲述大历史事件、政治斗争、朝代更替、制度沿革等内容的局限，有细节地、多方位地、全面地展示了中国历史。""二是突破传统的历史观，及时将中国史学界新观点、新成果生动地加以反映。他们在编辑过程中强调不但要有现代意识，还要有科学意识；不但要参考已有的史料，还要及时收集新的信息。""三是突破了单一的叙事模式，以多种表现手法，多角度、全方位地展现历史生活。"而在形式方面，他们更是匠心独运，创造了一种"从任何一页都可以开始阅读"的全新阅读方式。读者翻开任何一页，看到的都是一个独立的故事和它的相关知识点。这是"以读者为中心"进行反复思考的结果。又如，《话说中国》的策划者充分考虑现代人利用网络的习惯，采用了网络页面式的设计形式，给历史图书带来了新的气息。在每个历史故事的右上角，标画出了一个类似"导航条目"的区域，其中包括人物、关键词、故事来源和典故这几个节点，如此可对读者的阅读起到导读、分类、检索等作用，力图给读者提供有如网络般的快捷、方便的阅读途径；而且故事编号就相当于网址，通过卷末目录可以搜索到所有相关的知识点内容。正是这些出奇制胜的创新，让《话说中国》不仅在销售上取得骄人的业绩，更成为"上海出版人新创的一个文化品牌，其价值不只体现在文化传承、学术普及、人文教育，更重要的是开拓了出版的新理念、新空间、新路径,呼唤和整合出版界与学术界的有效协作、双向互动,铸造和构建有自主知识产权的文化品牌和出版品牌"。

我们可以毫不夸张地说,对于一个出版社来说,策划编辑是否具有创新意识,直接关系到它所出版的图书质量的优劣和市场前景,直接关系到出版社的兴衰成败。

(原载于《出版发行研究》2005 年第 11 期)

**参考文献**

[1] 大型图书话说中国编纂出版[N].文汇报网络版,2005 - 08 - 09.

[2] 魏清荣.选题策划:编辑的支点[N].中华读书报,2005 - 08 - 10.

[3] 冯会平.论编辑的创新意识[J].出版科学,2004(4).

# 中日图书编辑异同之解读

田 雁

在中国，长期以来，图书编辑一直作为文化产品的制造者、民族文化的集大成者和传播者而受到社会的尊重。与此同时，编辑也作为出版社图书生产的主体，不但要对文稿的内容把关，还需要对文稿文字进行修正，负责出版环节的质量监督。而在日本，编辑更多地从事着文稿编辑整理之外的事务性工作。本文拟从文化比较的视野，就中日两国图书编辑在角色、理念、地位等方面的异同进行解读。

## 一、编辑角色的不同

多少年来，中国出版业对图书编辑的角色要求，一直定位在对文化成果的收集、选择和加工整理上，也即对稿件的选择、加工和完善。具体而言，图书编辑"除负责初审工作外，还要负责稿件的编辑加上整理和付印样的通读工作，使稿件的内容更完善，体例更严谨，材料更准确，语言文字更通达，逻辑更严密，消除一般技术性差错，防止出现原则性错误；并负责对编辑、设计、排版、校对、印刷等出版环节的质量进行监督"①。也就是说，编辑主要负责稿件的编辑整理，此外还需负责出版环节的质量监督。

于是，为了鼓励编辑把好文字关，就流传许多编辑改稿的动人故事。如巴人给浩然改稿，将"不切实际的话，酌予改正，例为'日落海面'，按照渤海方位，在东边，日落则在西，故改为'太阳落下时'"。还有周振甫为钱锺书《谈艺录》的改稿，不但一一核校原文，而且还为每篇标立目次。如此态度，令钱锺书大为感动，而在《谈艺录》引言中写道："审定全稿者，为周君振甫。当时原书付印，君实理董之，余

---

① 贾国祥：《抓住编辑工作中心环节》，《中国新闻出版报》2006 年 8 月 23 日第 6 版。

始得与定交。"①凡此等等。

与中国相比，日本出版业对图书编辑角色的要求不尽相同。虽然，在日本书籍出版协会日前发布的招聘广告上，对图书编辑的工作要求是"调查市场需求、寻找合适的作者、取稿、原稿整理、文字校对以及印刷制作的手续，等等"。但是，在实际工作中，日本图书编辑的工作，更多的是在稿件的编辑整理之外。对此，《周刊现代》的掌门人加藤晴之在给编辑"画像"时就说："所谓编辑，就是站在迟迟不动笔的大牌作家的边上，时不时地敦促着'先生，马上就要交稿了呢'的克己认真的人。"人称"编辑太郎"的松田哲夫，在回忆自己刚进筑摩书房的工作时也说："当时几乎都是事务性的工作，根本就没有文字编辑的内容。"②他还记得自己大约有五年时间花在了对文字的级数、字距行距与版面变化，以及对纸、油墨、印刷、装订等工艺的了解上。除此之外，就是陪作者喝酒。为此，他将编辑称为作者的"伟大助手"。

与松田哲夫有着相同感觉的还有 Ale 杂志的编辑长菊池夏树，菊池夏树曾经担任过东野圭吾《真夏的方程式》一书的责任编辑，他回忆："东野圭吾当时就住在东京靠近日本桥、人形町附近的公寓中，我们二人常常在一起游玩，一起吃饭、喝酒、聊天，兴致起来的时候，还去卡拉 OK 唱歌，有时会闹到半夜三更。……想当年，我们有时就这么喝着酒开开玩笑，也有时能对作品讨论一个晚上。作者想些什么、期望些什么，不经意间，没有任何保留地传递给了我。"③

对此，日本技术评论社图书编辑部的西村俊滋编辑长在"图书编辑的角色要求"的演讲中，列出了图书编辑的 11 项工作内容，文字的编辑仅占其中一栏，而且还只是对原稿审读，至于文字的修改，那是要得到作者同意后方能进行的。（详见表 1）

---

① 王建辉：《编辑这个文化角色——近现代学术文化史读书札记》，《编辑学刊》1994 年第 5 期。

② 系井重里《知道编辑都做些什么吗？》，http://www.1101.com/henshusha/2007 - 06 - 27.html，2007 年 6 月 20 日。

③ 菊池夏树：《作家与编辑》，http://honya.jp/modules/d3diary/index.php? page=detail&bid =20，2011 年 11 月 23 日。

表 1　日本图书编辑的角色要求

| 1 | 策划 | 提出策划书：谁买？什么内容？谁写？价格？版式？出版时间？ |
|---|---|---|
| 2 | 策划会议 | 部门会议：图书编辑部部会，决定是否通过出版策划。 |
| 3 | 联系作者 | 在部会同意出版策划后，落实写稿作者。 |
| 4 | 设计 | 封面设计、封面及内页用纸的确定，设计成书想象图。 |
| 5 | 图像安排 | 落实书中图像设计者及照片拍摄者。 |
| 6 | 文字编辑 | 对原稿审读并提出修改意见（在作者同意后，可以自己修改）。 |
| 7 | DTP | 进入排版程序，注意与排版公司的版式协调、修改。 |
| 8 | 定稿检查 | 依据书的内容是否能够准确地传达给读者，对图像与文字进行检查、对印刷油墨加以调整，有时会做出一些大的调整，如增加文字内容、增加插图等。 |
| 9 | 封面确定 | 封面及扉页的修改及确定，取得封面的正式印件。 |
| 10 | 印刷入稿 | 跟随印刷稿一同下至印刷厂。 |
| 11 | 下版 | 在印刷厂现场最后确认印刷稿是否有误，确认后签字开机。 |

由此而言，中日两国出版业在对图书编辑的角色要求上还是有所区别的。如果说，中国的编辑更侧重图书的文字编辑的话，那么日本的编辑更多的将工作的重点放在图书的出版事务上。之所以会有这般的不同，是因为两国出版业编辑理念的不同。

## 二、编辑理念的不同

这里所说的编辑理念，是指编辑对待稿件以及作者的态度。

在中国，由于受西方理论的影响，所谓的编辑理念是"编辑在编创媒体、结构文化时，根据自身的素养和对社会的政治、经济、意识形态等形势的总体把握形成的关于媒体的主流活动与主导意识的思维灵智，是对编辑活动规律的理性认知和意识的升华"[①]。从这样的理念出发，一些编辑就将重点放在了编辑对稿件的自身认识之上，并依据自己的"思维灵智"对稿件内容多加删改。

对此现象，早在 40 多年前，诗人臧克家就有披露："常听到作家抱怨，有时也形诸文字：我的文章到了编辑先生手里，他挥大笔如抡斧斤，被砍削得七零八碎，

① 周山丹：《全媒体出版语境下图书编辑的理念创新与角色转型》，《编辑之友》2011 年第 6 期。

鳞伤遍体,刊出以后,我自己几乎不认识是出自己手了。"①同样感受的还有唐弢先生:"卞之琳的《维多利亚女王传》译稿,原有极详尽之注释,译者用力之勤,几过于本文之迷译,而交商务出版时,完全被删去,削头截足,剩下光身一个。"②

之所以如此,是因为在中国的编辑理念中被赋予了对稿件的责任,如中国的编辑被要求"从专业的角度对稿件的社会价值和文化学术价值进行审查,把好政治关、知识关、文字关"。所谓的把关,同时就意味着责任。

而日本则不同。就笔者个人而言,在日本出版的著作,都未曾遇到过任何对书稿内容的删改。唯一一次的例外,是应日本黑潮出版社之约,为京都光华女子大学河原俊昭教授《与外国人共生的社会已经到来》一书撰写专栏。因为出版社给出的专栏主题是就日本人的性格而言的共生态,而在约稿时,日本国内正值小泉执政,中日关系并不融洽。对此,笔者以《"鸭行"下的日本》为题,从文化行为学的角度,结合自己在日本的亲身经历,根据日本人社会性格中的"鸭行"因素(所谓"鸭行",就是一群鸭子中一定会有一只头鸭,所有的鸭子一定会跟着头鸭走),提出对日本社会而言,要与外国人共生,重要的是选择头鸭。显然,文稿带有比较强烈的批判情绪。

记得黑潮社的编辑在收到稿子后,认为原稿的观点过于尖锐,而委婉提出希望是否能用建议的观点对原稿做出修改,因为这样读者会比较容易接受,甚至表示出版社可以安排资深编辑帮助修改。最后,经出版社修改后的文章标题就变成《日本人,请更多地保持自己的自信》③,并且增加了对日本社会建言的内容,读起来也就柔和多了。

毫无疑问,日本图书编辑这种柔性地对待作者、对待原稿的做法,完全是基于他们的那种"编辑是'发掘他人的 fine play 的职业',而编辑的工作'是对作家的激励'"④的编辑理念。他们对作者文稿的态度,是能不改尽可能不改,即便要改,一定要获得作者的同意,并且是站在作者的立场上修改。对此,日本著名出版人、曾任《朝日新闻》编辑委员的重金敦之说:"并不是说所有编辑都与作家那么亲近,但是,我确实看到了很多真正进入作家内心,甚至在作家的案头充当秘书的编辑。"⑤

① 臧克家:《作者与编者之间》,《人民日报》1956 年 10 月 11 日第 8 版。
② 唐弢:《晦庵书话·水仙》,生活·读书·新知三联书店 1995 年版。
③ 河原俊昭,山本忠行:《与外国人共生的社会已经到来》,黑潮社 2007 年版,第 128 页。
④ 山口瞳:《我的读书做法》,河出书房新社 2004 年版,第 57 页。
⑤ 重金敦之:《编辑的食与酒》,左右社 2010 年版,第 239 页。

由此而言,中日两国的编辑在编辑理念上确实存在着不小的差异,如果说中国的编辑理念是出好的作品的话,那么,日本的编辑理念就是扶植好的作者,甚至不惜在作者的案头充当秘书。可以说,编辑的角色与理念的不同,进而又带来了编辑地位的不同。

## 三、编辑地位的不同

编辑的地位,应该说是由编辑的角色与理念所决定的。在中国,一些比较有代表性的观点都认为编辑的地位要高于作者,因为编辑的工作是在帮助作者提高。其中的典型观点是:"(1)编辑要认真审读书稿,把书稿的内容吃透。唯其如此,才能提出建议性意见,才能对作者有所帮助。(2)编辑审读书稿,要抓住要害,即带全局性的问题。唯其如此,才能使作品得到根本性的提升。(3)编辑帮助作者,观点要鲜明,态度要谦和。唯其如此,才能使作者乐于接受你的帮助。"[①]所以,编辑们很自然就拥有了修改作者稿件的权力。

必须指出的是,在中国,编辑所拥有的修改作者稿件的权力也是得到官方认定的。早在1952年,当时的出版总署就制定了《关于国营出版社编辑机构及工作制度的规定》,规定要求图书编辑可以以责任编辑的名义在书名页上署名,不但将名字署在版权页上,还能够出现在封底或者后勒口上。当然,也有人说书名页上的责任编辑的署名,并不显示编辑地位,只是"为了昭示责任编辑的责任,他究竟要负什么责任,书名页上不可能列出,但在读者心目中他却是要对图书编辑工作负全部责任的"[②]。

既然中国的图书编辑"要对图书编辑工作负全部责任",国家随之就为图书编辑设置了准入门槛,即必须通过新闻出版总署组织的编辑资格考试并经过登记注册之后,才有资格出任责任编辑,才能够在书名页上署名。于是,责任编辑很自然地被赋予了书稿的审核权、内容的删改权以及文字的修正权,再加上书页上的署名权,由此而显现出了中国的图书编辑所具有的崇高地位。

不过,对中国的图书编辑来说,地位的崇高也意味着责任的重大,诚如《国务院关于修改〈出版管理条例〉的决定》第三章第24条中明确规定的,"出版单位实

① 周奇:《编辑主体在审读加工过程中的创造性作用》,《出版科学》2003年第2期。
② 蔡学俭:《责任编辑是什么》,《出版科学》2000年第4期。

行责任编辑制度,保障出版物刊载的内容符合本条例的规定",这显然意味着图书编辑的政治责任。此外,还有"图书编校质量报告"所设定的 1/10 000 的图书文字差错率的红线,也已经成为图书编辑不可回避的考核内容。

而在日本,图书编辑是没有资格在书上署名的。作为出版业约定成俗的一项行规,日本目前的 4 000 余家出版社中,绝大多数的出版社都不允许编辑在自己所编辑的书上加以署名。其中,虽然也有德间书店等极少数出版社明文规定编辑可以在书页上进行署名,但事实上,即便是德间书店出品的著作,也很少有编辑的署名。有意思的是,日本图书编辑的工作,大多数情况下是通过作者在后记中的感谢而得到体现的。一旦作者忘了感谢,那么,编辑工作就完全是匿名的了。

然而,由于没有署名权,也就意味着日本的图书编辑并不需要承担图书编辑这方面的责任,于是,也就不需要拥有对书稿的审核权、内容的删改权以及文字的修正权了。因此,日本图书编辑的工作,更多的是在稿件编辑整理之外的事务性工作。日本图书编辑的准入门槛可以说是非常之低,从各出版社的招聘广告看,只要高中以上并具有一定的文字功底,就可以应聘。而且在日本,也没有编辑的国家资格考试。于是,编辑的地位就悲剧了,在 1995 年 SSM 调研会所进行的职业社会地位调查中,编辑仅获 52.2 分(满分 100 分),与总务、营业及其他一般事务员排在了一起。

由此可见,中国的图书编辑可以说是位高且权重,不仅有书稿的审核权、内容的删改权、文字的修正权,而且还有书页署名权,但同时也意味着编辑的责任重大。与中国的图书编辑相比,日本的图书编辑的地位确实太低了。当然,地位低也就意味着不负有任何的责任。他们唯有将自己对图书的热情倾注在封面及版式的设计、纸张及油墨的选择、印刷及装订的质量等图书出版的这些细节上,这也许是日本图书一直以来都以设计印刷装帧精美而著称的另类的解读。

## 四、编辑前景的不同

进入 21 世纪以来,在出版数字化和产业化转型的时代背景下,在出版的对象开始由精英转向大众的过程中,中国图书编辑的角色与作用,也已在悄然变化。诚如美国双日出版公司总编麦考密克所说:"编辑工作……今非昔比。过去主要改改拼写和标点,现在更重要的是必须了解该出版什么,如何才能拉到稿件,如何赢得最多的读者。"①这里,了解该出版什么,如何拉到稿件,实际上就构成为当今策划编辑们的工作内容。

毫无疑问,随着策划编辑的出现,编辑的角色出现了分化,原先的从事稿件选择与加工的编辑,成为文字编辑,而负责策划选题联系作者的编辑则升级为策划编辑。如今,随着中国出版业产业化转型的深化,可以说,国内各主要出版社都已基本实现了文字编辑与策划编辑的二级岗位分工。

由于人们认为"策划"就"意味着编辑自主创新意识的进一步提高,意味着出版社的自力更生水平的进一步发展,更意味着出版业实现社会效益与经济效益的统一",因此,在编辑角色的转化中,各出版社就有意识地将一些"市场意识强、综合素质高、项目管理能力强的编辑人员集中精力进行选题策划工作"②。于是,策划编辑在出版社内的角色作用就显得越来越重要,甚至被称为"出版社或图书公司的核心"。无论如何,策划编辑的出现凸显了中国的出版社应对市场的决心。

然而,尽管从上世纪 90 年代起,日本的出版业就已经步入了"不况",但是生性保守的日本出版社,并没有勇气展开像中国这样的大规模的产业化转型,正因为此,日本出版社的图书编辑也依然保持着传统的角色。

在 2009 年 10 月至 2010 年 1 月间,拥有着 463 家会员单位的日本书籍出版协会,举行了一次"书籍的出版企划·制作的实态调查",调查围绕着"图书的出版策划是由谁确定的"、"书名是由谁确定的"、"编辑业务有无外包"等图书编辑实务而展开,据说最终有 232 家出版社提交了调查表。然而,从各出版社所汇总的答案上看,日本图书编辑的前景并不令人乐观。

因为,在"图书的出版策划是由谁确定的"提问中,只有 5.6% 的出版社回答是由编辑决定的。而在"书名是由谁确定的"提问中,竟然没有一家出版社说编辑能决定。至于"有无编辑业务外包"的提问,有 78% 的出版社回答说有过。而让编辑们更为揪心的是,在"外包内容"的提问中,竟有 83.4% 的出版社表示,他们将图书编辑的业务对外进行了转包,目的是为了降低成本及加快图书出版进度。(见表 2)

---

① ［美］斯科特·伯格:《天才的编辑》,陕西人民出版社 1987 年版,第 2 页。
② 宋秀全:《提高图书质量的主要对策研究》,《中国编辑》2009 年第 5 期。

表 2

| 谁决定出版计划 | | 谁决定书名 | | 编辑业务外包现状 | | 外包内容（可复数） | |
|---|---|---|---|---|---|---|---|
| 项目决定者 | 回答数（%） | 项目决定者 | 回答数（%） | 外包实况 | 回答数（%） | 外包内容 | 回答数（%） |
| 企划会议 | 37.1 | 编辑部 | 31.9 | 有过外包 | 62.9 | 编辑业务 | 83.4 |
| 社委会 | 48.2 | 社委会 | 31.9 | 正在外包 | 15.1 | 政策 | 50.3 |
| 编辑 | 5.6 | 作者与编辑部 | 9.9 | 没有外包 | 20.7 | 企划 | 8.8 |
| 其他 | 8.2 | 作者与营业部 | 6.0 | 没有回答 | 1.3 | 其他 | 6.6 |
| 没有回答 | 0.9 | 作者 | 4.7 | | | | |
| | | 其他 | 15.6 | | | | |

（本表根据 2010 年度日本书籍出版协会生产委员会《书籍的出版·企划制作的实态调查》有关资料制作）

由此而言，就在中国图书编辑的角色被分化为文字编辑与策划编辑，从事着不同的分工，进而积极走向市场之时，日本的图书编辑则依然恪守着其传统的角色，而从 83.4% 的出版社将图书编辑的业务对外转包的回答中，也可以感觉到，在日本，编辑的地位仍在不断地边缘化中。

无论如何，在现时点，我们确实很难说清楚究竟是中国的编辑模式还是日本的这种编辑模式更贴近图书市场，这恐怕还需要由时间来加以验证。

（原载于《编辑学刊》2013 年第 4 期）

# 策划编辑:跨世纪的出版人才

## 范余

在我国实行社会主义市场经济的大背景下,"策划编辑"这一"新生事物"的出现格外引人注目。笔者认为,建立策划编辑制是时代的要求,是深化出版改革的产物,是市场经济条件下编辑职能的转变。策划编辑是跨世纪的出版人才。

## 一、推行策划编辑制的必要性和重要性

社会主义市场经济的浪潮对旧体制下的各行各业,从组织形式、运行机制乃至思维方式等等各方面产生了强有力的冲击,不改革就没有出路。出版行业也不例外。在这种情况下,编辑的职能应当有一个适应新体制的转变,即从原来的以坐等来稿、文字加工为主的运作方式转变成主动型的以编辑策划为主的运作方式。新闻出版界的阶段性转移的目标要求出版物达到优质。这种优质是全方位的优质,即政治质量、学术质量、文字质量、编辑加工质量、校对质量、装帧设计水平乃至印制水平等方面都要达到优质,甚至是精品。要达到这样的高质量,策划编辑不能仅仅停留在选题的策划上,而应该在下面几个方面作出精心的策划:第一,进行市场调查,在掌握大量市场信息的基础上,提炼出适应市场需求的选题;第二,确定读者群,分析这一群体的阅读心理,再物色、组织作者,同作者一起制定编写提纲、体例,对作者提出写作要求;第三,对此选题的印数、成本、定价进行初步预算,形成基本框架,然后组织文字编辑和美术编辑进行编辑加工和装帧设计,确定开本、用字、标题形式、全书出版格式、图案设计、封面、封底、扉页的设计及用纸等,对印刷厂提出相应的印制要求。到这一步,工作才做了三分之二,还有三分之一的工作,就是制订图书宣传计划、促销计划,并进行售后追踪,分析成败得失,

以作下一步策划选题的借鉴。这样，策划编辑才完成了一本图书的全过程的工作，也只有这样，才能确保图书的高质量。如分别获第二届国家图书奖和江苏省优秀图书奖的《中国三峡》(江苏人民出版社版)、《老房子》(江苏美术出版社版)和《高技术战争与当代青少年》丛书(江苏少年儿童出版社版)就是编辑策划参与了成书过程中的每一环节，从而取得了良好的双效益。随着出版改革的深入，策划的必要性和重要性，为出版界越来越多的人所认识；编辑策划的运作方式也被出版界越来越广泛地应用。

## 二、新形势下策划编辑应有的素质

作为策划编辑，其素质要求自然要高于传统意义上的编辑。一个称职的策划编辑，必须具备下列素质，才能肩负起跨世纪出版业的重任。

(1) 要具有一定的政治素养。图书编辑工作是意识形态领域的工作，具有鲜明的政治性和思想性。它肩负着传播马列主义基本理论，宣传党的基本路线和各项方针、政策的使命。因此每一个策划编辑必须始终坚持马列主义立场、观点、方法，坚持社会主义方向，站在党和国家的大局和总体战略高度去策划选题，真正做到"以科学的理论武装人，以正确的舆论引导人，以高尚的精神塑造人，以优秀的作品鼓舞人"。只有这样，才能高瞻远瞩地开拓和策划高水平的选题和出版高质量的图书，开创跨世纪图书编辑的新局面。

(2) 要有较高的科学文化素质。图书编辑又是一项科学文化工作，具有很强的知识性和学术性。它担负着积累和传播科学文化知识、科研成果，提高全民族科学文化素质，促进科技进步、文化繁荣和社会发展的神圣职责。特别是在高科技迅猛发展的今天，策划编辑首先要是某一学科的学者，其次要是具有广博知识的杂家。只有这样，才能鉴别选题的优劣真伪，判定书稿的真正价值。

(3) 要具有一定的社会活动能力、组织能力和运筹帷幄的决策能力。市场信息千头万绪、瞬息万变，策划编辑具有较强的调查研究能力，才能深入了解和科学分析大量市场信息，拓宽视野和思路，胸有成竹地运筹帷幄，策划出具有超前性的适应 21 世纪图书市场需求的最佳选题。

(4) 要具备一定的外语知识。在"立足本国、走向世界"的出版方针的指导下，学懂一门外语，特别是英语，有利于及时了解国外多方面的信息，开拓国外市场，进行版权贸易谈判等。

（5）要具有编辑出版业务知识素养。掌握编辑出版业务知识是策划编辑必须具备的条件之一。策划编辑应该了解和掌握我国著作权法和《世界版权公约》、《保护文学和艺术作品伯尔尼公约》等有关保护知识产权的法律法规，要懂得这既是一种权利，同时又是一种义务。此其一。其二，要掌握编辑过程中涉及的各项标准，主要有书刊名称标准化、汉字使用标准化、汉语拼音标准化、科技名词术语标准化、标点符号标准化、数字用法标准化、地名标准化、人名标准化等。其三，要掌握新闻出版署制定的法规政策的精神实质，涉及重大政治问题和政策性问题的选题，按照规定该上报的应分别向上级主管部门专题报批。其四，要掌握必要的图书商品知识，如：纸张知识、成本核算知识、图书定价知识等。其五，要掌握一定的计算机编辑知识。只有熟练地掌握计算机的应用，才能在 21 世纪得心应手地开展工作。

## 三、如何培养策划编辑成为跨世纪的出版人才

在 20 世纪 80 年代中期，我国部分高校试办了编辑出版专业。到目前为止，虽已有十几所高校建立了编辑学专业，但无论是质量上还是数量上，都远远满足不了 21 世纪出版业的需要。许淳熙在 1996 年 5 月 10 日的《新闻出版报》上撰文道："21 世纪的出版业，在传播媒体、交流方式、结构内容上都将发生巨大的变革。电子出版、编辑专家系统、信息高速公路等一系列新技术极大地改变着现今的出版流程。"所以，发展编辑出版教育是摆在我们面前的一项迫切任务。

首先，需要国家教育部门的高度重视。除了创办一般意义上的编辑出版专业外，应创办和开设编辑出版学专业的硕士点、博士点，有的放矢地培养一批高层次的编辑人才，特别是应有意识地培养一批高水平的策划编辑。据报道，清华大学、南开大学及北京大学等 14 所高校的学者建议在硕士学位的目录中增设编辑学专业。新闻出版署对这一建议十分重视，并就这一问题专门向国家有关部门提出相应的建议，务求妥善地加以解决。这说明我国培养高层次的编辑出版人才已迈出了可喜的第一步。

其次，需要出版系统自身的高度重视。做法有三：其一，出版部门与高等院校可以联合创办编辑出版专业。例如，南京大学出版社与南京大学中文系联合开设

了编辑学专业及硕士点。文化理论课由中文系教师负责，而编辑出版专业基础知识则由出版社负责，目前这种办学方式得到了社会的肯定。其二，由出版主管部门，比如地方出版局或国家新闻出版署投资，委托设有编辑出版学专业并有一定办学经验的高校，定向培养编辑学专业硕士生、博士生。培养目标、方向可以由投资单位确定，学生毕业后由投资单位择优统筹安排。其三，可以从出版社内部挑选一部分有培养前途的年轻编辑，送到有关院校去进修、深造。这部分人由于已有工作实践经验，再通过学习系统的理论知识，回到工作单位后，将发挥出他们最大的潜能。

（原载于《大学出版》1997 年第 1 期）

# 编辑角色的社会适应

## 周　怡

编辑的角色适应实际包括两大阶段:第一阶段,是个体从非编辑角色学习扮演编辑角色的适应过程,亦即由角色地位改变而发生的角色适应,这一过程实际为编辑角色的基本社会化过程;第二阶段,是编辑群体通过不断调整自己以新的角色行为来适应社会变动的阶段,它属于角色地位不发生改变时的角色适应。

"角色"一词借用于戏剧舞台,20世纪初由美国著名社会学家 G.米德引入社会心理学领域,其学术涵义可表述为:处于一定社会地位上的个体遵循社会期望,适应社会生活的行为模式。角色行为赖以产生的基础——社会期望,是角色的核心内容,它以社会规范的形式为一定社会地位的个体规定相应权利和义务。据此,我们认为,所谓编辑角色则指在一定的社会结构中、占据大众传播网络中"把关"位置的人所承担的义务和职责。编辑角色位置的中介性特征是人们早已形成共识的看法,具体表现在:编辑在其角色扮演过程中常常又徘徊在作者读者之间并始终处于一种动态的"置换"、"冲突"或"整合"当中,这便是编辑角色的社会身份显得复杂、模糊及独特之所在。编辑角色的中介性特征是其区别于其他社会角色位置的一个基本的个性特征,把握这一特征,对理解编辑角色的社会适应问题大有裨益。

与社会流动相伴随的第一阶段的角色适应,是在角色地位发生改变的情况下发生的。对编辑群体来说,这种角色的改变就表现在由非编辑向编辑角色的转变。若以较为宽泛的大众传播系统中的概念来区分,它不外乎存在两种情况:一是由读者(或受众)向编辑的转变,二是由作者身份向编辑身份的转换。这两种情况的角色适应,既有共性,又有差异。

共性在于:无论是由读者,还是由作者向编辑地位转化,都属于社会流动中个体的社会地位的变化,是个体以某一社会位置进入编辑位置的变化,二者面临的都是全新的编辑角色期望,要想成功地扮演编辑角色,各自都必须以新的行为模式来适应新的期望。因此,就像演员重新上演一出新戏一样,他们必须经过严格的、系统的角色社会化,充分学习掌握扮演编辑职业角色的技能和知识。比如,通过岗前培训等多种形式来掌握编辑"六艺"——选题、组稿、审稿、加工、发排、校对;通过角色期望的内化形成较为稳定的编辑角色意识或态度,继而表现出较为娴熟的编辑角色行为,做一名合格、称职的编辑。

差异之一:角色迁移的快慢程度不一。从社会流动及个体驾驭文字能力的角度来讲,由读者向编辑的转换是一种垂直向上的流动,而由作者身份向编辑角色的转换则属于向下的或平行的流动。后者相对于前者的流动,其适应程度更快、更高,也更好一些。这是因为作者相对于读者来说,在大众传播网络中始终处于主动地位,读者处在被动位置;作者的主动性决定了他在角色迁移过程中的便捷,读者的被动地位使其不得不在角色的迁移中付出诸多艰辛。现实生活中,并非所有的读者都可以充当作者,但任何一位作者必须首先是读者。因此,单纯的读者或作者,在向介乎于读者与作者之间的编辑角色进行迁移时,存在快慢之分、优劣之分及程度不一是情理之中的事情。

差异之二:调适中的人格冲突不一。当一个人遇到两种或两种以上不同的选择而不知如何办时,他的内心就会发生冲突,其人格表现为冲突人格。无论是读者还是作者主体,都是带着独立的、丰富的人格进入编辑过程,接受社会化过程的塑造,适应编辑这一社会角色应当具有的人格要求的。

过去是读者的编辑主体,遇到的人格冲突多半发生在两方面:一是理想阅读兴趣与现实阅读内容的矛盾。当读者时的阅读常常是凭兴趣、爱好及自己专业性的阅读,合口味的读,不合口味的可以不读。但是,一旦改变角色进入编辑领域,放在他案头的、现实的阅读书稿往往与他个人的理想、兴趣、专业爱好相去甚远,对他来说也许是枯燥无味的,却能满足不同层次读者的需要。对此类书稿发生的哪怕是瞬间的取舍抉择,都无疑反映了编辑主体内心的冲突。二是随意性阅读与苛刻性审读的不同而导致的心态矛盾。作为读者时,他的阅读可以是随心所欲的,细读一段,泛读一节,抑或不读某页,完全由他自由选择,因此阅读过程充满着轻松和愉悦。可是作为编辑时,因为是以读者大众的名义对作者们施加影响的"特殊读者",他的阅读是一种全身心投入的苛刻性工作,对文稿必须一字一句按照编辑规范严格要求,逐段加工处理。与普通读者的随意阅读相比,编辑阅读显得较为枯燥且担负一定的责任,这种不同,经常使初上岗者因不适应而陷入困惑。

曾经是作者的编辑主体遇到的最棘手的一种人格冲突,就是以往作为作者的创造性劳动变成为没有独立表现形式的附着性编辑劳动。从人类文化创造的总体来看,编辑劳动属于创造性劳动之一,但从具体的精神生产过程看,每件作品都是作者的创造,编辑劳动仅仅是作者创造性劳动的延伸。因此,编辑的创造性劳动没有独立的表现形式,是附着在他人作品上的创造。这种劳动特征,决定了编辑主体必须具有乐于"为他人做嫁衣"的奉献精神和职业道德。不能否认,这一过程伴随着编辑主体人格冲突的痛苦,需要花大力气进行调适。

差异之三:调适的侧重点不一。在接受编辑角色的训练过程中,读者型编辑应首先着重主体意识的调适,通过自我调整,实现由普通读者向"特殊读者"的转型。这种转型过程包含着读者个体由客体意识向主体意识的转移,也就是说,作为编辑的读者必须具备能够代表大众对作者施加一定影响的主体意识。具体体现在组稿时,需要考虑兼顾不同层次的读者群体的心理需求;审读加工中,必须"苛刻性"地阅读,需要对作者的作品形成自己的见解,必要时提出各种修改意见或加工要求。其次,加强文案专业的各种基本功的训练,力争在当好读者的同时,也能当好作者。这也是读者型编辑应该进行调适的内容之一。

作者型编辑调适的主要内容有:(1) 注意兼容性,学会做"杂家"。个体作者大多是某一领域的学者或专家,知识面较为单一。一旦进入编辑岗位,由于现实面临的是不同的精神文化产品,不同的作者,以及不同作者的写作风格、观点、特征等,就需要编辑具有兼容意识,要有为他人服务的思想,学会做"杂家"。(2) 注意编辑工作中的"心理距离"。英国著名美学教授布洛曾指出:"就审美经验而言,作为观赏者的现实的自我应和被观赏的客观审美客体保持一种距离",这就是——心理距离。从"编辑是作为第一读者和观赏者"这个角度来讲,编辑和他处理的作品之间其实也存在着类似审美主体与客体间的关系。每一位作者型的编辑,其个人的阅读兴趣、写作风格、学术倾向、思想观点等主观因素都会或多或少地融入他的编辑过程中,影响甚至左右着他对稿件的"客观"判断与处理。有的时候,作者型编辑在与作品的沟通中会遇上"超距",即,观赏者的素质大大超过了作品具有的审美价值,从而在他看来,作品微不足道。此时,编辑对待稿件的态度应该是,既要戴上"有色"眼镜,同时又要自觉地拉开心理距离,较为客观地评判和处理稿件。在这方面,不苛求编辑对象的尽善尽美,尽量尊重作者的写作习惯、语言风格等十分重要。

第二阶段的编辑角色的社会适应,是角色地位不发生改变时的角色适应。在这种情况下,编辑角色所处的社会地位并未发生改变,但由于社会变迁导致了对该角色的社会期望的变化,编辑群体必须以新的角色行为来适应这种新的社会期望。比如,目前,中国社会实际正在同时经历着两大方面的历史过渡:一方面,我们正由传统的农耕社会向现代工业社会过渡;另一方面,我们又在全世界范围内同发达国家一起处在逐步由工业社会向后工业社会的转型之中,具体又表现为社会经济、文化、科学技术和思想观念上的多方转型。这种转型的社会环境,对编辑角色的社会适应提出了新的课题。换言之,随着我国现代化进程的推进、社会角色期望的变化,编辑角色的进一步适应应该包括哪些方面的内容,这是我们接下去需要论证的问题。

在今天人们的眼里,一本好的书籍,只有解决了销路,才能真正体现出社会价值。双效同时抓,不仅要求编辑角色的充当者具有良好扎实的专业基本功,而且要具备市场竞争意识,积极地投身于市场环境。比如,在选题组稿之前,切实地做一些市场调研,了解图书市场行情,将有利于选题策划和选题优化。当图书推出之后,编辑还应积极参与宣传、推销,从中获取有益的反馈信息,进一步了解市场的需要,了解读者的心态,从而形成一整套新的编辑思想、编辑计划和编辑决策。

从社会文化变迁的角度来观察,改革开放以来,中西新旧文化的交融,多元文化的发展,使过去单一的传统文化遗留下来的许多观念、方法、形态等已经成为过去。编辑处在文化传播之前的把关位置上,社会不仅需要他随时具备新知识、新思想、新观念来适应文化的变迁,而且需要他以社会文化代表者的资格进行文化选择。选择实际也是一种导向。面对众多的、良莠兼俱的精神文化作品,尤其面对目前市场经济非理性的活跃和商业化影响下的文化失范状况,编辑必须依靠自己特有的嗅觉、敏锐的眼光、高度负责的敬业精神以及应有的超前意识,对其进行必要的筛选、加工、整序,形成符合社会主流文化的正确导向,引导和培养读者支持与鼓励文化的探索和创新。比如,20世纪80年代后期至今出版界兴起的"国学热",很大程度上是对20世纪70年代的全盘西化及当前转型中出现的文化失范等现象作一种抗争,或起一定的舆论导向作用。因此,文化的变迁对编辑的素质提出了更高的要求,编辑只有通过不断进取,注意随时调整自己的知识结构,更新知识,接受新思想、新观念,才能继续胜任工作角色。

此外,先进电脑技术的更新换代,为编辑工作创造了新的工具手段和条件。手工的笔头编辑加工不久将为电脑的键盘操作所代替,这就要求编辑人员系统地学习电脑操作、排版、编辑等一系列基本技能,利用先进的电脑排版系统和技术,为中国的编辑出版事业尽自己的绵薄之力。

（原载于《编辑学刊》1995 年第 5 期）

# 图书出版中编辑的经营意识

## 单 宁

当前,我国市场经济体制逐步完善,出版社也由原来的单一的性质,逐渐转变为一个经营性的企业部门。而出版社本身的性质,决定了它要自负盈亏。因此,出版社自身的生存与发展,在很大的程度上,取决于出版社自身的经营能力和出版社的经济实力。如何在出版领域取得很好的业绩,如何在图书的激烈市场竞争中位居上风,这就是由出版编辑的意识来决定的。

## 一、图书编辑必须要树立经营意识

经营,从本意上来讲,指的是筹划、组织和管理的结合。而编辑的经营意识,是要求编辑通过组织作者、策划和选题、整理书稿、页面设计、市场运行、与读者之间的交流,来进行全局的考虑和筹划的。

在现今的社会主义市场经济体制下,图书,作为出版社生产的一种特殊的商品,是出版社用来交换其他劳动产品的"物质"。而出版社只需要把图书投放市场,就能够达到交流与交换的目的。对于图书出版,编辑要通过对图书市场不断的考察、论证、总结等,才能够决定图书的选题、稿件的写作、内容的取舍等,也只有这样,才能够生产出大众所需求的图书,才能够更好地顺应时代的潮流,只有这样,图书的商品价值才能够实现,否则,图书只能是仓库中的废纸,造成很大的浪费与损失。所以,图书出版编辑必须树立经营意识。

在我国,出版单位其自身自负盈亏的特性,使得目前很大一部分的出版单位,成为图书市场竞争主体;出版单位的依法自主经营等自身的性质,使得编辑的性质也发生了转化,从过去的单一的编写,到现在的经营意识的体现。在出版界,竞争相当激烈,读者的阅读兴趣的广泛、阅读喜好的瞬息万变,这些都给图书编辑的经营意识带来了很大的考验。如何看准图书市场的发展趋势,捕捉到好的题材,把握住投放市场的时机,这都会对图书在市场的竞争中带来影响。如果图书编辑经营意识缺乏或经营策略不当,就会给出版社带来不可估量的损失。因此,编辑经营意识的树立,对于市场信息的捕捉,对于图书参与市场的竞争,都有重要意义。

我国是一个图书出版大国,但由于很多的原因,出版业的发展状况不是太好。这也要求图书编辑必须树立经营意识。我国的出版业和发达国家相比,远远落后。因此,如何使我国的图书出版走向"国际化",如何在文化领域和国外进行更好的交流,这是对图书编辑经营意识的一大考验。同时,也提醒图书编辑在选题时要有长远的战略目光,不能仅仅把图书的销售市场放在国内,更不要局限于眼前的一点小小效应。所以,图书编辑要树立长远的经营意识,去面对更为庞大激烈的国际图书市场。

## 二、图书编辑经营能力和技巧

当图书编辑树立了图书的经营意识后,对于如何提高经营能力以及经营技巧就有了新的要求。

### 1. 图书质量的提高

图书的质量要求,是图书在市场竞争中的最根本的要求,是出版社在激烈竞争的图书市场立于不败之地的最根本的保证。

### 2. 超前的意识和经营胆略

在日益激烈的市场竞争中,谁能够及时抓住机会,谁的眼光更敏锐,谁的决策更好,及时把握出书时间,谁就能够更好地占领图书市场。

### 3. 重视图书的装帧设计问题

图书不仅要有科学价值和文化价值,也要有收藏价值和审美的价值。图书给读者的第一印象是很重要的,所以一定要重视图书的装帧设计。

### 4. 图书编辑要具有版权意识

在当今社会主义市场经济条件下,出版社之间的竞争激烈,而对于一些优秀稿子的竞争更是日益白热化。再加上现在利益的驱使,很多的作者往往会出现一稿多投的现象,这样往往会引起著作权的纠纷问题。面对这一问题,就需要图书编辑建立较强的版权意识。编辑在发稿的时候,要与作者签订出版协议、出版的专有权、作品的使用权等一些协议。只有这样,才能与作者之间建立良好的合作关系,才能获得更多更好的作品,更有效地避免因著作权带来的困扰。所以,编辑版权意识的建立,对于图书的出版,有着深远的影响。

**5. 编辑要具有市场意识**

面对着出版社的转型,出版社将作为一个企业来参与市场竞争。因此,编辑的市场意识,是出版社今后发展的决定因素。编辑只有站在市场的前沿,更好地了解读者需求、市场需求,才能够找出以后的发展走向,才能够不断为社会和读者提供更好、更多、更丰富的精神大餐,才能够实现经济与名誉的双丰收。一个合格的编辑人员,不仅仅需要好的文字功底,更需要的是对千变万化的市场信息的捕捉意识和市场策划意识。

**6. 编辑要具有创新意识**

在出版企业中,没有创新就代表业绩的停滞不前,也就更不用说企业的经营了。图书出版编辑具有创新意识,对于出版社来说,有着极大的意义,有了创新意识,可以更好地适应市场,可以更好地开发市场,更可以引导市场。创新意识,能衡量一位图书编辑工作者是否成功,只有在图书出版策划、选题、编辑中有新意,才能够具有创新意识。在出版界,不创新就要面对倒闭,所以说创新是一切事物的生存的条件,没有创新就没有进步。

(1)选题创新。选题的创新是编辑者创新的起点和根本。选题创新的成功与失败,在很大的一方面是取决于图书编辑的创新意识。

(2)内容创新。对于图书的内容,编辑人员应该敢于思考,敢于创新,在图书内容的创新上,要突破旧的思维方式,勇于探索新的内容。

(3)装帧创新。图书编辑不仅要在图书的内容设计上下功夫,也应该在图书的装帧上进行改进。通过不断的创新与研究,总结出好的装帧设计。

(4)营销策划的创新。一个好的图书编辑人,不但要具有创新精神、创新能力,也要对市场有着充分的调查与了解,更要善于捕捉市场的商机。而在图书的营销与策划中要有创造性,对于图书的宣传等要有新意和改进。

**7. 编辑要具有服务意识**

图书的出版就是为了"服务",只有编辑清楚读者在想什么、读者需要什么,你才能更好地去策划、出版。图书的选题，只有把握住经济、生活、社会的变化和市场的需要，才能够更好地服务大众。

8. 编辑要具有品牌意识

品牌，是一个企业的代表。品牌也是消费者心理的认同，它是储存在读者和顾客脑子中的一种意向。编辑必须具有品牌意识。

## 三、图书编辑经营意识的方向

图书出版最重要的问题是图书中的思想的导向。对于图书的出版，坚持正确的舆论导向，是对出版企业的本质要求。这点就对图书编辑工作者有着一定的要求，向讲政治、传播先进文化等正确的方向来引导。在市场经济的引领下，对于图书编辑者，更应该坚持健康、合法、正确的导向意识，严格地选择作品，不能因出版利益问题，出版有害或者低俗的作品。

## 四、总　　结

在社会主义市场经济条件下，图书已经成为一种特殊的商品，进入了市场竞争，图书编辑要转变思想观念，树立图书的经营意识，在激烈的市场竞争中，把自己努力培养成一个现代化的编辑人员。一个合格的编辑，除了要具备必需的技能、素质之外，也应该在创新理念上花力气、下功夫。在现在图书市场竞争中，出版社如果想要有发展的空间，就必须创新。只有创新才能适应市场，只有创新才能开发市场，也只有创新才能立足于市场。所以，编辑的经营意识是一个出版社发展的最大的影响因素。

（原载于《时代教育》2013 年第 1 期）

**参考文献**

[1] 宋连生.图书选题策划学[M].北京:中国水利水电出版社,2006.

[2] 张俊超.论社会主义市场经济条件下图书编辑的职业意识[Z].2011.

# 浅谈大学出版社编辑的市场营销角色

## 单宁

高校出版机构的编辑有着得天独厚的条件,在选择作者方面,其资源比其他出版机构要更加丰富,并且高校出版机构的编辑更容易就适合的选题进行图书的制作和发行。但是,这并不表示高校出版社的图书就不需要市场营销,实际上,无论是什么性质的出版社,其编辑都要适应自己的角色转变,这样才能适应新的经济形势,带来更高的效益。

## 一、高校出版机构编辑的市场营销角色产生的背景

### (一)市场经济的发展

在市场经济中,价值规律对生产资源与人力资源的分配起着非常重要的作用,需求和供给的变化都会对商品的价格起到非常重要的作用,同时,当商品的价格发生变化时,商品的供求又会变化,在商品的价格及供求的不断作用之下,市场的不同资源将会自动地进行配置。

就高校的出版业来说,其所出版图书的买方大多数是高校读者,这些读者在选择刊物时,常会选择那些能够让自己感觉物有所值的书籍。出版社作为卖方,要想让读者觉得自己出版的图书物有所值,就必须付出大量的努力,显示出自己在这份工作中的创造力。所谓创造力,指的是通过对高校阅读需求的认真调查,在了解高校阅读群的阅读特点的基础上,编制出更多的适合高校师生阅读的图书,这些刊物不但包括各种教材,还包括各种科普读物或者是文学作品,等等。

### (二)信息时代科技的发展是高校出版机构编辑角色演变的推动力

现在科学技术发展中的主导领域是现代信息技术,而现代信息技术则是以计

算机和网络技术以及现代通信技术为代表的,由此可以看出,"信息"是社会经济能够稳步发展的"血液",也是整个社会能够长久发展的源泉。在这样的背景下,编辑的工作也将改变其传统的模式,在信息技术的影响下,编辑的工作将会被要求具有新的内涵与活力。现在,在高科技不断发展的情况之下,媒体人正在将一些新的高技术手段用于出版工作中。不仅如此,出版业所涉及的领域也越来越广泛,现代出版业不但包括纸质媒体,手机、互联网和电视也被算在了出版行业的范畴之内。因此,人们在对编辑进行定位时也更加丰富多样,一些以前从来没有过的有关编辑的新名词开始涌现出来,诸如博客编辑、微博编辑、短信编辑、论坛编辑,等等。

## 二、高校出版机构编辑的市场营销角色分析

### (一) 编辑角色的传统意义分析

为了更好地对编辑的市场营销角色进行分析,首先需要对编辑的涵义进行界定。"编辑"一词在 1999 年出版的《辞海》是这样解释的:"组织、审读、挑选和加工工作,是传播媒介工作的中心环节。"而在 2002 年的《现代汉语词典》里面,则是这样解释编辑的:"对资料或责成的作品进行整理、加工(动词),做编辑工作的人(名词)。"

以上关于编辑的解释虽有不同,但是大体的意思是一样的,即编辑的主要工作是对将要出版的作品进行整理、审阅和加工。

### (二) 市场营销的定义

美国营销协会是这么定义市场营销的:"观念、价格、促销的策划和执行过程,及以个人(消费者)和组织满意为目标的理念、产品、服务的销售。"

传统的市场营销理论中经常提到 4P 原则,即 Product,Price,Place,Ptomotion,也就是商品、定价、销售渠道和宣传推广。一位美国营销学专家曾经说过,一次成功的同时也是完整的营销活动,应该指的是包括了适当的产品、价格、渠道、传播和促销推广的,并且还应当包括最终能够将合适的产品及服务投放到指定的市场中去的一系列行为。

1999 年,美国的另一位营销学专家劳特朋又提出了 4C 理论(Customer,Cost,Convenience,Communication),指的是消费者、成本、便利与沟通。这一理

论是拿消费者的需求作为导向对市场营销组合的重新设定,强调的是企业应该把追求顾客的满意度放在首要位置,为了让顾客满意,产品的基本要求是能够满足客户的要求,在此基础上,还应该尽可能地将顾客用来购买产品的成本降低,要对客户的购买力进行充分考虑,然后还要考虑的就是如何能够让客户方便地购买商品或者是享受服务。

从企业管理的角度来进行分析的话,出版机构要想将市场营销活动做好,能够达到理想的效果,就要做好以下几项工作:(1)在图书、刊物出版前期,对图书、刊物进行设计和定位;(2)对市场进行调研;(3)建设和管理工作,包括出版物的发行、作者同读者之间的关系、代理商等等,都是建设和管理的对象。

### (三)高校编辑市场营销角色扮演

#### 1.营销策划

出版物是一种区别于其他商品的特殊商品,尤其是在市场经济的背景之下,一定要能够经受得起市场的检验。同时,出版行为也是一个产业,要想将出版社发展壮大,必须依靠利润目标的实现来推动,所以编辑从业人员必须密切关注稿件的经济价值,也要对公司的经营管理状态进行充分的了解。编辑从业人员必须树立起市场营销的观念,对市场进行分析,想方设法提高自己的市场占有率,让自己出版的图书更加有竞争力。

而高校出版社的编辑,更应该充分利用自己所在高校的资源,所策划出版的图书或者其他刊物应能够体现出高校的人文特点。

#### 2.营销战略执行者

一个好的高校出版机构,必须有适合自己的营销战略,这样才能够在市场竞争中立于不败之地。出版机构要在现代市场营销理念的指导下,经过一系列分析和调查,设计出稳定的同时也是长期的指导方案,来对出版社的市场营销行动进行指导,以实现预先的市场营销目标。其中的指导方案,便是营销战略。

#### 3.对于品牌的建设

现在的市场竞争越来越激烈,读者在选择刊物时,其消费观和品牌概念也正在逐渐增强,创立出版机构、拥有自己的品牌,已经是出版行业生存和发展的必然之路。出版社要想在竞争中战胜对手,不仅要创立品牌,还必须对品牌进行创新,唯有创新,才能够更加有效地促进品牌的创立,也才能够推动品牌的成长。

高校出版社的编辑,想要创立一个优秀的品牌,就应该多多了解高校学生的阅读兴趣所在,还可以从高校师生中发掘出色的作者,创立具有高校特色的品牌。同时,编辑应首先对市场进行调查,了解市场上面有哪些针对高校的出版物,再对这些出版物进行分析,了解各自的优势,然后再结合自己出版社的文化特色及高校读者对于出版物的选择方式及方向,找出高校出版物在类型方面存在的空白或者不完善的地方,从而创立出具有自己特色的、富有竞争力的品牌。

## 三、编辑怎样才能扮演好市场营销的新角色

### (一) 在树立市场意识的同时也要树立起读者客户意识

出版社的编辑不能够忽视对市场进行预测,要对目标市场进行调研。调研的主要目的是对读者的需求进行基本的了解,对市场进行科学的预测,这是编制出优秀图书的必备前提和重要基础。如果没有对市场进行充分的调查,是很难策划出能够满足市场需求的选题的。

读者对于出版物的需求具有相对的稳定性,同时,又会因为社会的发展、环境的变化或是其他情况的变化而具有一定的不确定性。

因为读者的需求是在不断变化的,所以,对市场需求进行预测是编辑必须重视的工作,只有这样才能够适应市场的变化,才能满足读者们的需求,也才能实现"预销定产,按预定进"的目标。

为了达到以上目的,编辑首先要对不同读者的阅读心理、兴趣及习惯进行充分的了解,然后,在深入和细致研究市场调研结果的基础上,充分利用自己在高校的资源,对出版物的形式、内容、销售渠道及促销活动进行确定。

作为在高校出版社工作的编辑,要做好以下几个方面的工作。

首先,应该有非常强的读者意识,这样才能用专业的眼光和敏感的职业判断力来对目标和目标市场进行定位,了解其出版物是否能够热销,或者是否会长销。

第二,在确定出版物标题、封面、版式,包括对整个版面进行组合及编排时,要对读者的心理和习惯进行观察了解,再加以分析,然后还要对目标读者群进行研究,包括对读者群的特征进行研究,了解读者群的关注点,当然,还可以了解读者群在哪些方面会需要帮助,等等。除此之外,高校出版社的编辑可以在高校学生中进行调查,了解大学生的兴趣爱好,了解大学生学生的内容及学习方式,这样才能够编辑出适合大学生阅读的出版物。

第三,分析和了解不同的读者群。不同的读者群在阅读方面会有不同的选择风格,喜爱阅读的内容也会不完全相同,在表达方式及共鸣点方面,不同的读者群也会有不同的特点。高校出版社的编辑,应该详细了解高校读者群所需要的风格,在定价方面也必须考虑到高校读者群的不同接受能力。

## (二) 创立具有高校特色的品牌

在市场经济深入发展的今天,出版市场的竞争同其他商品市场的竞争一样日益激烈,出版物的品种和数量的增加也是惊人的,在这种情况下,想要在出版机构的竞争中获得优势,就要不断创新,使自己的出版物更加符合读者的需求。

为了达到这个目的,高校出版社的编辑在组稿前一定要强调选题的新颖性,一定要以读者作为选题的中心,主要以高校的市场需求作为选题的导向,要立足于高校,创立出具有高校特色的品牌。

## (三) 要做好品牌的建设工作

编辑首先要做的工作就是对出版物进行品牌定位。高校出版社的编辑,其目标市场应该集中于高校,那么其品牌的建设工作也应该主要针对高校来进行。编辑可以灵活地利用报纸、互联网、手机、学校电台等多种渠道对出版物进行宣传。除此之外,还可以举办一些演讲会、评选会、报告会等主题活动或者是参加各类社会公益活动来提升自己出版物的品牌形象。

除了以上所述之外,高校出版社的编辑还需要做好其他工作,比如利用信息技术来进行出版物的市场营销、注重电子出版物的推广和收益等等。在新的经济形势下,编辑要做好自己的工作,一定要注意与时俱进,不断提高自身的能力。

(原载于《淮海工学院学报》2013 年第 9 期)

**参考文献**

[1] 刘清海.全媒体出版对科技期刊编辑角色的影响及其应对策略[J].中国科技期刊研究,2012(2).

[2] 勾英.高校在大学生就业指导工作中的 PGSR 角色定位研究[D].昆明:云南大学,2010.

[3] 杨雪莲.工业品营销中关系质量对顾客购后行为倾向的影响研究[D].济南:山东大学,2012.

出版业务
CHUBANYEWU
TANSUO 探 索

# 出版社发行考核的原则与方法

王　伟

做好发行考核工作，对进一步加强和改进发行工作具有重要意义。

## 一、发行考核的意义

首先，对发行工作的考核是对发行工作某个阶段的实际成效的综合评价，也是出版全过程的必然要求。

其次，发行工作考核是加强和改进发行工作的需要，但现在缺乏科学、客观的考核内容和标准体系，而且考核方法单一，这些问题需要加以解决。

最后，发行工作科学化与现代化要求有合理的组织机制、规范的工作制度、灵活的营销策略和高素质的发行人员。对发行工作进行科学、全面的考核，将促使发行人员逐步适应这样的基本要求。

## 二、发行考核的原则

### 1. 导向性与客观性相结合

发行考核的导向性是指发行考核的内容、标准能引导发行人员朝规定的方向去努力，具有明显的导向作用。在考核中，无论考核的标准、内容有多少项，都应体现出版社的整体利益，不能顾此失彼。

发行考核的客观性是指把发行工作放在一定的历史和客观条件之下，对发行的考核要实事求是。例如，在发行码洋上各出版社差距较大，不能过高地要求发行码洋低的出版社向发行码洋高的出版社看齐。一般来说，发行考核指标的确定应以发行人员经过努力能够达到的指标为基础。

在实际工作中,不能强调发行考核的导向性而忽视发行考核的客观性,也不能强调发行考核的客观性而降低其导向性。

### 2. 纵向考核与横向考核相结合

发行纵向考核是对发行工作过去和现在的比较与衡量。一般来说,一个出版社只要发行码洋、发行利润增加,就可以说发行工作现在比过去有进步。

发行横向考核是指各出版社发行工作之间的横向比较。通过横向比较,可以看到自己工作的差距。

当然在进行横向考核时,要注意本单位的特殊性,不能因为这个单位比那个单位发行码洋少,就简单地说这个单位的发行工作不如那个单位,因为两者的差别可能是原有基础不同或一些其他原因所致。

### 3. 静态考核与动态考核相结合

发行静态考核是指在一定的时间内对发行工作的过程、效果及现状所进行的考核,也就是我们平时的半年考核和年终考核。

发行动态考核是指把发行工作放在一定的时间、空间序列上,对发行工作的变化过程所进行的考核。动态考核实际上是一种比较,可以是当年的发行工作与上年的发行工作的比较,也可以是近两三年与前几年的比较。通过比较,对发行工作的现状与问题也就一目了然。动态考核既要看到原有的基础,又要看到现在的状况,更要看到今后发展的潜力和趋势。

## 三、发行考核的内容

### 1. 对发行过程的考核

一是组织领导的状况。主要考核发行部组织制度是否健全,主要负责人是否树立了发行工作是系统工程的指导思想,工作责任心、领导水平是否强,工作作风是否踏实,内部各工作环节是否符合要求,工作程序是否连续等等。二是发行人员的素质和工作状况。主要考核发行人员的工作积极性、业务水平是否高,责任感是否强,岗位责任制是否健全并落实,工作人员之间的关系是否融洽,工作是否有成效等等。三是工作计划和营销方案的实施状况。主要考核发行工作的计划和营销方案是否系统、全面,责任是否落实到人,是否在规定的时间完成规定的任务,工作程序是否科学,营销策略是否有创意,运用是否适当等。

### 2. 对发行效果的考核

对发行效果的考核主要是指对发行工作实际成效的考核。它通过具体的发行数据来验证发行成果,是发行工作考核的中心环节。对发行成果的考核主要包括发货总码洋、回款实洋、书款回收率、发行利润率、发行网点布局、市场覆盖率等等。

## 四、发行考核的方法

### 1. 自我检查考核

自我检查考核是发行人员完成某一阶段的任务后,按照考核内容和指标对自己完成岗位任务的情况所进行的自我检查。这是发行工作考核的基本形式。自我考核容易被人们所接受,有利于发挥发行人员的主观能动性,对自己不断提出新的追求目标。

### 2. 组织分析考核

组织分析考核是出版社领导根据岗位责任制和相应的指标,对发行工作及发行人员所进行的考核,这是发行考核中最常用的方法。组织考核主要从三个方面进行定性和定量分析:一是接近或超过目标程度分析,二是发行工作稳定性分析,三是发行工作制度化程度分析。发行工作超过目标越多,发行量上升越稳定,发行工作制度化程度越高,说明发行工作的成效越大。由于出版社领导既是决策者,又是考核者,因此在考核发行工作时,既要对发行工作和发行人员严格要求,又要充分理解发行工作的难处。

### 3. 目标管理考核

目标管理考核是在确定发行工作总目标的基础上,按照目标要求对发行工作的实际成效进行的考核。目标一经确立就既是发行工作的努力方向,又是发行工作考核的依据。目标管理考核把年终的考核结果与年初的任务指标进行对照,看哪些指标实现了,哪些指标超额了,哪些指标没有实现,目的是变发行工作的模糊任务为硬任务,变模糊指标为硬指标,只要完成任务指标,该兑现就要兑现,以此调动发行人员的积极性,推动发行工作一年上一个新台阶。

(原载于《大学出版》1998 年第 4 期)

# 新形势下总编办工作的管理与创新

## 蒋　平

总编办是出版社的一个下属机构,是贯彻落实国家出版方针、政策的部门,也是相关计划、措施落实的部门。总编办工作是一项政策性很强的组织管理工作,在出版社具有管理、服务和协调的三重职能。它是承接、联系编辑部承上启下的桥梁和传递信息的纽带,在保障编辑工作流程的通畅、各部门关系的协调、工作步调的一致、上下环节的衔接等方面都起着重要作用。它的工作效率、管理水平直接影响到出版社的管理效率。

随着我国图书市场的变化,出版管理体制的改革深入,总编办的职能也在不断拓展,总编办面临着更多的适应改革的变化。在纷繁复杂的各种出版活动中,不断地增强服务意识,更加有效地加强管理,是我们每一位管理工作者之己任,要高效地开展工作,使管理工作的水平更上一个台阶。

## 一、管理工作千头万绪,但服务工作有条不紊

随着我国图书市场的变化,出版社的服务范畴也在不断变化。在出版工作中,任何服务工作都应以生产为宗旨,任何时候任何人都要把为生产服务放在第一位,应顾全大局,努力处理好管理与服务的关系,不断完善我们的管理工作。

总编办工作是整个出版流程的重要枢纽,它有着政治监督、服务保障、组织生产、协调关系的职能。其工作性质"繁而重"、"多而杂",总编办除了要处理与编辑出版流程相关的事宜外,常常要处理一些应急事情,这无疑增加了总编办的工作压力。总编办人员既要有很强的原则性,又要有灵机应变、处理各种事情的能力。但按章办事有时会不被理解或受到非议,当出现这些情况的时候,更要求总

编办的工作人员有良好的素质,不但工作要任劳任怨,还要经受得了各种委屈,还要理解、包容。一方面,学会沟通;另一方面,要学会换位思考,在不违反原则的基础上,要多多地为编辑着想,以解决问题为己任,不懈怠,不推诿。因为每个人所承担的工作不同,考虑问题的角度不同,对问题的看法出现分歧也属正常。对大家提出的意见和建议,应该认真对待,学会化解矛盾,学会抓大放小,这样,在千头万绪的工作中,才能分清轻重缓急,并及时向领导反映情况,让领导了解掌握情况,为领导做出准确判断提供信息,做到下情上达,这样工作才会有的放矢,管理工作才能不断完善。

管理就是一种服务,这种服务是管理中的服务意识、服务态度的具体表现,是贯穿管理始终的。管理与服务是相辅相成、缺一不可的。

## 二、做好服务工作,力争创新创效

根据我社总编办近年来的工作体会,我们认为,在做好日常工作的同时,必须牢牢把握"管理"这个中心,以管理促发展,更好地做好服务工作。

### 1. 重视选题审核,优化图书结构,做好服务工作

选题是出版社的生命,优秀的选题和优良的图书结构,能保证和提升出版社两个效益的发展。总编办作为出版社选题管理的职能部门,在严把选题关、坚持正确导向、树立品牌意识方面,具有不可推卸的责任。

我社每年在申报年度选题计划时,总编办都积极、认真地配合社领导和相关编辑,策划选题,协调全年的选题结构和比例安排。平时我们在工作中常与编辑协调、沟通,听取他们的意见及反馈,共同做好选题论证、策划工作,以丰富出版社的选题资源。一方面对每个选题的内容、作者情况、实施方案进行了解、审核,并提出建议,力争每个选题在两个效益方面都有所凸显;另一方面,从全社图书结构的全局出发,突出我社的五大图书板块和重点图书,使我社全年的选题计划既体现为高校教学科研服务的宗旨,同时又能保证、促进我社图书出版的双效、良性运营。

我们在每一次申报选题的过程中,严格遵守选题申报制度,严格把关,认真仔细复核每一个选题内容,发现问题及时与项目人沟通。在社内成立了选题论证委员会,由社委会成员,各图书中心主任,编辑部主任,总编办、发行部负责人等组

成。所报选题都经过民主论证，在听取多方意见的基础上，最终社委会做出科学的决策。对于重大、敏感选题，及时提请社委会予以关注，主动做好请示、备案工作。通过对选题的汇总和审核，起到优化选题结构、避免低层次重复的把关作用，为选题论证提供决策支持。对上级主管部门的审批结果，及时通报社领导和相关责任人，特别是将重大、敏感选题的审批结果上传到我社 QQ 共享群中和公告栏上，提高大家对重大、敏感选题的关注度，并做好相应的解释工作，实现上情下达。也正是因为我们严把选题关，坚持正确导向，我社近几年没有出现问题书，出书向着健康有序的方向发展。

### 2. 强化流程环节管理，把好质量关

图书质量的核心是书稿的内容质量，一部好的图书能否在市场上获得读者的认可并保持持久的生命力，关键还在于图书内在的质量。在书稿流程环节管理中，总编办严把"三审"关。近几年来，随着出版社的快速发展，我社的选题数量增加较快，但质量问题也日益凸显。我们在工作中常常会发现，由于年度任务重、出版时间紧迫，编辑对质量规范的意识有所松懈，加之新入社的员工熟悉编辑流程要有一个时间过程，进入角色较慢，出现了三审过程匆忙、三审单填写不符合要求、流于形式等情况，针对以上情况，总编办在全社开展质量规范意识的教育引导，在此基础上，我社提出了"强化一审，重视二审，建立三审最后一道防火墙"的提高编辑质量的具体举措。在发稿之前，我们都要严格审查三审单，看是否按三审规定要求填写，发现漏缺，立即退回，并找相关人员重新完善三审程序，严格把关，把错误和疏漏控制在最小的范围内。

我社把质量管理放在首要的位置上，定期传达有关图书出版、编校质量管理方面的文件，对出版管理规定做到人人心中有数。为进一步加强质量管理，我社成立了书稿运作中心，对于重点图书和报奖图书实行印前审读。对我社出版图书进行定期质量自查，保证每位编辑每年有一到两本图书被社内抽检，抽检结果与年度考核紧密结合，对质量检查不合格的实行经济处罚，在处罚的同时，着重进行批评教育，或在会议上提醒，或用通报形式在内部网上公布，或谈话告知，做到教育与处罚并重，有力地保证了图书的内容、编校和印刷质量，确保近年出版的图书没有出现重大质量问题。

我们也更深切地体会到管理工作的重心是日常管理的规范化和各项制度的严格落实。管理出效益，管理出效率。

### 3. 严格学术规范，把好质量关

在加强质量规范的制度建设中，我社进一步提出"学术是魂，质量是本"的出版理念。我社作为大学出版社，出版了很多的学术著作。在学术著作出版的过程中，我社结合总局有关学术规范问题的通知精神，要求编辑严格执行学术出版规范，抵制各种学术不规范行为。为了让编辑有较深刻的理解，我们请南京大学相关专业的专家来社里做讲座，普及学术出版规范方面的知识；同时转发总局有关学术规范问题的要求，引导编辑从最基本的文献、索引等规范的使用做起，对于提高编辑的质量意识具有十分重要的作用。

### 4. 合理安排使用书号，有预见性地开展服务工作

我社出版图书的品种多，季节性强，我们在工作中分析摸索出书规律，把握出书节奏，做好书号的协调分配工作，维持正常的图书出版节奏。我社在书号使用过程中，严格执行新闻出版广电总局关于书号实名申领的相关规定和制度，做到书号、选题、实际出书相一致，严格执行一书一号，坚决抵制买卖书号和其他违规行为。严格规范书稿的三审制，严格履行三审人员资质的规定要求，并严格遵守教辅图书出版资质的规定，在全社范围内强化上述要求和规定，并反复重申。书号实名申领使我社出版管理科学化、制度化、规范化，为我社营造了良好的、健康向上的出版氛围。

### 5. 规范出版程序，强化合同管理，提供双向服务

在图书出版流程的管理中，反复向编辑强调，在书稿发排或定稿环节与作者签订好出版合同，做到选题、书号、书稿、合同一一对应。按照合同内容督促、检查出版社和作者双方各自的履行情况，使出版合同内容得到较好的实施和兑现，维护好作者和出版社双方的利益。对完成签署的合同，按年度分序号将其存档保存，以备日后查阅，并为编辑提供准确、快捷的查阅服务。我社的合同管理除纸质合同文本外还存有电子合同，我社开发出 ERP 系统的综合管理系统中的合同管理系统模块，由项目人在网上填写，总编办在线审核通过并核发给号。其目的就是实行电子化管理和方便查阅，并为电子图书的合同提供信息支持。

合同的规范管理，还体现在对稿酬的管理方面，我们严格履行、兑现合同内容，按照出版社和作者双方的约定，及时开予作者稿酬，从不拖欠。规范的管理也在作者中树立了良好的口碑，维护了出版社良好的信誉。稿酬的管理也实行电子化管理，服务准确、快捷。

### 6. 精品生产与质量管理，二者相辅相成，良性互动

在加强质量管理的前提下，我社的精品生产得到了较好的发展，可以说，我们的质量管理与精品生产起到了相辅相成的良性互动作用，精品生产促进了质量管理。

近几年我社的精品生产得到了较好的发展，获奖选题数量明显增加。近些年新闻出版广电总局、省新闻出版局对各社总编办管理的要求也不断提高，出台各种新政策，也加大各种项目的申报力度和奖励力度，一方面给出版社带来了各种机遇，另一方面无疑也给总编办加大了工作力度和压力。但我们还是以大局为重，克服各种困难，积极应对。每年总编办积极组织申报各类奖项，如近几年申报的国家出版基金，我社的《全清词》等三个项目获国家出版基金资助，《共和肇始：南京临时政府研究》获总局纪念辛亥革命100周年重点出版物；我们还积极组织申报主题出版项目，如我社的《社会主义核心价值体系论纲》《马克思主义大众化普及读本》等入选江苏省"社会主义核心价值体系建设'双百'出版工程重点项目"，《中华传统文化对日输出平台》等项目入选新闻出版改革发展项目库的入库项目，《中华传统美德丛书》等列为新闻出版总署年度农家书屋重点图书推荐目录，"大学素质教育全媒体出版平台——大学数字博物馆"等受到江苏省文化产业引导资金的资助；我社还有多个项目入选国家级"十二五"重点出版规划项目，其中图书类的有《南雍学术经典》等15种，电子、音像类的有《中国古代科技文明》等5项；入选江苏省级"十二五"重点出版规划项目18种，其中图书类的有《中华民国史》《20世纪西方文化名人评传系列》等19项，音像类的有《民防知识》、电子类的有《飞天梦圆——中国航天简史》各1种，入选数量在省内出版社中名列前茅。这些成绩的取得，也更让我们坚信了质量管理与精品生产的互动作用。

### 7. 加强内功，培养人才，促进发展

近年来，我社陆续引进、吸纳了一批新员工，给出版社的发展增添了新的力量，但同时加强对新员工的培养和使用成了当务之急。总编办协同书稿运作中心和编辑部经验丰富、资深的编辑为新员工制订学习培训计划，从选题策划、选题的申报、合同的签署、编辑流程、编辑规范、三审、重大敏感选题的意识等各个环节对新员工进行学习培训，要求他们参加出版资格考试，规定有资质的编辑持证上岗。采取部门负责制下的项目责任制，以老带新，还安排组织编辑积极参加总局和省局的编辑培训讲座，我社许多年轻编辑经过几年的锻炼已经成为我社选题策划和

书稿编辑加工的新生力量和骨干力量,支撑出版社新一轮的发展。

## 三、管理工作围绕服务,力争精益求精

### 1. 总编办的人员要有"高而精"的素质

要想将总编办管理工作做得更好,服务更到位,总编办的人员要有"高而精"的素质,管理、服务才能得心应手。总编办人员是规范管理的掌控者。所有出版法规政策都要尽在掌握之中,更要坚决贯彻执行,特别是要把这些规范性的东西渗透到每个环节中。编辑流程的有序连接和协调运转,这既要准确无误,又要科学高效,还要与各部门各编辑有效衔接合作,尽可能减少摩擦和内耗,这是长期摸索出来的经验。

总编办人员"高而精"的素质,还体现在:一方面,上级管理部门对各出版社的管理职能发生了变化,更加重视与提高总编办的管理效能;另一方面,总编办工作担子重,压力大,缺少成就感,导致一些人不愿意从事总编办工作。然而,出版管理的升级与优化,需要创造性的工作,这就需要高素质的管理人才,干一行爱一行,更需要懂专业、懂管理的复合型人才。一直以来,我们也在为优化服务内容、增强服务意识、完善服务质量而努力着。

### 2. 加强服务,鼓励一专多能

在工作中强化部门与员工的职能和岗位职责,加强服务,鼓励一专多能,充分挖掘管理人员的潜力,要求部门员工做到分工明确,各司其职,层层把关,每个人也要争取成为工作上的多面手;更需要强的沟通和协调能力和灵活性,在处理问题时才能做到游刃有余。大家齐心协力,做好服务工作。

### 3. 做好管理和服务,加强与合作公司对接

近几年,为了扩大我社的图书规模和品种,我社选择与民营公司合作,切实考虑我社的发展战略和规划,选择有资源、有实力、口碑好、有发展潜力的合作对象。利用合作公司的资源优势进一步充实、丰富我社的图书品种,在外部重组过程中,我社注意建立健全有针对性、操作性的规章制度,全面规范与合作公司的运作流程,切实控制好出版的每个环节,严控出书质量。

近两年合作公司图书的种类多、数量大,我社的选题量急剧增加,在我社人手已经较紧的情况下,为了能更好地服务于合作公司,在编辑部有专人负责与合作

公司的业务联系、项目对接及图书的审读工作的基础上,总编办也设专人对合作公司从选题上报到图书的发排、定稿流程等一系列程序进行监督管理。从选题的上报到三审都严格把关,对重大敏感选题慎之又慎,坚决杜绝风险选题和质量不高的选题。经常与合作公司及时地联系和沟通、反馈信息,使之成为我社的有机组成部分,将合作公司的管理纳入我社的整体管理当中;也使他们有归属感,使之真正有助于提高合作图书的质量,也为提升我社图书的影响力添砖加瓦。

处理好管理与发展、管理与服务的关系,关乎出版社良性健康地发展。要处理好社会效益与经济效益、眼前利益与长远利益的关系,保证我社在新形势下,健康良性地运营。

在上级主管部门的领导下,我们要开拓思路,转变观念,提高管理水平,增强服务意识,把我社总编办工作提高到一个新的水平。

**参考文献**

[1] 赵颖弘.总编室工作人员的素质[J].出版科学,2004(1).

[2] 周军.浅论改制后出版社总编室工作特点[J].出版广角,2010(8).

[3] 韩果.总编室图书出版合同管理新探[J].科技与出版,2010(1).

# 浅谈高校教材的策划、出版与推广
## ——以《大学英文写作》系列教材为例

### 董 颖

高校教材的策划、出版和发行具有鲜明的特点，因为使用对象的特殊性，它一般比大众读物更具有持久性，比学术图书更有市场，但相较于中小学教材教辅，它的销量又是无法比拟的。在多年的高校教材的选题策划和出版工作中，我们发现，高校教材的策划、出版和发行有独特的规律，前期的策划阶段往往是艰苦而漫长的，出版阶段需要注重编辑质量和时间节点的控制，而发行阶段的推广和营销工作则对最终是否成功起着至关重要的作用。自 2000 年以来，笔者一直从事高校教材的编辑出版工作，下面笔者以南京大学出版社的《大学英文写作》系列教材为例，对高校教材这一类产品的策划、出版与发行进行分析。

## 一、高校教材的策划工作

在《大学英文写作》系列教材出版计划启动之前，我们做了详细的市场调研。我们发现，市面上的英语写作教材不少，但存在一些问题，如没有专门针对英语专业学生的写作教材，写作课由于很多学校是外教上课，一般没有现成的教材，多数是讲义，而外教毕竟不大熟悉中国学生的具体学习特点，存在着教与学脱节的现象，而且针对英语专业学生全阶段写作的教材少之又少，因此，我们萌生出做一套适合新时代高校英语专业教学的写作教材的想法。由于早在 1997 年，南京大学英语系在我社出版了一套《大学英文写作》教程，而以此为教材的南京大学英语系英语写作系列课程 2002 年被评为江苏省普通高校优秀课程，我们就打算以此为基础，进行整套教材的改版。图书的重版是提高图书的社会效益和经济效益的重要手段之一。维护好重版书，使其成为经典传世的常销书，在规范的市场中占领一席之地,可以作为出版社塑造品牌图书的途径之一。我们在长期的教材出版工作中发现,做好重版书的出版非常重要,它的出版往往并不是单纯的加印,也是需要精心策划和推广的。

首先,编辑应筛选和鉴定适销对路的重版书。这种图书应该是内容上乘,具有一定的学术价值、文化积累价值,能促进科技进步,在社会上有相当影响,而且在初版时销售尚好的图书。在这个基础上,了解行业的最新出版动态,看是否适应读者和社会的需要,能否反映当下科学技术与文化发展水平。我们仔细研究了《大学英文写作》整套教材的定位、内容、作者、形式和历年的销售情况,发现这套丛书"由浅入深,循序渐进,能够满足英语专业本科阶段各年级写作教学的需要"。1997年初版以来,这套书每年的平均销量都保持在5000多册,比较稳定。而且参加本套教材编写的作者都是南京大学英语系的长期从事写作教学的骨干教师,熟悉英语专业本科学生的学习现状和特点,在多年的一线教学中,他们积累了丰富的教学与科研经验,不仅如此,在此套教材的使用过程中,他们不断地改进教学,对此套教材以及同类书的优缺点了熟于胸。可以说,作者队伍的成熟是我们决定进行这套教材的改版计划的一个重要因素。因为作者专业,所以他们知道改什么,怎么改,而接下来的事,则是我们编辑责无旁贷的,就是如何以最恰当的方式和形式,在最合适的时间,推出新版的教材。

在选定了重版书之后,编辑要进行一系列的策划,主要包括以下几方面:一是教材的定位,包括读者和目的;二是具体的内容、形式、篇幅、配套资源等。首先,我们为丛书取名"高等学校英语专业规划教材",明确定位这套教材的使用对象为英语专业本科生。然后,我们与原作者班子沟通,就这套教材的内容、形式、篇幅进行了多次讨论和商榷。具体包括:① 内容方面,扩充每单元的内容,并在每单元开头加上本单元学习内容的概要;在篇幅上做了调整,根据学生每个学年的学习要求,该增加的增加,该删减的删减。② 在形式上,我们也做了较大的改进。将原先略显拥挤的32开的开本改成16开的大开本;同时在版式上进行了精心设计,调整了行距和字距,加大留白,并采用纯英文排版系统,使之更符合英语专业师生们的阅读习惯和审美要求;在封面设计上,我们采用全套书一个色系但每本略有变化的做法,并在封面上列出每本书主要的目录,给人一目了然、提纲挈领的感觉。经过从内容到形式的一系列设计,这套教材更加符合新时代教科书的特点,从原先不起眼的32开本的读物形式变成大开本的流行教材形式,让人眼前一亮。从出版后的销售反馈来看,这套教材从内容到形式的改观是成功的,很多用书学校反映,"高等学校英语专业规划教材"的丛书名让学校订书时很方便,整套教材不但内容新颖,而且做得很漂亮,比原来的版本大气许多。随着现代出版业的日益发达,同类书的竞争日趋白热化,图书的装帧设计与版式设计占据了越来越重要的地位。装帧设计只有在极短时间内迅速吸引读者的视线,才能促使读者进一步地判断和产生购买欲望。而版式设计作为传达信息的载体,应符合所设计的内容。好的版式设计是吸引读者、提升图书品牌核心竞争力的很重要的因素,但容易被众多编辑忽视,其实它的作用是不可低估的。不可否认,《大学英文写作》之所以成功改版,策划时用心设计的装帧和版式是功不可没的。旧版的教材由于开本小,字距行距密,纸张薄,已不能适应新时代读者的阅读需要,而改版后的教材在装帧和版式上的一系列调整,迅速吸引了读者的眼球,是它成为图书品牌的关键一步。

## 二、高校教材的编辑出版工作

高校教材的编辑出版工作,主要抓两个环节,一是编校质量的控制,二是出版节奏的控制。

高校教材的编校质量无须多言,是最能体现编辑的专业性和重要性的环节。根据营销学常识,不同类别的图书需要的编辑素质是不一样的,对大众图书的编辑来说,创意是最重要的,而教育图书的编辑主要需要的是学科知识。《大学英文写作》是针对英文专业学生的教材,因此责任编辑应该是英语专业出身,有英语专业的学科知识背景,这是保证教材编校质量的前提。在这套教材的编辑过程中,我们严格执行三审三校制度。虽然这套教材以前有过初版,现在是改版,作者写作质量较高,但我们从严要求,不因为以前有过初版就放松警惕,一切都按新书来做,编辑从头至尾认真审读,校对环节也毫不马虎,这套书稿中有的甚至进行到了五校。正是编校质量的严格把关控制,才保证了教材的高质量。在历次的编校质量抽查中,这套教材的差错率都非常低。由于优秀的内容和编校质量,这套教材曾荣获华东地区大学出版社第八届优秀教材一等奖。

高校教材的出版发行,一定要控制好时间节点。一般在 5 月份学校就开始征订,因此交稿时间的制定和控制非常重要,一般要在 3 月底之前交稿,保证有 3—4

个月的编辑出版时间，才能赶上秋季教材的征订。整套《大学英文写作》教材在
2007 年 7—8 月推出，正好是 9 月开学之前，而在之前的 5、6 月份，已经通过各种
渠道在学校的教材科或经销商那里做了宣传。以《大学英文写作》第 3 册为例，
2007 年 7 月出版，到 9 月底，首印 5000 册已销售一空，短短不到 3 个月的时间，即
实现重印。

## 三、高校教材的推广工作

由于大学教材用书是各个学校自行决定的，出版社的市场营销活动就尤为重
要。时间、地点、对象和方式需要仔细敲定。选择一个恰当的时间是决定市场推
广效果最大化的重要参数。高校教材征订多在春秋两季，因此，出版社的宣传活
动也多集中在这两个时间段。在《大学英文写作》系列新版书尚未出版时，我们通
知了有关原用书学校，告知即将有新版问世，并在书目上的显著位置，印上此套教
材的封面及内容简介，在各大书市及研讨会上分发。新版书出版的当年，2007 年
12 月，在第十届全国综合性大学英语专业教学圆桌会议上，我们进行样书展览及
赠书，宣传推广本套教材。

因为高校教师对教材的使用起到相当重要的作用，针对教师开展的推广活动
应该多样化。赠书、巡展、研讨会、教师培训是出版社使用最多的方式。在推广
《大学英文写作》系列教材时，我们采取了多种宣传手段。除上文提到的赠书和展
览活动外，我们从 2009 年年底起，就与作者单位南京大学外国语学院筹划召开一
次全国性的英语专业写作研修班，为英语专业教师提供培训。2010 年 7 月，我们
与南京大学外国语学院英语系成功举办了"英语专业写作教学研修班"与"英语专
业写作教学研讨会"。地点是制订推广计划时的重要考虑因素。在一些高校特别
密集的城市，比较适合做大型的研讨会或巡展，此外还会配合其他一些活动，这样
就可以最大限度实现省时高效的推广。我们将此次研讨会和研修班的地址选定
在南京，不仅因为作者来自于南京大学，更因为南京高校云集，人文气息浓厚，非
常适合做教材的推广。本次活动是出版社年度教材营销活动的重大内容之一，也
是我们配合南京大学外国语学院英语系为《大学英文写作》教材所做的品牌推广
工作之一。来自 22 所高校的 45 位英语教师和专家参加了研修班，44 位教师代表
出席了研讨会。教师们纷纷表示这是一套"很系统、很实用、操作性强"的教材，要

继续使用或开始征订。而本次活动,也是出版社的教材建设和品牌建设的重要部分,对树立出版社的良好形象有着重要的意义。

更重要的是,在巡展、研讨会和教师培训等活动中,出版社不仅通过向教师提供教学支持来树立企业形象,而且还收集了大量的反馈意见和选题资源,可谓一举多得。其中规模适中、直接与教师面对面交流的宣传方式效果最好。建立教师资源库也是这些直接面向教师的推广会的重要收获之一。大部分教师都会登记相应的教材使用情况,这些信息对于出版社的教材开发、出版和发行都起到很强的指导作用。

在《大学英文写作》系列教材的改版工作中,我们收获的不仅是一套丛书重获新生的喜悦,从某种意义上,这套教材的策划、编辑、出版和发行可以为我们从事高校教材编辑和发行的人员提供一个可行的思路。具体说来,有以下几点。

第一,策划编辑一定要有全程策划和整体策划的意识。在策划之初,就应该认识到,优秀的作者是图书最宝贵的品牌,是出版社最重要的资源之一。维持好与一流作者的良好人际关系是出版社增强其市场竞争力的重要措施,具有战略意义。然而,作者写得好,不代表就能销得好。这主要因为:其一,编辑要做的,不仅仅是对图书内容的策划,更重要的是,以适当的形式展现产品,这其中涉及开本、装帧、版式、用纸、印刷等多种因素,需要通盘考虑。其二,"酒香也怕巷子深",图书是商品,这就意味着,必须采用全程营销的方式推广和销售,而不是单纯的推销,高校教材也不例外,由于其市场日益饱和,竞争日益激烈,更需要大力气的市场营销。因此,在策划的全过程中,必须有大局意识和市场意识,只有全程策划和营销,才能适应现代出版业的形势。

第二,在高校教材的编辑过程中,必须掌握好编校质量的控制和出版时间节点的控制。这其中需要额外注意的是,高校出版社的编辑,除了本身是专业出身外,最好懂一点教学,这样才能在保证书稿质量的基础上,去伪存真,提高教材的适用性。如果不懂教学,可以请有关学科的专家或一线教师进行书稿的审读,提供宝贵的意见。

第三,把重版书作为出版社塑造品牌图书的一个切入点,然后进行图书品牌建立的有效递进,再到图书的品牌延伸,应该是很有现实意义的方法。我们在出版了《大学英文写作》系列之后,紧接着开发了针对二本院校的英语专业写作教材《英语写作基础教程》和针对英语专业高年级的《高级英语写作教程》,丰富了我社在英语专业写作教材领域的产品,使写作这一品牌得以扩充。另外,在随后的两年内,我们又开发出版了《新编日语写作教程》系列教材,可供高校日语专业本科生使用,有效延伸了本社写作教材的品牌。而在此之前,本社的《德语论文写作》教材已经是普通高等学校"十一五"国家级规划教材,这些不同学科的写作教材共同建立起我社写作教材的品牌,这些教材以《大学英文写作》为代表,质量上乘,理念先进,影响力大,已经成为我社的拳头产品,创造出良好的品牌效应,不仅体现了学科优势,也彰显了我社高校教材在专业教材方面的特色。

他山之石,可以攻玉,出版社可以从一个图书品牌的建立和延伸,借鉴思路和经验,开发适销对路的图书产品,建立和调整出版方向,树立出版社的整体品牌形象。

**参考文献**

[1] 胡晓. 重版书:出版品牌塑造的一个切入点//现代出版:理论与实务(第三辑)[M]. 武汉:华中师范大学出版社,2005.

[2] 冯婷. 论图书品牌核心竞争力的提升途径//现代出版:理论与实务(第三辑)[M]. 武汉:华中师范大学出版社,2005.

[3] 李琛,吴秋琴. 图书市场营销[M]. 北京:清华大学出版社,2004.

# 对"全"的追求与对规范的坚守

## ——浅谈《全清词·雍乾卷》的编纂特色

### 李 亭

　　《全清词》的编纂至今已经持续了三十年的时间,可谓凝聚了三代学人的心血。作为其阶段性成果,《全清词·雍乾卷》的出版无疑具有极为重要的意义。《全清词·雍乾卷》共十六册,六百一十余万字,收词人近千家,词作近四万首,这样的创作规模虽与顺康时期的盛况相比有所减弱,但从整个词史来看,仍然呈现出繁荣的景象。雍乾时期作为清词发展承前启后的重要转折期,此前未受到学界的充分关注,《雍乾卷》的出版不仅在文献上提供了重要支持,从而推动词学研究的不断扩展与深入,同时在清代大型古籍的整理与出版方面也提供了更多经验。翻览《雍乾卷》,我们可以强烈地感受到编纂者在整理过程中所倾注的心力,体现出对"全"字的追求与对学术规范的坚守。本文即拟从三个方面对《雍乾卷》的编纂特色予以讨论。

## 一、对词集各版本之间、词集与词选之间的细致校勘

　　首先是词集各版本之间的校勘。清代词人对于词集的刊刻,情况比较复杂。其一生中,往往多次刊刻,有时即使名称依旧,内容却可能有所不同。如张九钺的《秋篷词》二卷,有道光七年(1827)刻《陶园全集》本和咸丰元年(1851)刻《紫岘山人全集》本。前者为杨芳灿、刘嗣绾校订,收词二百一十二首;后者为张九钺从孙张家杙重刊本,收词二百一十四首。《湖南文学史》将这两种《秋篷词》误以为同一种:"张九钺是乾嘉时期作词较多的一人,著有《秋篷词》二卷,也名《紫岘山人诗余》,又名《陶园诗余》。"[①]而实际情况是,这两种《秋篷词》是互为补充的,收词各有

---

　　①　陈书良主编:《湖南文学史》,湖南教育出版社 2008 年版,第 365 页。

不同,且存在异文,尤其是词题与词注部分。在《雍乾卷》中,我们就可以清楚地看到这两种《秋篷词》收词的不同情况。又如厉鹗有《樊榭山房词二卷续集一卷集外词一卷》(乾隆刻本)、《秋林琴雅》(康熙六十一年刻本)。《雍乾卷》选择后出的乾隆刻本为底本,以康熙刻本对校后注出异文。《雍乾卷》尽可能地将清人词集的不同版本充分反映,择其后出者或收录更全者或校订更优者为底本,以他本出校,这种处理方式既尊重了作者的本意,又使读者可以同时看到不同刻本各自的面貌。

除了刻本本身可能存在多种版本的情况外,清人还往往有稿本和刻本同时存在的情况。一般来说,刻本作为定本,应该就足以反映作者的创作面貌了,而且即使有异文,也是作者有意做的删改。然而,《雍乾卷》仍然选择将稿本与刻本相异的内容体现出来,尤其是稿本中存在而刻本已经删除的部分,亦加以补入。这就体现出了"全"字,从而使读者,尤其是研究者,可以关注到词人创作的原生态、词作修改的细节等等。如焦循有《红薇翠竹词》(刻本)一卷、《仲轩词》(刻本)一卷,又有《里堂词集》(稿本)二卷。稿本《里堂词集》与《仲轩词》相较,不仅存在多处异文,而且可据补十五首词,既有作于旅途中的咏怀词,也有题画词、咏物词等,它们除了作为文本本身的研究价值外,为什么在刻本中被删去也是值得探讨的。类似的还有张惠言的《茗柯词》,《雍乾卷》使用了三种版本,分别是道光刻《张皋文笺易诠全集》本、道光十年(1830)刻《词选》本、稿本。这三个版本小有差异,稿本《茗柯词》较之另外两本要多出一首《沁园春·祝寿》,虽然后来被张惠言删去,但仍然是他创作的一部分。《雍乾卷》对这部分内容的体现可能在一定程度上有违作者的本意,然而对于研究者来说是十分必要的。

其次,词选与别集的对校也是《雍乾卷》在编纂方面用力颇深之处。清代词的选政十分发达,是清词复兴的重要表现。将词选和词别集对校,能够发现不少异文及词别集所未收之词作。这一方面可能是作者本人删改所致;另一方面,由于清代选家喜欢改词,部分异文也可能出自选家之手。《雍乾卷》通过仔细比勘,将这些异文以及词别集所未见之词作反映出来。如任曾贻有《矜秋阁词》(清钞五家词本)一卷,收词五十一首,《雍乾卷》将其与《国朝词综》、《昭代词选》等词选间的异文一一注出的同时,又据《昭代词选》补得三首,据《国朝词雅》补得一首,据《国朝词综》补得七首,[①]从而将任氏的创作风貌完整地展现了出来。类似的情况还有很多,如仇梦岩的《贻轩词集》、费融的《红蕉山馆集》、韦佩金的《夜雨珠帘词》与

---

① 《全清词·雍乾卷》第六册,南京大学出版社2012年版,第3328-3343页。

《国朝词综补》之间的异文,李澧的《意香阁词》、杨芳灿的《芙蓉山馆词钞》与《国朝词雅》之间的异文,孙云鹤的《听雨楼词》、汪孟𨱏的《振绮堂诗存》附词与《国朝词综续编》之间的异文,等等。又如被后世推为一代儒宗的钱大昕并无词集存世,《雍乾卷》除据汪棣《春华阁词》收其入都前写予友人的留别之作外,又据《昭代词选》、《国朝词综二集》补得两首,分别为《桂枝香·蟹》、《齐天乐·蝉》,①虽然数量不多,却也可一窥其词作风貌。沈德潜有《归愚诗余》一卷,《雍乾卷》又据《昭代词选》补得其词一首。② 可以想见,以词选补别集这项工作是十分耗时耗力的,需要进行大量繁琐而细致的排查工作,这体现出编纂者在文献整理上的严谨与细致。

## 二、以审慎的态度修正讹误

清人作词,虽然渐渐有尊体的意识,但是具体到每个作家个体,创作态度又不尽一样,有时会出现一些明显的错误。《雍乾卷》在处理这些错误时是十分审慎的,做到了不臆断,不擅改,改有所据。一般来说,这些错误大致有以下几种。

第一,词调错误。南宋之后,词乐失传,词韵声律之学渐起。至清代顺康之际,先后出现万树的《词律》和官方纂修的《钦定词谱》,词体规范进一步得到确立,词人们按调填词,本应无太大问题。但是在具体的创作中,词人并不一定时刻拿着律谱,如果仅仅从记忆出发,则一时错记而张冠李戴的情形就可能出现。《雍乾卷》在处理这类问题时,会根据《词律》和《钦定词谱》判定其误,改为正确调名后以案语形式将原调名注出。如《长相思》之误为《菩萨蛮》,《荷叶杯》之误为《桐叶杯》,《蝶恋花》之误为《渔家傲》,《采桑子》之误为《浣溪沙》,《锦帐春》之误为《锦堂春》,《青玉案》之误为《菩萨蛮》,《瑞龙吟》之误为《瑞楼吟》,《高阳台》之误为《台城路》,《水调歌头》之误为《洞仙歌》,《念奴娇》之误为《满江红》,等等。又如孙云鹤有《梅子黄时雨·立夏前一日》③一阕,《梅子黄时雨》为张炎自度曲,与此调不合,按律应为《青玉案》,词人盖特取宋人贺铸《青玉案》(凌波不过横塘路)之末句"一川烟雨,满城风絮,梅子黄时雨"为调名,与张炎自度曲并无关系。《雍乾卷》于此处则保留原调名,在案语中注出正确调名及作者改调名之原由。还有词调原缺的

---

① 《全清词·雍乾卷》第八册,南京大学出版社 2012 年版,第 4456-4458 页。
② 《全清词·雍乾卷》第五册,南京大学出版社 2012 年版,第 2617 页。
③ 《全清词·雍乾卷》第十五册,南京大学出版社 2012 年版,第 8337 页。

情况,《雍乾卷》会根据《词律》、《钦定词谱》补出调名。如熊荣有《满江红》五阕①,调名原缺,据文意点断,再结合词谱,方能推断出其正确调名。以上所列尚属于较易于确认正确词调的情况。有时遇到生僻的词调,仅根据字数和断句,仍然难以确认正确调名,这时《雍乾卷》的处理就显得十分审慎。如汪士通有《月当厅·纳凉》一首,双调四十二字,《钦定词谱》、《词律》均认为《月当厅》为史达祖自度曲,"惟梅溪有此一调,他无可考"②,双调一百一字,明显不合。然而又无法确认其正确调名,因出案语曰:"案据词律此调非《月当厅》,其体近《归国遥》。"③

第二,字句之讹脱衍倒。《雍乾卷》中还根据词律发现了许多原刻中存在的脱字、衍字、误倒、漏句等情况。如王昙《念奴娇》(美人如许)下阕末句云:"王郎休也,百年惟有如此。"④"如此"原作"如如",全词通押纸韵,"如"字显然不韵。屠元淳《浪淘沙·望梅》下阕第三句"斜阳里细淘沙"⑤,根据词律,并结合文意可以确认此处脱一字。李饮冰《转应曲·感秋》下阕:"覆背还惊露稠。稠露。稠露。寒织蚕丝锦拾。"⑥"稠露。稠露"原作"露稠。露稠",据词律可知此处明显误倒。类似这些情况,《雍乾卷》中所在多有,编纂者均逐一根据词律并参考文意进行了谨严的订正。

第三,集句词中原作者有误。顺康年间,朱彝尊创浙西一派,通过推姜、张为圭臬而形成词坛创作"家白石而户玉田"的盛况,影响可谓深广,他还专门创作有集句词集《蕃锦集》,在一定程度上促进了集句词创作在顺康以及雍乾时期的流行。雍乾年间以陈朗的《六铢词》最为特别,有别于朱彝尊《蕃锦集》的集唐,《六铢词》二卷一百三十六阕词均为集汉魏六朝句而成,"较竹垞集唐,尤为因难见巧"⑦。此外,王沼也专门写有《分秀阁集句诗余》,杨抡有集唐词四十阕,偶尔为之的游戏之作则更多。然而在这类作品中,也存在仅凭记忆、随意写作的现象。当然,有的也可能是所依据的来源有所不同。在这类问题的处理上,《雍乾卷》都根据权威版本,给出了正确的出处。如戴澈的《澈道人词存》收其八首集句词,但出现了十处

① 《全清词·雍乾卷》第六册,南京大学出版社 2012 年版,第 3579 - 3580 页。
② 万树:《词律》卷十七,上海古籍出版社 1984 年版,第 375 页。
③ 《全清词·雍乾卷》第四册,南京大学出版社 2012 年版,第 1973 页
④ 《全清词·雍乾卷》第十四册,南京大学出版社 2012 年版,第 8035 页。
⑤ 《全清词·雍乾卷》第十五册,南京大学出版社 2012 年版,第 8621 页。
⑥ 《全清词·雍乾卷》第七册,南京大学出版社 2012 年版,第 3967 页。
⑦ 毛大瀛:《戏鸥居词话》"陈朗六铢词"条,唐圭璋编:《词话丛编》,中华书局 1986 年版,第 1589 页。

作者错误,另有九处诗文与《全唐诗》有异。

## 三、尽力完善作品面貌的呈现

由于清人作词时有时在一定程度上具有随意性,又或者由于流传过程中所造成的版本本身的缺失,某些作品会不够完善,需要在整理过程中格外加以注意,补充完整。《雍乾卷》的整理者在这方面做了许多细致入微的工作,这也是《全清词》之"全"的又一重要体现。

第一,缺失词题者。有些词作在该词人的别集中仅见词牌而未见词题,《雍乾卷》通过查核词选将其补出。如杨芳灿的《念奴娇·雨窗,明日立夏,漫赋》在其《芙蓉山馆词钞》中词题原缺,《雍乾卷》据《国朝词综二集》补得。① 又有并无词别集之词人,据词选收得其词若干,其中缺失词题之作则又据其他词选另做补辑。如金蓉的《迈陂塘·邗江南归留别》据《梅里词绪》收,未见词题,《雍乾卷》据《国朝词综补》补。② 还有一种情况属于省去词题者,主要见于同题共作的唱和词中。如汪棣的《春华阁词》收录了史承谦、马曰璐、陈撰、符曾、闵华、陈皋、张四科、江昱、赵文哲、储国钧等一批词人与之唱和的词作,其中有许多都是这些词人仅存于世的零章散作,而赵文哲、江昱等有词别集刊刻者亦有未及收录之作,在整理过程中需要将这些词作归入各词人名下,而词题仅见于《春华阁词》中原唱者的词调之下,这就造成了词题的缺失。《雍乾卷》在处理这类情况时,均将词题一一拟出,附于各人词作之中,从而使读者得以了解这些词作的创作背景,也使得这些词作具备了完整性。

第二,有些特定的词调,调中有叠句,在刊刻时,稍不注意,极可能造成缺漏,因此需要根据具体情况,查核词谱,予以弥补。如王贞仪《秦楼月·自秦州至张夏镇作》上片:"东风峭。一车轧轧长安道。长安道。亘天青岳,云对岳峤。"③第三句"长安道"原缺,据词谱补。

当然,虽然取得了上述成绩,《雍乾卷》的编纂还是会有一些遗珠之憾。毕竟面对浩如烟海的清代文献,想要搜罗齐备、编纂完善是十分困难的。这方面的工

---

① 《全清词·雍乾卷》第十三册,南京大学出版社 2012 年版,第 7384 页。
② 《全清词·雍乾卷》第十六册,南京大学出版社 2012 年版,第 8910 页。
③ 《全清词·雍乾卷》第十五册,南京大学出版社 2012 年版,第 8504 页。

作也仍然可以继续做下去。值得一提的是,我们已经看到《雍乾卷》在利用词人别集、各类词选之外,还能留心于其他许多相关文献,包括诗话、词话、相关论文等。①如作为清诗大家的袁枚,学界向以为其无词,《雍乾卷》据《随园诗话》及《文学遗产》2008 年第 6 期所收《袁枚书法作品中的集外诗词九首考释》一文辑得两首②,这是颇为难得的。

众所周知,古籍整理尤其是大型古籍整理必须投入很多人的很多精力,而成果的产生需要很长时间,整理古籍需要耐得住寂寞,更需要对学术规范的坚守。我们看到,《雍乾卷》的编纂正充分体现了整理者严谨的态度与周密的思考,对"全"的追求处处可见,体现了极高的水准,在许多方面对清代大型古籍整理都有很大的启发作用。

(原载《文学评论丛刊》2013 年第 1 期)

---

① 据诗话、词话收词者尚有:据《松花庵诗话》收得吴镇词一首(《全清词·雍乾卷》第二册,第 1105 页),据《听秋声馆词话》辑得张朱梅词二首(《全清词·雍乾卷》第五册,第 2756 页),据《灵芬馆词话》辑得汪玉轸词三首(《全清词·雍乾卷》第九册,第 5113 页),等等。

② 《全清词·雍乾卷》第七册,南京大学出版社 2012 年版,第 3822 页。

# 图书评论应当重视对书籍装帧艺术的整体评价

杨小民

图书是精神和物质、内容和形式的综合体。图书的形式因素即为书籍的装帧设计艺术（以下简称"书装艺术"），它的内容应当包括：封面、封底、书脊、环衬、扉页、字体、字号、插图、版式、护封等。书装艺术作为图书的重要组成部分，顺理成章地应成为书评文章中不可或缺的评论对象。然而，在当前报刊上大量刊登的书评文章中，谈及这一方面的极为少见。这种情况如果继续存在和发展下去，势必会对中国出版物综合水平的提高产生不良的影响。

图书出版事业是人类的思维活动和精神成果与科学技术相结合的一项系统工程。而书装艺术则渗透着"出版人"的思维活动和印刷科技水平两个因素。编辑（美术编辑和文字编辑）人员的艺术构思，通过印刷工艺的精心制作，与图书的内容达到协调一致，才形成一本精美的形神俱佳的图书。

如今，我国的一些出版社对图书的装帧设计重视不够，这既成为书评作者忽视书装艺术评论的一个潜因，也人为地造成了对书装艺术粗糙现象的不合理的宽容。

书评工作者本身的观念的局限，是导致书评活动中忽视对书装艺术作出评价的另一个重要因素。

书评不同于文艺评论。文艺评论是对文艺作品进行的学术界定。当前，书评文章中有种不良倾向——书评朝文艺评论方向发展。这就违背了书评的宗旨，降低了书评本身的价值。众所周知，图书是内容与形式的综合体。仅仅注意图书的框架结构和内容主题，而忽略了外在形式因素，这种评论方式是不完整的，也是不科学的。所以，书评人员应调整自己的书评观念，把书的内容与形式因素放到同等重要的地位（不否认因文而有主次之分），进行综合评论。唯其如此，一篇完整而优秀的书评，才能使出版者、著作者、编辑者和读者多方面获益。

高斯先生在《出版审美论》（1994年版）中说："图书的装帧设计，不仅为图书穿上一套美观的外衣，而且应该使图书的形式通过艺术构思、艺术手法而和内容统一起来，反映出图书内容的美，反映出图书所蕴含的生命力的美。""一部图书的装帧设计，其审美价值虽然只属于个体，但个体的积累，却可以造成一个历史时期的出版事业的审美价值。"这些论述充分说明，装帧设计对于图书，除了形式美方面有其重要意义和作用外，更有在提高图书整体质量上的重要意义和重要作用。1959年，我国举办了"第一届全国书籍装帧插图展览"，这既是对我国书装艺术成就的肯定，同时也体现了出版界和美术界对书装艺术的重视。

从另一方面来讲，从接到设计通知到打样付印，书装艺术设计者们的思维劳动的强度和艰苦性，不亚于文字工作者，他们的劳动也应该得到足够的评价。

再者，图书的形式美在当今社会更是市场营销不可忽视的因素。装帧设计具有独特的艺术价值，同时也起着一种以艺术形式宣示图书内容的直观作用。图书进入流通领域，这种宣示即发挥了一种无可替代的引导读者的作用，既给读者以美的鉴赏和启发，又激发了读者阅读的兴趣和购买的动机。这种社会价值超出了装帧设计艺术价值本身的范围，而对整个图书市场起着不可忽视的调摄作用。

当今世界，在图书出版领域，已形成三种以书装艺术风格促销的流派：英国以庄重、豪华、大方为特征；日本为首的东方文化风格，以和谐、含蓄、抒情见长；美国的现代派风格，以感官刺激为特征。这三者在图书营销上各有成效，在读者圈内有着广泛而深远的影响。哪一类图书应该采取何种风格，所谓"量体裁衣"，因书制宜，虽然是编辑工作者所应考虑的，也是书评工作者进行评论的依据。

（原载于《大学出版》1996年第3期）

# 我国近现代书籍装帧设计的发展与演变

朱 兰

书籍装帧设计基于其"小学"的学科属性而鲜有人谈论体积这一概念系统。现代出版业的逐步成熟以及出版市场的进一步灵活运营,从而促进了专业装帧设计的个体人才和人才队伍的不断涌现和成熟,这一概念和职业也开始逐步为世人熟识,而这又反过来促进了出版业的整体发展。作为一门独立的艺术学科,书籍装帧设计已经逐渐显现出了对它的学习和研究的价值和意义,在现代科学与文化语境下被提了出来并得到全社会和理论界的肯定。而大量的实践现实证明,书籍装帧设计实实在在为文化产业的发展乃至整个社会文明进步都提供了强大的动力。

## 一、"五四"时期的书籍装帧设计发展演变

中国的近现代是一个逐步进入全球化进程的历史。伴随西方印刷术的"东渐"引入,西方的工业化印刷代替了我国传统的雕版印刷,因此以工业技术为基础的装订工艺产生了,同时还催生出了精装本和平装本,装帧方法也由此发生了结构层次上的变化,封面、封底、版权页、扉页、环衬、护封、正页、目录页等等,统统构成书籍设计的全新的重要元素。

而中国现代的书籍设计也仅仅是百年区间内受西方世界的影响,却发生了翻天覆地的变化。五四运动冲破了闭关锁国的文化政策,自此西方装帧设计理念和技术进入中国古老的文化社会。诞生于"五四"前后的出版物,书籍装帧设计无论从理念还是技术上都实现了与新文化革命的同步效应,共同进入一个全新的历史纪元。而这里不可回避地要谈到鲁迅先生。鲁迅先生作为中国现代文坛巨匠,不

仅在中国现代思想界具有里程碑式的意义,同时在书籍装帧设计工艺方面也起到了难以企及的先锋作用。鲁迅先生事必躬亲,自己动手,亲自设计了数十种书刊封面,同时还鼓励指导了一批青年艺术家悉心钻研、大胆创作,同时还促进了理论创新方面的建树。对待设计封面这一工作,鲁迅先生自开始起就表现出了吸收外来文化影响的开放态度,同时还能够保持对民族文化传统的继承。而且鲁迅先生在封面设计中对图解式的创作方法旗帜鲜明地表现出了反对意见,他请陶元庆设计《坟》的封面时说:"我的意见是只要和《坟》的意义绝无关系的装饰就好。"另外他在一封信中又说:"璇卿兄如作书面,不妨毫不切题,自行挥洒也。"①鲁迅先生的这些想法集中表现为强调书籍装帧作为一门绘画艺术的独立性及其对文学作品有限的依赖性,从而主张这一设计行为所赖以生存的装饰功能,因此对于它所装饰的书籍内容不必勉强配合,这对于几十年后的现当代出版设计理念来说也是超前而适用的,却历来是容易忽略的所在。鲁迅先生还对传统的过挤过满的书版格式持反对意见,认为排版的高密度而一点空间不留,是一种设计上的弊病,需要改正。而长期以来,出于对纸张的节约的片面强调性思路,书籍逐步被当作一种类似"工业化"生产的产品而非艺术品来看待,成为现代工业化时代书籍装帧设计艺术的非独立性的硬伤。反而是处于几十年前新文学革命的开放时代,各路设计家和学者百无禁忌,各领风骚,推动了书籍装帧设计工艺的新发展。除了鲁迅先生之外,很多学者、书画家也都不同程度地对书籍装帧设计工艺提出了自己的创新性贡献。陈之佛先生从给《东方杂志》、《小说月报》、《文学》设计封面起,到为天马书店做装帧设计,坚持采用近代几何图案和古典工艺图案设计,形成了独特的艺术风格。丰子恺先生以漫画制作封面堪称首创,而且坚持到底,影响深远。而钱君匋先生认为,书籍装帧的现代化是不可避免的。他个人便运用过各种主义、各种流派的创作方法,但他始终没有忘装帧设计中的民族化方向。

## 二、抗日战争乃至新中国成立后的书籍装帧设计发展演变

抗日战争爆发之后,伴随战争形势的综合复杂性变化,全国形成了日伪区、解放区和国统区三大地域,每个区域有着截然不同的社会政治经济条件,但是在印刷条件上都一致的艰难短缺,而当时的解放区由于长期被国民党和日伪严密封锁

---

① 芦扬、蔡婉云:《浅谈书籍装帧设计在中国的发展》,《科教新报(教育科研)》2011 年第 8 期。

而成为条件最艰苦的区域。解放区的出版物，很多甚至出现了一本书由几种杂色纸张印刷而成，创造了出版史上的一个奇葩。而同样处于大西南的国统区没有条件以铜版、锌版来印制封面，印书也是靠土纸，而只好依靠画家木刻、自绘，或者由刻字工人刻成木版上机印刷。印出来的成品反而有一种原拓套色木刻的效果，朴素而原始的美感反而成了一种特色。相对来说，日据区域的条件相对好一些，然而太平洋战争到日本投降这一期间，由于战争形势所造成的物资奇缺，北京、上海也只能用土纸印书，白报纸印刷已经成为一种罕见的奢侈品。而抗日战争胜利到新中国建立以前的解放战争时期，书籍装帧设计工艺又迎来了一个硕果累累的收获期，以丁聪、钱君匋、曹辛之等人的成就最为明显。老画家叶浅予、张光宇、黄永玉、池宁等也有创作。曹辛之以隽逸典雅的抒情风格吸引了读者，而丁聪的装饰画则是以人物见长。1949 年以后，出版事业的飞跃发展和印刷工艺、装帧技术的进步，为书籍装帧艺术的发展和提高开拓了广阔的前景。而自此，我国的书籍装帧艺术开启了异彩纷呈、多元风格并存的格局。而书籍装帧设计工艺在"十年文革"期间遭到了大举破坏，"一片红"成了当时的主要形式。

总之，作为书籍造型设计的一种艺术化体现，书籍装帧设计工艺经历了中国古代和近现代，直至当代的发展历程，在继承了中华传统印刷术和书画艺术为核心的装帧艺术理念的同时，在近现代又合理地吸取了西方先进的印刷技术和工艺理念，形成了中西合璧的书籍造型艺术生态。

［原载于《现代装饰》（理论）2011 年第 9 期］

**参考文献**

[1] 孙彤辉.书装设计[M].上海：上海人民美术出版社，2004.

[2] 陈茉.浅析建国初期书籍装帧设计民族化风格的形成[J].大众文艺：学术版，2011(16).

[3] 芦扬，蔡婉云.浅谈书籍装帧设计在中国的发展[J].科教新报(教育科研)，2011(8).

# 关于建立会计人员管理中心的思考

王　栋

2000 年 7 月 1 日实施的新《会计法》,是我国会计工作建设道路上的新里程碑。从《会计法》的具体内容可以看出,其要旨是解决会计信息失真问题,规范会计行为,明确会计责任主体、责任层次和各自相应承担的法律责任。会计管理工作体制必须适应我国社会主义市场经济体制和法人治理结构运行与发展的要求。从我国国情出发,要认真、严格地执行《会计法》,整顿会计秩序,规范会计行为,应先从理顺会计人员管理模式方面寻找突破口,从而使会计工作在市场经济中能充分发挥其应有的作用和职能。

## 一、现行会计人员管理中存在的主要问题

单位会计人员与外部会计环境缺乏沟通。随着经济的发展,企业之间的商业竞争愈来愈激烈。由于商业机密的存在,企业之间的会计人员很少沟通,以前的相互学习取经、相互检查已极少见到;很多企业特别是中小企业的会计工作处于封闭或半封闭状态,不少会计人员对财务会计法律、法规、准则一知半解,不了解先进的会计工作经验,不了解会计发展的新动向,也很难得到政府部门有关会计管理的指导和服务。

第一,会计管理所涵盖的范围不完整。有一些重要的管理内容未能按照规范的程序进行实际管理。比如,会计法明确规定对坚持原则、忠于职守的会计人员予以保护,对违法违纪的予以严惩。而现实情况中,会计人员因履行职责而遭受打击报复的投诉事件或会计人员的违法违纪行为,往往因缺乏规范的处理程序,都不了了之,有法难依,使人难以信服。

第二，会计管理没有形成系统性。各项管理内容相对独立，自成体系，如会计证管理、会计人员继续教育等，缺乏信息的共享和制约，削弱了管理的总体效能。

第三，会计管理体制不适应市场经济的迅速发展。由于改革的深化，投资主体的多元化，受市场支配的会计人员流动机制正在形成，而从事会计工作的人员面广量大，且企业分散，涉及行业多，光靠财政部门目前的力量来管理，难度很大。

以上问题，都急需有一个相对独立的社会性管理机构，如会计人员管理中心，对会计人员进行专门管理，提供指导和服务。

## 二、建立会计人员管理中心的具体思路

建立会计人员管理中心的目的是要逐步建立起一个能有效保护会计人员合法权益，为行业自律、行业监管服务，激励会计人员自我完善，保障会计信息真实、可靠和社会经济活动规范化运作的机构。具体包括以下几方面。

第一，依法制定具体管理办法。明确会计人员管理中心的职能和管理权限；根据上一级财政部门有关规定，规范管理会计人员有关法律问题的处理，为企事业会计工作创造良好的环境。

第二，组建会计人员管理中心，由政府牵头，以财税部门熟悉业务同志为骨干，为会计人员提供全方位的指导、监管和服务。

第三，会计人员管理中心作为政府授权行使对本地区会计人员实施管理的机构，所有持证会计人员不分行业和所有制，应按就业单位税务登记属地向本地区会计人员管理中心登记注册，实行会计人员从业资格的社会化管理。

会计人员管理中心管理的具体内容包括以下内容。

（1）会计从业人员资格审查。对符合条件并持有会计证的从业人员，确认其会计从业资格；对新从业者，审核、确认和发放会计从业资格证书。所有会计从业人员都必须持证上岗。

（2）组织实施会计人员资格年检和综合评价。内容包括职务、岗位变化、奖罚、继续教育、学术论文等。

（3）受理会计人员投诉。受理与会计人员履行职责有关的权益损害事件，做好会计人员的"后台"，为正直的会计人员撑腰，维护他们的声誉和应得的权益，把中心办成会计人员的大家庭，使会计人员能依法行使职权，在企业的经营活动中

真正发挥反映、监督、参谋的作用。

（4）为提高会计人员的职业道德水平、业务能力和从业质量提供服务。如：组织实施会计人员继续教育和业务培训；组织会计从业资格证书统一考试，提供培训辅导；组织会计电算化知识的培训、辅导和考试；组织实施会计专业技术职称考试，提供培训辅导；根据财政部门要求，开展会计制度、法规、准则等学习宣传活动及进行社会调研、课题研究等等。

（5）对违法违纪的会计人员，除按规定提出处罚建议报财政部门外，将违法违纪的情况进行公告，并输入会计人员信息库。

# 三、会计人员管理中心框架

（1）理事会。中心的最高领导部门，配备专、兼职的相关职位，对中心重大事项进行讨论、表决，并对会计人员的申诉事项作出最高裁决。

（2）资格审查和注册登记部。负责会计人员从业资格审查、发证和年检工作。

（3）考试部。负责会计证和会计专业技术资格以及可能延伸的其他考试工作。

（4）培训部。负责会计专业技术资格考试的辅导，组织会计法规及准则、制度的宣传、辅导，开展会计人员的继续教育及会计电算化培训工作。

（5）法律服务部。负责保障会计人员权益的协调和法律诉讼。

（6）仲裁部。接受会员申诉及对会计人员违法违纪事件的投诉和举报，开展调查取证。根据管理中心章程和纪律规定，对会计人员的违法违纪行为作出处罚建议报财政部门 。

会计人员管理中心的基础工作包括以下两点。

首先，做到所有会计人员的基本情况进入信息系统。这项工作可分两个阶段完成：第一阶段是将原会计人员信息库翻版成会计人员管理中心的信息库；第二阶段是将漏登的会计证持证人员及以后的新增人员，在向中心申请注册时，输入信息库。

其次是利用信息库对进入中心的会计人员实行动态管理。为此，需做好三方面的工作：一是信息内容完整。会计人员注册信息采用 IC 卡，内容包括姓名、会员号、身份证、工作变化情况、继续教育情况、奖惩情况等。二是信息记录及时。

年检时，会计人员需填写情况登记表，对变动情况作特别说明。三是信息管理规范。会计人员跨区、县、省调动，需办理转会或重新登记。

## 四、会计人员管理中心的制度建设

严格和规范是中心的命脉。为此，必须强化管理赖以实施的各项制度。

（1）制定会计人员注册登记制度。规定注册登记的条件、申请的程序和手续、申请材料的要求等。

（2）制定会计人员年检制度。规定年检的时间、内容及达标要求，对不同职务（职称）的会计人员在年检内容上可提出不同的要求，还要规定对年检未通过的政策等。

（3）制定违法违纪会计人员处罚办法。处罚等级可分为继续参加业务知识学习、警告、暂停从业和取消会计人员从业资格等。

（4）据《继续教育试行办法》制定会计人员继续教育课程和实施方案，界定中心同培训学校的关系，拓宽会计人员接受继续教育的形式。

（5）制定中心经费管理办法。中心的经费主要来源于财政拨款和收取会计人员的年检费、办证费、培训费等。

（6）制定保护会计人员权益办法。为会计人员提供就职服务，向会员及社会提供专业咨询服务等。

（原载于《中国科技信息杂志》2006 年第 5 期）

# 会计电算化在出版社的实践

王向民

目前,计算机在会计领域已得到广泛的运用和发展。在出版行业中,会计电算化起步较慢。但由于其优越性日益显著并为人们所理解,目前已有较多出版社的会计工作加快其电算化的步伐。我社自成立以来,业务不断拓展,经济信息量逐渐扩大。随着图书市场竞争日趋激烈,实现会计电算化已成为当务之急,它也是我们财会人员的迫切要求。早在 1992 年我们就到北京等地对财务软件进行调查了解,选择了适用于出版行业的财务软件,在软件安装运行前作了大量的准备工作。1994 年上半年软件正式运行,经过半年多微机与手工双轨并行,使用情况良好。1994 年 10 月完全甩掉了手工账。下面对有关情况作简要介绍。

## 一、出版社的财务管理信息系统

### (一) 系统的组成

我社的财务管理信息系统分资金、成本、材料、销售、出纳、审核六个节点和一个主信息库。各节点除公共账务处理部分,还有各自的特殊业务。如资金节点的固定资产核算、工资管理、利润核算等业务,出纳节点的银行对账业务等。主信息库即图书管理系统储存图书的发稿单、发印单,是全社共享的信息库。

### (二) 系统的主要功能

#### 1. 账务系统的功能

(1) 凭证制作:可根据原始单据直接上机做凭证。制作过程中附有帮助提示功能,随时调出摘要、科目、单位等名称与编码,并可查往来账。系统还提供了多种凭证的制作方法,如普通凭证、成本结算凭证、印单凭证等。其中印单凭证只需输入每本书的纸张名称、规格、用量,系统便自动生成记账凭证,并打印出"输入印单明细表"。凡涉及增值税的业务,系统会自动提示是否交增值税和税率,并计算出实际价格,生成价税分流凭证。

(2) 凭证审核:审核各工作站制作的记账凭证,若发现问题可退给制单人修改。

(3) 出纳收付:对审核通过的涉及银行现金业务的凭证,由出纳节点做收付处理。

(4) 记账:将审核出纳通过的凭证,记入各工作站账本中。

(5) 结账:结出本期余额并自动转入下期。

**2. 核算系统的功能**

(1) 成本核算:系统自动完成直接成本的归集,并完成编录经费、共同费等间接成本的分配及自动结转产成品。

(2) 材料核算:系统能自动完成材料实际平均价格的计算。若采用计划价格,系统可自动计算材料成本差异。

(3) 销售核算:系统自动进行销售成本、销售收入、销售税金、销售利润的核算。

(4) 固定资产核算:每期期末,系统自动按每件固定资产设备计算本期折旧额,并打印本期固定资产折旧报表。

**3. 通用制表**

系统可根据定义从账本、报表及数据库中自动提取数据,生成各种财务报表。

**4. 审核系统的功能**

审核全部凭证,控制系统初始化,控制系统清账、结账及总账。

**(三) 系统的管理维护**

**1. 数据维护**

为防止系统发生故障,使账簿数据丢失,指定一名财务人员为系统管理员,每天进行数据备份,并建立工作日记,记录每天开关机时间及软件运行情况等。

**2. 财务档案管理**

主要账簿每月打印并装订成册统一保管,一方面保留了财务人员的习惯做法,另一方面也比较安全。另外,以备份形式储存在软盘上的账簿数据文件,也视同会计档案由专人归档保存。

此外，我们还建立了财务软件运行的规章制度，对上机人员、软件运行作了一系列的规定。

## 二、出版社会计电算化促进会计工作质量全面提高

会计电算化实现了财务管理的现代化、科学化，给会计工作带来了质的飞跃。我们在实际工作中对此感触颇深。

首先，电算化减轻了财会人员的劳动强度，提高了工作效率，使会计信息得到及时、准确的反映。会计是一个复杂的信息系统，平时信息的收集（凭证制作）、信息归类记总（记账）、信息的整理输出（结账、有关报表的制作完成）是一个复杂的过程，需要投入相当大的人力。就成本管理而言，出版业不同于一般的工业企业，其产品是书籍。出版社每年有几百种图书出版，成本要核算到每本书。而图书出版周期长，长期积累下来，成本账就有近千张卡片。日常记账、结账、对账，工作量之大不言而喻。计算机以其处理信息的准确性和快速性，在这一点上显示出无与伦比的优越性。除凭证随机输入外，过账、对账、结账等工作都由计算机自动完成，并能通过数据传递自动进行各类报表的汇总。在手工情况下，需要几十天才能完成的工作，计算机只要几分钟，从而大大提高了工作效率。另外，间接费用的分摊和生产成本的结转亦由计算机每月自动处理，改变了过去因人力不足按季度分摊结转的办法。会计数据能得到及时、准确、完整的提供，从而充分满足了出版企业内部经营管理的需要。

其次，电算化强化了会计职能，推动了出版社的经营管理，促进了财会人员素质的提高。会计电算化减轻了工作强度，使财会人员有足够的时间和精力对财务数据进行分析和研究，加强对各项经济业务的监督和控制，通过财务分析掌握一定时期有关数据的动态变化，从财务角度预测分析图书市场行情和发展方向，为提高出版社经济效益服务。会计电算化促进了财务管理工作，财会人员由以往单纯反映财务情况转向参与社内经营决策。1994年度由于财务人员的积极参与和学习交流，我社首家建立了税务代理制度，使税收管理工作有了明显改善。另外，我们还加强了与银行、校产办、财务处和审计处的联系，相互建立良好的工作关系，日常工作中得到了一定的关心和支持。凡此，都有赖于计算机快速运算的功能。正因为会计电算化对财会人员提出了新的要求，财会人员必须具备电脑基础

知识和操作技能,才能胜任本职工作;并要求财会人员在实际工作中不断探索研究,对软件提出意见和建议,使会计电算化趋于成熟和日臻完善。所有这一切都促使我社财会人员进一步提高业务水平和自身素质,更好地发挥自己在工作中的才干。

最后,电算化促进了会计工作规范化,提高了会计工作质量。财务软件的研制是建立在严谨的财务系统分析之上,它的运行严格按照会计核算的要求和程序,具有严格的规范性,会计电算化克服了手工操作的主观性和随意性,也避免了记账时手工操作带来的失误,诸如:串户、漏记、重记及借贷方向有误等。最后形成的凭证、报表都能达到及时、准确的要求,不存在计算上的错误,外表也整洁美观,从而提高了会计工作的质量。

（原载于《上海会计》1996 年第 2 期）

数字化与
SHUZIHUAYU
XINMEITI 新媒体

# 复合出版与传统出版社数字化转型

左　健

数字出版是建立在计算机技术、通讯技术、网络技术、流媒体技术等高新技术基础上,融合传统出版内容而发展起来的新兴出版产业。它强调内容的数字化,生产模式和运作流程的数字化,传播载体的数字化和阅读消费、学习形态的数字化。数字出版在我国虽然起步较晚,但是发展很快,目前已经形成了网络图书、网络期刊、网络地图、网络教育、网络游戏、手机出版等新业态。新闻出版总署副署长孙寿山在 2009 年 7 月 7 日开幕的第三届中国数字出版博览会上说,2008 年,中国数字出版业整体收入达 530 亿元,同比增长 46%,预计 2009 年数字出版业收入将超过 750 亿元。[①] 但是,仔细分析以后可以发现:4 家技术平台商几乎占据了图书资源的数字化市场,4 家数据服务公司成为网络文献出版的主体,电信运营商、增值服务提供商主导着手机出版,民营网游厂商成为游戏出版的主力军。虽然 2008 年我国 578 家图书出版社中有 90% 开展了电子图书出版业务,出版电子图书 50 万种,发行总量超过 3 000 万册,收入为 3 亿元,[②] 但是这些收入只有极少的一部分返回出版社,出版社大多没有从数字出版中挖到金子,未获得与内容提供主体相称的收益。数字出版的浪潮不可阻挡,面对数字化技术带来的内容生产方式、运营模式、管理方式等革命性的变化,传统出版产业如何彰显自身的核心价值,迅速进行数字化转型,保持出版业的主体地位,值得每一个出版人深思。本文认为,复合出版模式是传统出版社从事数字出版的可行之路。复合出版将传统出版与数字出版融于一体,重建传统出版社的主体地位,体现其"内容为王"的核心

---

① 《我国数字出版业 2008 年收入 530 亿元》,http://tech.sina.com.cn/it/2009 - 07 - 07/11163241555.shtml,2009 年 12 月 13 日。

② 《柳斌杰在法兰克福国际出版高层论坛上作主题演讲》,http://www.bookb2b.com/news/detail.php? id=9832,2009 年 12 月 11 日。

价值。通过复合出版,出版社积累的丰富出版资源将会变成一笔巨大的财富,出版社的主导权得以保证,品牌优势将在新的平台上得以延续。

## 一、复合出版的含义

"复合出版"是在"双轨出版"、"跨媒体出版"等概念基础上发展起来的,三者的技术基础都是 XML 技术。最早出现的是双轨出版系统,它主要在国外流行。它采用 XML 语言编写内容,以 XSL 方式设计输出样式,将 XML 语言处理结果进行排版印刷处理。同一文件可产生两种产品,而且先有数字版,后有印刷版。当前 Word 软件也可输出 XML 版本。

在跨媒体出版系统中,出版物的内容与其展现形式分离,只在展现时才同格式结合。精选的内容经一次编辑加工后,就可根据需要在各种各样媒体终端(包括手机)上,自动按适当的格式和版式展现给读者。跨媒体出版更加强调,出版资源在一次制作后能够在多种媒体上同时发布。例如,一条新闻在一次加工后,能够在传统报纸、网络、手机报等媒体上同时发布,其内容的报道深度和方式可能不尽相同,传统报纸可包括该新闻的照片,网络版除包含纸质版内容外,还可包括音频、视频,手机版的新闻可能非常简洁。复合出版除了包括跨媒体出版"内容与形式分离"的特点,还重点强调"内容与内容之间的关联",其实质可以概括为"一份内容、结构化加工、分层次表达、全媒体发布、按需服务"。形象地说,复合出版就是要实现内容资源的"一鱼多吃"。其中,"结构化处理"是基础,"分层次表达"是功能,"全媒体发布"是形式,"按需服务"是目的。

"复合出版系统"在接受内容时,首先对内容进行结构化处理。例如,对每一知识单元,如人名、地名、标题、段落、图片、音频、视频、引文等进行标识,部分单元的结构化可由机器自动处理。结构化处理的结果可产生书目数据库、文摘数据库、索引数据库、引文数据库等。深度标引将有效提高出版物的检索效率。结构化处理的主要技术是 XML 语言。XML 语言作为知识管理的通用标记语言,与 XSL 样式技术或其他知识管理技术结合后,可快速实现"分层次表达"和"全媒体发布"。例如,一本综合性的英汉双语词典在经过结构化处理后,可自动生成不同版式的北大方正排版文件,从而能以各种开本和版式印刷输出;可生成带音频、视频的网络版;可生成小型的简明 PDA 版;可生成中等规模的学生词典,如四、六级学习词典;可生成特色词典,如英英词典、动词词典、名词词典、同反义词词典、搭配词典等;甚至可生成汉英词典的母本供加工。

通过这种"分层次表达"和"全媒体发布",复合出版也就实现了"按需服务"。出版社可根据市场需求主动快速地推出特色产品,读者也可根据自身需要搭配"零件",并选择输出方式,实现个性定制。因此,复合出版实现了不同记录方式(如文字、图形、影像、语言、音乐等)的复合和不同载体(如纸张、光盘、磁盘、IC 卡)的复合,还实现了不种媒体形态(如书、报、刊、音像出版物)和不同显示终端(电脑屏、手机屏、电子纸、纸页)的复合。复合出版强调知识管理和知识复用,突显服务宗旨,是比跨媒体出版更高层次的出版模式,复合出版将带来出版的革命性变革,大大提高了知识传播的效率。

## 二、当前传统出版社数字化转型中的困境

广义的数字出版指利用数字化技术从事的出版活动。它包括作品的数字化、编辑数字化、出版管理数字化、交易的数字化等。这些流程的数字化在当前传统出版业中都有所体现,如排版系统告别铅与火,ERP 系统代替手工记账,原创作品以电子文档交稿等。从某种角度来说,传统出版社处于知识传播链的上游,比其他行业提早进入数字化转型期。狭义的数字出版指利用数字化技术来创建、管理、传递数字内容。它要求所有的出版活动,包括读者的阅读或使用,都是二进制的。与广义数字出版不同的是,在狭义的数字出版中,从作者到读者的所有活动构成是一个数字闭环,在这个闭环中,没有物流。狭义的数字出版更强调新兴媒体的消费。由于读者阅读习惯等因素,传统纸媒将与新媒体在一段时间内共存并互补。近期,新媒体技术快速发展。例如,亚马逊的 Kindle 阅读器采用电子纸技术,更薄、更节能、更方便,近乎达到纸媒的阅读效果。2008 年前三个季度,该阅读器上的图书销售量超过纸媒和电脑电子书。[①] 未来,新媒体对纸媒的冲击将越来越大,传统出版社必须进行数字化转型。

当前,我国大多数传统出版社对数字出版已经从原先的观望变成被动的参与。从销售渠道反馈回来的信息让大多数出版社不敢再躺在纸媒的温床上无所

---

① 《亚马逊和索尼引爆 2008 电子书阅读器市场》,http://www.cbbr.com.cn/info_20402.htm,2009 年 12 月 23 日。

作为了。在电子书技术提供商的推动下,大多数出版社开始涉足电子书出版。但是,尽管近年来电子书的销售量翻倍增长,但是出版社没有看到数字出版的曙光,主要原因如下。

### (一) 产品问题

现有的电子书的显示终端主要是电脑显示器,尽管电子书可实现检索、笔记等功能,但其舒适性和方便性远不及纸媒。现有的电子书是纸媒的整体翻版,在功能上没有太多创新。另外,它在价格上没有优势,其价格一般也只是纸媒的1/3,而实际上应该更便宜。因此,真正需要某种图书的读者,一般还是选择纸媒。

### (二) 商业模式问题

当前,电子书采取数字版权保护技术(DRM),能够实现"按复本书销售",但是这种模式并不被普通读者接受。因此,当前的电子书销售主要采取的是 B2B 方式,技术供应商主要与图书馆进行交易。当图书馆的馆藏需求饱和时,电子书的销售将增长缓慢。这就是电子书市场在前几年井喷后不再红火的原因。

### (三) 产业链主体地位的边缘化

在现有的电子书产业链中,占主体地位的是电子书技术供应商。例如,在阿帕比(Apabi)电子书销售中,由于方正公司掌握技术和市场,它获得 60% 的收益,出版社才获得 40% 收益,出版社还要将收益的一部分返还作者。作为版权提供者的传统出版社,一般每年只能从电子书销售中获取十几万的收益,意义实在不大。

## 三、复合出版是传统出版社数字化转型的可行之路

### (一) 复合出版体现了出版社的主体地位和核心价值

对于数字化转型,传统出版社首先要考虑的问题是出版社的核心价值究竟是什么,即出版社的优势何在。笔者认为,无论技术如何进步,人们对知识、信息的需求没有变化。传统出版社作为内容提供商,其核心价值体现在对原创内容的选择和加工能力、对权威内容资源的积累和组合能力、对多种媒体多种记录方式的表达能力。出版社多年来积累的内容资源和作者资源是其优势所在。简单地说是"内容为王",核心内容是出版社的立足之本。

反思上述电子书出版中的挫折与无奈,可以发现,在电子书的出版模式中,出版社始终处在印刷产品供应商的位置。电子书的形式与印刷产品完全一致;它本身也

是印前制品(排版文件)的副产品;电子书的复本书销售模式与印刷品一致;在电子书出版中,电子书始终为"版式"所禁锢,体现的是"产品为王"的理念,没有很好地彰显出版社的核心价值,电子书出版只能算是后印刷出版时代的产物。如果认为电子书出版是出版社数字化转型的唯一出路,那么,数字出版很可能走进死胡同。

复合出版强调"内容与形式分离",从出版源头上理顺内容与形式的关系,体现"内容为王",出版物的载体、记录方式、显示终端、版式等只是形式。根据读者的需求,出版物的形式与内容可进行组合。复合出版将使内容资源获得更广阔的发行渠道和平台,全方位地深入读者群中。复合出版强调"内容与内容关联",体现出版社内容管理方面的价值,内容资源将得到更充分的挖掘、分析、组合和应用。当前,传统出版社的许多活动尽管也被数字化,但是这些数字化都是围绕"印刷产品"来进行的。现有的电子书出版模式是在传统出版基础上兼顾某种形式的数字出版,而复合出版是在数字出版的基础上包含所有传统出版形式。通过复合出版,出版社的核心价值将突破印刷设备的限制,传统出版与数字出版之间的通道将被打通,出版社的核心竞争力将大大提高。

### (二) 复合出版催生出版新业态

严格意义上的复合出版是关系世界范围内整个出版业的变革,它涉及一系列技术和规范。国家数字复合出版系统工程作为数字出版的重点工程,已被明确列入《国家"十一五"时期文化发展规划纲要》和《新闻出版业"十一五"发展规划》。该工程被称作 21 世纪数字环境下新闻出版业的"748 工程"。数字复合出版系统工程内容可概括为:"一系列标准规范、两部分研究内容、五类应用示范、六大技术平台、九项关键技术、十六个子项目。"如:数字复合出版标准规范的研究制定,数字复合出版采编管理平台,全媒体资源服务平台,内容制作平台,多渠道出版发布平台,政府监管平台,出版物 DOI/CDOI 管理和服务平台,生产过程全流程数字版权保护解决方案等。在相关理论和标准未出台之前,国内外出版业从未停止复合出版的实践。从已有的实践来看,复合出版将培育新的出版业态,这些行业形态强化了出版社在知识传播价值链中作用。具体来看,有如下几种趋势。

### 1. 向下延伸

复合出版在生产信息的同时完成数据加工,将应该由数字图书馆进行的信息整序工作提前完成。复合出版从源头上为数字图书馆提供统一规范的数据源,避免了信息重复加工以及由此带来的数据完整性问题,也为各种数据共享提供条件。当前,数字图书馆在信息数字化过程中遭遇"版权"问题,尽管图书馆界极力争取,但是,无论《著作权法》还是《信息网络传播权实施条例》都没有给予图书馆任何特权。"先授权,再使用"是数字图书馆无法逾越的障碍。在复合出版中,出版社从作者处获得授权,打通了版权通道。当然,数字图书馆的相关技术也被应用到复合出版中。复合出版使出版社行使了部分数字图书馆的功能,其结果很可能是大型品牌出版社成为信息提供的垄断企业。例如,在科学、技术、医疗、学术(STMS)等专业出版领域,施普林格、爱思维尔等出版社的数字出版业务的总收入已超过纸媒产品,成为其主流业务。[①] 它们对所有图书和期刊进行细颗粒度的深度加工,读者可从知识的层次获得文献或服务。国内外图书馆通过承租方式使用其数字产品,不再提供额外加工。

### 2. 向上延伸

基于复合出版中细颗粒的数据加工,大型的出版社将成为知识超市,在这个超市里,出版社和读者都可以组合选择各种部件,创作和生产新的作品和新的服务。因此,出版社很可能行使作者的功能,甚至是教育机构(E-learning)的功能。近年来,以麦格劳-希尔、圣智学习、培生教育为代表的国际教育出版集团,在整合、管理、应用数字内容资源方面稳步推进,通过对教学软件开发商与培训考试机构的并购,逐渐成为集教育类图书出版、教学软件开发、教学流程管理、在线考试测评为一体的大型教学信息服务供应商。培生集团推出数字学习产品 MyLab,2008 年全球有 430 万学生使用它。[②] 韩国教育人力资源部宣布,从 2008 年起至 2013 年,在韩国,所有中小学普及使用数字教科书。[③] 这一举措将为学生沉重的书包减负,也将成就一批集出版与教育为一身的企业。

### 3. 左右联合

通过复合出版,出版社将积累的资源深入加工。为使资源更好地得到利用,与出版业之外的相关行业合作,成为一种趋势。例如,随着 Web 2.0 理念的普及和其支撑技术的成熟,国内外搜索门户网站希望与内容提供商联合。谷歌

---

① 《地方专业出版社的数字化之路》,http://www.pspress.cn/html/13_6321.htm,2009 年 12 月 30 日。

② 《数字出版的商业模式与传统出版企业的数字出版发展》,http://www.gxkjs.com/news.asp?id=263,2009 年 11 月 13 日。

③ 《韩国教育部在中小学积极普及"数字教科书"》,http://www.hanguo.net.cn/index.php?m=297&mid=4&job=v&no=8957,2009 年 12 月 17 日。

（Google）2006 年 10 月与施普林格合作，已成为 SpringerLink 最大的访问者来源；其图书合作商计划可以让注册加入该计划的出版社免费展示其图书，并借助与图书内容相关的广告获得收益。出版业与其他设备供应商的合作，也在进行中。牛津大学出版社近期将其出版的 11 种数字版参考类辞书投放在苹果公司所属的 iPhone 和 iTouch 上进行网络销售。①

## 四、传统出版社应为复合出版做好准备

复合出版的实践还在探索之中，其理论更有待成熟。当前，国内参与复合出版研究与实践的一般为高等教育出版社这样的大型出版社。对于中小型出版社，在资金、人才和技术不具备的情况下，应该积极为复合出版做好资源上的准备工作，也就是做好数字资产管理（Digital Asset Management）工作。在现有条件下，首先，要对已出版图书的各种排版文档进行妥善管理。例如，规定合理的文件名格式，区分不同版次的图书；规定合理的资源存放路径，可将同一本书的所有文档放在一个路径下，也可将同类型的资源（如图片）放在一起；建立文件存放位置索引等。当前，许多出版社不重视资源的保存和管理，往往等到再版和重印时，才感到"书到用时方恨少"。其次，梳理内容资源的版权情况，对于有价值的图书，可与作者续签信息网络传播权。最后，在有条件的情况下，出版社可对现有排版文件进行初步加工，通过资源的组合和复用，实现数字资产的增值。例如，将排版文件中的人工造字部分用 Unicode 中的字符替代，对各级标题或明显的特色数据做标记等。其实，现有的资源组合复用可使出版社立刻获得看得见的收益。例如，将所有英语听力录音与原文做成一个数据库，并标注每一篇文章的阅读对象。通过该数据库，编写者可在短时间内编写听力训练方面的图书，出版社还可节约大量录音费用。还如，将现有教辅出版物中的题目做成数据库，其内容包括题目、答案、读者对象、难度系数、主题等，可在较短时间内自主开发所策划的教辅图书，这种方式省略重复做题校对的程序，既保证了图书质量，又缩短了图书开发的周期，经费也节约了许多。另外，这些数据库本身也是一种产品或服务。

（原载于《中国出版》2010 年第 8 期）

---

① 《牛津大学出版社与苹果公司携手推进数字出版》，http://www.epuber.com/? author=9，2010 年 1 月 2 日。

# 我国出版社数字化转型的突破之路

郭　欣

近年来,数字出版已成为出版业发展的必然趋势,2013 年,国家新闻出版广电总局明确提出要"加快出版与科技的深度融合,推动新闻出版产业转型升级"。我国出版业虽已在管理过程信息化、产品形态数字化和传播与销售渠道网络化方面做了有益的探索,但仍面临很多困难,急需突破转型瓶颈,顺利迈向数字出版。

## 一、加强数字出版意识,实施业务流程再造

在出版业的发展过程中,传统出版和数字出版既是竞争对手,也是合作伙伴,未来的出版业必将是一个传统出版和数字出版共生共荣的整体。走向融合、互补、共存是数字出版和传统出版发展的大势所趋。[1] 出版人要认识到,当代出版业只有充分借助数字化技术手段,才能在数字化时代生存得更好。

但现实情况是,中国出版业尤其是传统出版企业对于数字出版转型总体上仍然显得"观念比较保守、行动比较迟缓、效果不尽如人意"。[2] 其具体表征为:① 出版产品数字化率较低。目前,数字出版产品普遍存在售价较低、利润太薄、盗版困扰、数字版权要价高获取难等问题,导致大多数出版社对数字出版的实际兴趣并不大,产品数字化率较低是比较普遍的现象。② 电子书刊在数字出版产业中收入占比太低。在中国新闻出版研究院发布的《2011—2012 中国数字出版产业年度报告》中,2011 年数字出版收入达到 1 377.88 亿元,但电子书收入仅为 16.5 亿元,数

---

[1] 李长青:《传统出版 & 数字出版:变与不变》,《出版广角》2012 年第 6 期,第 18 - 20 页。

[2] 董有山:《传统出版业如何认识和做好数字出版》,《出版发行研究》2012 年第 10 期,第 67 - 70 页。

字报刊的收入仅为 9.34 亿元,而网路游戏、网络广告等方面的占比则非常高,这样的收益结构是非常不合理的。③ 数字产品形式单一。出版社目前开发的数字出版产品仍以电子书为主,且难以跟上技术发展的步伐,如产品并不适合手机阅读等新的阅读形式,无法实现数字出版产品至为重要的内容、技术和用户体验的协调和统一。总的来说,迄今不少传统出版单位仍不够重视数字出版对全行业带来的变革和冲击,对全流程数字出版也缺乏深入认识。

当前,传统出版人树立正确的数字出版思维非常必要和关键,正如中国出版集团数字传媒有限公司总经理周锡培所说,仅有组织机构的建成并不意味着达到了数字出版的转型目标,而是需要观念先行,以数字出版的思维模式贯穿到整个出版过程中,渗透到每一个出版的细节里,从编辑思想与技能转变、组织与业务调整,到实现产品的多样化载体形式、多元化发行方式、跨领域营销等各方面,将数字出版的理念贯穿全流程,才能实现真正意义上的数字出版。① 对出版社而言,应尽快完成适应数字出版的业务流程再造,充分开发各种形态的数字出版产品与服务投放市场,以适应数字时代读者多元化的阅读需求。

## 二、积极推进数字版权保护,营造公平高效的交易环境

从世界范围来看,如何解决数字版权侵权问题已成为国际性难题。版权保护问题是数字出版产业发展进程中的一块短板,只有解决了这个问题,数字出版产业才能获得长足发展。版权保护问题像是一道制约着数字出版产业发展的坎,迈过去前途一片光明,迈不过去则前功尽弃。目前,世界各国出版界都在积极探索行之有效的数字版权保护途径。我国数字版权保护的手段尤其是相关法律法规仍不健全,涉及数字出版的版权法律规定实践操作性不强;而《著作权法》等相关法律法规修订不及时,难以有效地满足数字出版的快速发展对版权保护工作的需求。同时,目前我国数字产业链利益分配失衡现象明显,数字版权的平台运营商、技术运营商凭借传播渠道、客户资源和信息技术上的垄断地位,获取了大部分利益;版权代理人、版权作者缺乏谈判话语权和定价权,收益甚微。②

---

① 《用数字出版的思维做出版》,http://industry.epuber.com/2012/1121/8784.shtml,2012 年 11 月 21 日。

② 《数字出版业混战中前行》,http://industry.epuber.com/2012/0601/5803.shtml,2012 年 6 月 1 日。

解决数字版权问题除完善法律法规,更应从完善数字出版产业链角度进行考虑。在数字出版时代,传统出版主体与新媒体之间应合作处理好版权问题。提供正版产品和保护作者合法利益无论是对传统出版还是数字出版,都具有深刻的现实意义。出版业界应推动版权流通与交易创新,使数字版权从"事后纠纷处理"转向"事前利益分配",建立适合数字时代特征的开放共享的授权机制、交易机制。[①]提供内容产品的出版社与提供网络分销服务的数字平台之间应合作制定、共同主导定价与分成模式,充分反映各方的利益诉求,保证各环节共赢。[②] 出版社对优秀作者的数字版权的谈判也要因势利导,从而为数字出版产业的良性发展打下基础。

## 三、制定统一的行业规范与数字出版技术标准

我国数字出版产业虽然发展较快,但数字出版标准制定的滞后已成为产业发展的瓶颈。数字出版业的发展需要产业联盟协同推进,需要制定完善的数字出版物标准,在数字出版物的版式格式、内容加工、资源管理、商品信息等层面上,形成一系列行业规范,才有助于产业链各环节高效分工协作,生产高质量的数字出版产品。

目前,我国数字出版标准建设已开始全面推进,已启动或基本完成多项标准的制定。在今后的数字出版标准建设过程中,出版社应该积极谋求标准建设的话语权,出版行政管理部门应与文化部门、工信部门做好数字资源加工、流通与数据交换标准制定中的沟通与统一工作。在制定标准时,既要积极吸收和借鉴国外的优秀和成熟标准,又要有一定的前瞻性,并且要结合中国数字出版产业的发展实际,有一定的可操作性。

## 四、构建创新型数字出版人才培养机制

"产业发展、人才洗牌"是 2012 年中国数字出版业发展的一个特点,人才对于

---

① 《"五位一体"发展数字出版》,http://industry.epuber.com/2012/0601/5804.shtml,2012 年 6 月 1 日。

② 《数字平台与出版商如何共赢》,http://industry.epuber.com/2012/0607/5900.shtml,2012 年 6 月 7 日。

出版企业的数字化转型至关重要。在我国数字出版产业政策不断推动、发展思路日益清晰、市场需求快速膨胀、投资规模显著提升的同时,数字出版人才储备的总量不足与结构失衡、数字出版人才培养与产业发展的相互脱节等问题已经成为制约数字出版发展的瓶颈与障碍。因此,有效弥补数字出版产业快速发展所带来的人才缺口,构建创新型数字出版人才体系,是我国新闻出版业当前所迫切需要研究与解决的课题。[①] 在完善和构建创新型数字出版人才机制上,应充分发挥政府的扶持作用,建立健全重点项目的人才投入资金或基金;出版企业应制订并实施在职数字出版人才培养计划,发挥企业培养的主体作用;高等院校应建设与完善数字出版相关专业与学科,发挥高校培养的基础作用;相关科研机构应依托国家重大科研项目,构建产学研相结合的数字出版人才培养平台,发挥数字出版人才培养的支撑作用;行业应形成数字出版人才的合理流动机制,使数字出版人才在最合适的企业和岗位充分发挥自身才干。

(原载于《现代出版》2013 年第 5 期)

---

[①] 万智、刘永坚、方晓波、白立华:《创新国家数字出版人才体系建设》,《出版广角》2013 年第 3 期,第 46 - 49 页。

# 浅谈大学出版社数字出版项目的构建

郭 欣

近几年,国内数字出版在内容、平台、渠道、技术、终端五大产业链的共同努力下,发展迅猛;数字报纸、数字学术期刊、数字图书和互联网文学、游戏动漫出版等均呈现出高速增长的势头。数字出版业的发展是大势所趋,已成为行业的共识。在出版转型期,如何在数字出版方面有所作为,是很多出版社都在积极思考和努力实践的问题。

2010—2012年,南京大学出版社(以下简称"南大社")连续3年都有数字出版项目获得江苏省文化产业引导资金资助,2012年有2个数字出版项目入选"国家新闻出版改革发展项目库",在数字出版项目的构建上积累了一定的经验。本文将根据大学出版社普遍存在的共同特点,结合南大社的实践经验,谈一谈大学出版社数字出版项目的构建模式、盈利模式等。

## 一、内容资源立足母体高校

北京兆方科技有限公司总经理金宁说过:"数字出版对于出版社而言,首先要考虑的是你的内容资源是什么,你的内容资源适应什么样的用户群体,这些用户群体会倾向于如何获取你的内容资源,用户群体获取你的内容资源作什么用。把这4个问题考虑清楚,再开始我们的数字出版吧。"对大学出版社来说,最大的资源优势就是其所依托的母体高校的资源。但是,大学出版社恐怕未必对自己母体高校的重点学科、优势资源掌握得一清二楚。近十年来,国家对高校教育科研的投入越来越多,增长的幅度越来越大。教育部于2003年发布《关于进一步发展繁荣高校哲学社会科学的若干意见》,大力实施"高校哲学社会科学繁荣计划";2004

年,教育部启动实施了"高校哲学社会科学繁荣计划",加大投入力度,"十一五"期间,教育部人文社科研究经费从每年几千万元迅速增长到 4 亿元;2011 年,教育部、财政部联合发布《高等学校哲学社会科学繁荣计划(2011—2020 年)》。相应的,各个高校的学科发展日新月异,科研项目也快速增加,集聚了丰富的内容资源。因此,大学出版社要重新认识所在的母校,要深入了解所在高校的重点学科、优势资源,及时掌握学校的科研动向,争取首先获得学校的数字出版资源。南大社"大学素质教育全媒体出版平台"、"民国文献数据库在线平台"、"基于 CSSCI 数据库的人文社科学术评价与分析服务(数字出版)平台"等数字化出版项目,就是深入南京大学院系,整合院系的数字出版资源所构建的项目。有资源才能谈未来。这些项目为南大社介入数字出版领域提供了良好的开端。

## 二、项目资源有所遴选

有些高校,尤其是被列入"211 工程"的重点院校,有很多科研项目。大学出版社一方面要以守土有责的心态积极争取本校的项目资源,另一方面,也要有所遴选。不是所有的项目都适合用来构建数字出版项目。有了内容资源,还要思考"你的内容资源适应什么样的用户群体?"因此,要根据现有的内容资源,去做市场调研,去考察什么样的用户群体需要这些资源,或者说需要建立在这些资源基础之上的产品。

高校的很多科研项目强调数据性、理论性、科学性强,但是未必能转化成具有实用性、盈利性,能够形成产业的数字出版项目。因此,大学出版社要从出版的角度,对此做出遴选,而不是全盘拿来。即使是已经选中的项目,也要提前介入,密切跟进,在院系进行科研的基础上,从出版角度提出意见和建议,以免其最终完全偏离出版的轨道。这也就是南大社左健社长在构建数字出版项目时提出的,科研项目要做到"一鱼两吃":院系做出的是科研成果,而出版社是在这个成果的基础上构建数字出版项目,两者虽然密切关联,但从最终目的来说,存在本质的不同。

那么,以什么样的标准来遴选院系的科研项目呢?南大社的标准是:内容的创新性(或权威性)、载体的科技性、产品的产业性。在内容上要求有所创新,如果是数据库类,数据要尽量齐全和有权威性,尽量选择学校的优势学科,以形成内容上最优质、最权威的核心竞争力。所谓载体的科技性,是指数字出版项目的构建中，所涉及的技术问题，如资源支撑下的动态出版技术、需求采集与分析技术、数据库管理技术、内容资源安全技术、多出版形态同步生成技术等，要有科技支撑。最后是产品的产业性，也就是数字出版项目构建后，能不能形成产业链，能不能盈利的问题。现在很多数字出版项目，往往就是构建一个数据库或者网络平台，构建完成之后怎么运作，谁来用它，如何盈利，这都是需要解决的问题。因此，产业性也是考察科研项目能否用来构建数字出版项目的重要标准。

## 三、积极争取资金支持

关于构建数字出版项目的资金来源，出版社投资是一部分，但是实际上，当前国家大力支持高校科研、支持数字出版的良好形势，非常有利于大学社向院系和有关部门争取资金支持。

一方面，大学出版社与生俱来的办社宗旨就是为学校的教学和科研服务，但是同时，大学社也要向学校的教学科研争取支持。出版社构建的数字出版项目，既是学校科研成果的一部分，也因其是一项产品而具有产业性，有盈利的前景，院系和出版社有互惠互利、合作共赢的基础和前景，因此，在前期的投资上，也就有合作投资的可能。大学出版社要积极争取这种可能。

另一方面，除了行业自身的努力外，我国数字出版业的高速发展还得益于政府部门的大力支持，政府部门对数字出版的大力支持也有目共睹。2006年，国家先后公布了国家"十一五"经济社会发展规划、科学技术发展规划、文化发展规划纲要，都把数字出版技术、数字化的出版、印制和发展新媒体列入科技创新的重点。2009—2011年，政府又出台了《文化产业振兴规划》、《关于加快我国数字出版产业发展的若干意见》等一系列促进数字出版发展的积极政策和措施。这些都充分体现了政府对互联网文化产业的重视，同时也说明了数字出版业的发展是大势所趋。目前，从国家到地方，都有支持产业发展，尤其是数字化产业发展的文化产业引导资金，大学出版社要积极申报，与国家的政策共舞，争取得到政策的支持。

在争取文化产业引导资金等政策支持时，在数字出版项目的构建，或者说在申报材料的准备上，要能够切中政府密切关注的问题。比如，出版产业的定位问题，如在云技术支撑下的内容服务业（数据库集群）、在资源投放系统支撑下的内容提供业（运营）、在协同机制支撑下的内容生产业（产品集成）、在同步系统支撑下的产品生产线(规模制造)、在规模资源支撑下的产品生产线(专业编辑)、在主题阅读需求下市场的细分、小众出版向专业服务的转型(知识、能力、素质)等,以及产业的核心竞争力、产业链的融合等问题。在构建数字出版项目时,要做好规划,把项目的定位、核心竞争力、产业链等问题规划清晰,并在申报材料中明确地表达。这样,才能尽可能争取到政策上的资金支持。

## 四、探索特色商业模式

对于传统出版社而言,数字出版的一大瓶颈就是商业模式,或者说是盈利模式问题。大学出版社背靠高校,有比较突出的专业学科背景,作者群和读者群也相对集中。因此,基于高校内容资源基础上的数字出版项目,其用户群体大致可以分为学生、专业学者,以及一般读者3个大类。数字出版项目的商业模式,建立在内容、获取方式、获取群体这3个关键点上。

大学出版社可以从已有的内容出发,去寻找、判断潜在的用户群体。比如,南大社的"民国文献数据库在线平台",是先有内容,根据内容判断其潜在的用户群体是研究民国史的学生、专家学者等,然后构建的数据库项目。也可以从用户群体出发,通过市场调研,分析判断他们的需求,然后寻找内容,构建项目。比如,南大社的"云课程"项目。所谓"云课程"是指依托校园网络的环境,采用云计算的方式,基于南大社已立项的"教育云"技术平台实施教学与管理的课程。根据高校教学现状调研,发现大部分高校的通识类课程因受到授课时间地点、教师师资力量、听课人数等条件的限制,课程数量不足;选课限于部分学生,课程受众面远远不够,很多优秀的资源也得不到合理利用。同时,有开发潜力的新课程也因上述制约而得不到及时的补充和开发。在这一背景下,2011年起,南大社设立了"云课程"项目,通过互联网云平台技术,实现优质教育资源跨学校、跨地域的共建与共享,从而解决文化艺术类课程师资不足、分布不均的问题,满足高校师生开展素质教育的需求。

总之,大学出版社在构建数字出版项目时,要立足本校的优势内容,提前介入,清晰定位用户群体,综合运用各种技术手段,从而建立有自身特色的数字出版商业模式。

(原载于《科技与出版》2013年第1期)

# 浅谈出版企业微博的构建与文题写作

左　健

微博是一种基于用户关系的网络交互平台，以 140 个字容量的信息微型化传播为特征，实现即时分享。相对于传统的传播方式，微博具有简单方便、即时更新、分享性强、细分程度高、传播速度快、用户黏性强等特点。2009 年 8 月，中国最大的门户网站新浪网推出"新浪微博"之后，中国的微博发展很快，至 2011 年 8 月底，新浪微博用户已近 2 亿，加上腾讯、搜狐、网易各家的微博用户，中国的微博已经蔚为大观，成为传播力最强的媒介之一。这让许多企业和机构看到了商机，开始利用微博这一平台作为自己的宣传营销工具。

在出版业内，也有不少出版社、民营图书公司和出版人陆续开设微博，在微博上发布新书信息，进行作者访谈，就业内热点问题发表见解，甚至发布新书。《刘心武读写〈红楼梦〉》就是通过微博首发的。对此，凤凰联动负责人表示："基于一种考虑——古典文学形式和网络传播方式嫁接，是文学出版的浪漫尝试。《红楼梦》不适合网络狂欢，但网络推动富有象征性，只有在这个多元时代，才有像刘心武普及红楼梦这样的奇迹诞生，并在新一代人群中延伸扩大。"①此外，上海译文、人民文学等出版社也在微博上精心组织活动，都预示着出版企业利用微博进行宣传营销将呈星火燎原之势。

## 一、以官方微博为核心，构建企业微博网络平台

### 1. 开设官方微博，并取得认证

认证后的微博信息才能让消费者觉得"真实、可信、权威"。但是光有官方微

---

① 盛娟：《出版机构妙用微博》，《出版商务周报》2011 年 4 月 17 日第 11 版。

博还不够,因为"官方"总是给人以严肃有余、活泼不足的感觉,所以还要以官方微博为核心,构建由领导层、中层、员工等组成的企业微博网页,从不同层面展示企业文化,介绍本社的新书。责任编辑和项目策划人最了解图书,应当是微博的最佳撰写者。介绍图书的微博实际上就是微型书评。除了责任编辑和项目策划人,出版企业的其他成员也应该积极参与微博书评和相关话题的撰写,这样由企业各层面的微博加入官方微博,好比一棵大树上百鸟争鸣,汇成多声部大合唱,自能形成一种声势。

### 2. 官方微博要选好管理员

官方微博是反映企业形象的一个窗口,管理员就相当于企业的"新闻发言人",在微博上的言论都代表企业的观点,反映企业的形象,不仅要做好本社的信息发布、评论回复,还要统筹下面的各个账号,形成有机整体。因此,微博管理员应该具有较高的政治思想素质和业务素质,要了解国家的出版方针政策,熟悉最新的出版动态,对本社的办社宗旨和企业文化,对本社的产品优势、品种结构、企业运作等有较全面的了解,具有较好的文字表达能力,善于与客户进行有效沟通。

### 3. 实事求是,及时、正确地处理负面信息

官方微博是企业的窗口,是企业的"公关部",体现的是企业文化和企业的集体人格。网上众声喧哗,鱼龙混杂,各类话题都有,企业官方微博参与话题的讨论和转发要极为慎重。环球舆情调查中心常务副主任戴元初认为:微博是一个比较容易激发负面情绪的平台。出版企业像其他企业一样,也会存在各种各样的问题,比如质量问题、著作权问题、服务问题等等。如果有客户提出批评,甚至有过激之词,管理员要正确对待,善于化解危机。首先要做到的是要及时,哪怕是暂时不能解决的问题,也先要表达解决问题的态度和诚意。其次,光有好的态度还不行,还要实事求是,以事实为依据,提出解决问题的切实措施。

### 4. 学会对话,加强互动,及时回复

按刘擎教授的说法,微博的关键在于形成了一种"关切共同体"。"今天我是你的粉丝,明天则成为别人的粉丝。选择的依据是人们的关切,当我们的关切一致时,就成为你的粉丝共享某种关切形成一个共同体。这是新媒体的一个特征。"[①]而关切的形成或基础就是网络空间中人与人的"对话"。"对话正在成为一

---

① 《读者参考丛书》编辑部:《读者参考丛书:第 100 期》,学林出版社 2011 年版,第 210、208页。

种新的营销模式;学会对话正在成为企业的文化和员工的优秀素质;'市场即对话',正在成为事实。"学会对话,是对客户的尊重。从客户来说,他的意见被回复,受到重视,就会产生亲近、友好的感受,这样,"他们可能就会成为你的粉丝,有的甚至会成为你的宣传大使,按动转发按钮,帮助你传播企业信息"①。有些企业微博只发布信息,不与客户进行对话,显得功利性有余,人文性不足。微博互动性很强,线上互动具有即时性的特点。但因为微博代表官方,有些管理员不能作出回答,含糊支吾,有时还要请示领导,回复迟滞,这样就会给网友留下不好的印象。

5. **要善于运用话题、事件、名人效应进行微博营销**

业内普遍认为,微博营销目前最有效、最易受关注的三种方式是话题营销、事件营销和名人效应营销。这就要求出版企业在运用微博营销时,要善于围绕本社重要出版活动和特色产品发布信息,组织话题,有节奏地发布原创的微博短文,包括书讯、短书评、书摘、书影、活动讯息等,积极吸引网友关注并参与讨论。要善于制造"事件",组织活动,策划如设置奖项、转发赠书、投票参与等活动,加强宣传营销方式创新。要善于利用"名人效应",因为很多作者特别是名作者,他们在微博上的粉丝很多,他们的评论和转发,会引起一波波新的评论和转发,形成一次次裂变式的爆发,使得信息迅速传播。在某种情况下,线上的话题和活动需要在线下精心策划,多方联络,有几个粉丝众多的账号在线上同时发力,才能达到预期的宣传营销效果。

## 二、写好微博,创造微博新文体

微博只有140字的空间,如何写微博? 是随心所欲,还是精心推敲? 以什么样的态度和什么样的语言技巧来写微博? 在我们看来,至少要注意以下几点。

1. **态度平等,朋友式对话**

朱光潜先生在《作者与读者》一文中说到作者对读者的态度可分为不视、仰视、俯视、平视四种,其中平视才是可取的态度。出版社员工写微博,要像跟朋友聊天一样,平等、温馨、自然。微博研究者也指出,发布信息的人和接受信息的人,会在平等的互动的交流过程中发生情感变化,如果对话的内容足以吸引客户,客户就会以个人的情感参与对话,在双方互动的对话中体验愉悦。这种愉悦的情感

---

① 指间柔沙:《微博营销一本通》,人民邮电出版社 2011 年版,第 3、15 - 16 页。

不仅仅是身心愉悦,而且会有被尊重的感觉。[①] 平等互动的交流,体现了对客户的尊重。客户受到尊重,就会提升参与的热情和创造价值的享受。西方接受美学的核心就是,文学史不光是作家和作品创造的,也是接受者(读者)参与一起创造的。网友通过微博参与了对图书的评价或推荐,那么,图书的传播也好像体现了他自己的价值。这样的表达与互动,已经看不出刻意营销的痕迹,也看不出谁是主,谁是客,达到了主客体融合无间、共同参与创造价值的效果。

### 2. 客观真实,表述准确

微博营销正在兴起,但也有人对它的负面性表示忧虑:首先,只有 140 个字,能够很好地传情达意吗?碎片化、片段化的信息反而有可能曲解了图书本身。其次,存在信任危机。虚假信息、不实信息也会借微博的传播速度,以讹传讹。再次,信息传播出现误读偏差。出版社、作者及其图书提供的信息和传达的价值观,到了粉丝那里,很可能被误读,出现理解上的偏差。[②] 出版社在启动微博营销的时候,这种情况应该值得重视。读者的曲解与误读可能客观存在,但出版社应从自身做起。出版企业员工撰写微博,应当实事求是,严谨准确。"夸过其理,则名实两乖。"(刘勰《文心雕龙·夸饰》)为了吸引眼球,夸大其辞,胡吹一通,反而会适得其反,走向宣传的反面。

### 3. 掌握节奏,动静适度

微博是一个大家都可以即时发布信息的平台,一般一个人会关注多个人,可以不断地看到各种信息。如果有人连续不断地发微博,就会造成"刷屏",关注他的人(也就是他的粉丝)可能看到的满屏都是他一个人的碎片化信息,看不到其他人发的微博,因而产生反感。也就是说,不论官方微博还是私人微博,要常常更新,保持一定的活力,但是也要掌握节奏,适可而止,不能做让人厌烦的"话痨"。

### 4. 文情并茂,以少胜多

撰写微博,首先要有性情,表现出个人魅力。无病呻吟,矫揉造作,文字再好也不能打动人心。只有很真实地表达自己的真情实感、人格魅力和个性特征,才能感染网友,产生情感共鸣。

其次,微博也是一门融思想与修辞为一体的特殊文体,应当不断探索,寻找在140 个字之中传情达意的内在规律。因为其小,有些人认为这只是个"说话"的地

① 指间柔沙:《微博营销一本通》,人民邮电出版社 2011 年版,第 3、15 - 16 页。
② 王清越:《微博营销的三宗罪》,《中国图书商报》2011 年 8 月 5 日。

方,而不是"作文"的地方。其实不然,从文体史上看,唐诗绝句才 20 个字,它像鸿篇巨制一样能流传千古。大与小,多与少,各有擅长。中国传统文化对文字的多与少有不少辩证的论述。《老子》曰:"少则得,多则惑。"微型短文、片言只语一样可以出彩。许继霖说:"一条微博要想大量被评论被转载就必须在语言上下功夫,必须出彩,如果是四平八稳地讲道理,那么你就 OUT 了,因为没有人有耐心去细读你的文字。"①因此,面对 140 个字的微博空间,要精心构思,字斟句酌,用丰富的信息资讯,真情实感的平等对话,有理有据的深刻见解,幽默诙谐、生动活泼的文字风格,吸引网友关注,营造气场张力,形成稳定的粉丝群体。

再次,发布微博,还应该做到图文并茂,尽可能地使用图片、视频、音频等。因为如今是个"读图"时代,网民常说的话是"无图无真相"。微博虽然空间较小,也应该调动各种艺术手段,以一当十,以少胜多,才能做到方寸之中有天地,文字短而滋味长,获得引人入胜的传播效果。

（原载于《出版发行研究》2011 年第 12 期）

---

① 《读者参考丛书》编辑部:《读者参考丛书:第 100 期》,学林出版社 2011 年版,第 210、208 页。

# 自助出版模式初探
## ——以美国、英国、中国为例

王薇薇

## 一、"自出版"的定义

其实自助出版早已有之,有很多名人、学者都曾进行自助出版,如美国的沃尔特·惠特曼、马克·吐温、理查德·尼克松等。但那时的自助出版一方面是人们寻求图书出版的最后手段,另一方面,出版者主要集中于精英阶层。网络时代的到来,为自助出版的大范围兴起提供了外部条件,开启了一个平民化、网络化的自助出版新时期。

自出版(网络自出版),是指作者在没有第三方出版商介入的情况下,利用电子图书平台自主出版书籍或多媒体产品,也称为"原生电子书",它是电子出版的一种。

隐藏在定义背后,是在"自出版"过程中,作者是要全程参与出版过程的,编辑、营销人员的职能被弱化甚至可以说是消失了,作者承担了编辑、校对、封面设计、营销宣传等一系列的工作。最大的好处在于让作家获得更好的报酬。

## 二、"自出版"在美国、英国以及中国的发展现状

回望 2012 年的英美出版业,是一副纷争的景象。自出版和新商业模式的出现,让出版社"内容为王"的核心价值受到威胁;谷歌官司尘埃落定,美国司法部又起诉五大出版商和苹果;图书馆业与出版社就电子书出借问题"谈不拢",兰登书屋和企鹅这对昔日的竞争对手成了一家人;而曾视亚马逊为"魔鬼"的詹姆斯·道

恩特,也率领着他的沃特斯通,与 Kindle 阅读器来了个大大的拥抱。分分合合,喧嚣嘈杂,这是一副变革中的众生相。[①]

**(一) 美国**

美国,可以称为"自出版"的发祥地,一些作家写了新书不再交给出版社,而依托电子书平台自己出版,封面设计、推广促销、新书定价等等活计,都自己干。这种新模式被称作"自出版",而"自出版"的作品叫作"原生电子书"。

在美国以亚马逊 Kindle 出版平台为例,亚马逊的"直接出版系统"自助出版服务项目在 2010 年 6 月份推出,通过这一服务,任何作者都可以向亚马逊提交图书,并申请进入 Kindle Singles 类别后由 Kindle 平台向消费者出售这些图书。提交图书的价格由作者自己决定,亚马逊则根据不同的价格区间收取相应的版税。

2010 年,美国作家布莱克·克劳奇迎来了自己写作生涯的另一个高峰,他是代表亚马逊原生电子书创作现状的作家。虽然他此前在出版界已经小有成就,但是当他完成自己的 3 本小说之后面对自己辛勤的劳动成果时,却对封面设计不能发表自己的意见,对小说的营销推广更是不能掌控。正当他感到沮丧的时候,亚马逊来了,克劳奇首次尝试了一个人承担书的编辑、校对、推广、营销以及雇佣别人进行封面设计等以前出版社要做的所有工作,因为"没有人比我更知道如何对我的书进行包装和营销"。2010 年,克劳奇将自己的 2 本新书放在 Kindle 上,在四五个月的时间里取得了月销 2 万本的惊人战绩。

如果说布莱克·克劳奇是 Kindle 上"原生电子书"第一人的话,那么约翰·洛克就是"自出版"中"Kindle 百万美元俱乐部"的第一员。2011 年,他在 Kindle 平台上售出了 100 万本电子书。

从下面的图表中,我们可以看到,2011 年和 2012 年,亚马逊 Kindle 上,"自出版"在 100 部畅销书中占到的比例分别为:2011 年 20%,2012 年 17%。

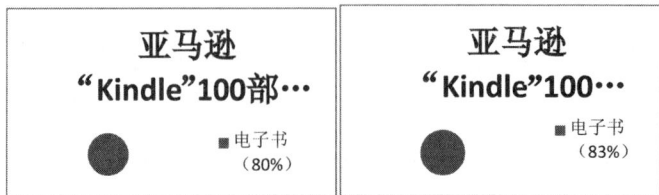

亚马逊
"Kindle"100部…
■电子书
(80%)

亚马逊
"Kindle"100…
■电子书
(83%)

---

① http://innovation.epuber.com/2013/0217/8897.shtml.

美国的"自出版"发展到今天已经初具规模,专业的自助出版商的出现,为作者提供编辑,设计和出版前其他相关服务和发行、评论和市场营销等后期服务。再以亚马逊的 KDP 出版服务平台为例,它可以自动生成图书,为作者提供图书的标准模板,作者负责决定最后生产完成书的内容。书评,这一传统出版物在推广阶段必不可少的内容形式,因为"自出版"的发展,也得到了很多评论家的重视:美国《出版商周刊》杂志过去是传统图书评论的主要阵地,现在也开始评论一些自助出版性质的图书;创刊于 1933 年的《科克斯书评》和创刊于 1876 年的《图书馆杂志》在过去几年对自助出版的作品也给予更多的评论;此外,诸如《洛杉矶时报》、《丹佛邮报》、《号角书评》等评论媒体也为自助出版图书提供从免费到付费的各种服务。最近几年,美国图书的社交网络营销也发展了起来。自助出版商广泛利用了 Facebook 和 Twitter 等社交网站展开图书的营销攻势,效果非常明显。著名惊悚小说作家 J・A.康耐斯出版了 20 多本作品,电子书发行量达到 30 万册,他经常通过社交网络与其他作者讨论他们的作品,给新的作者提出建议,讨论出版业的未来发展。"自助出版"对社交网络营销的重视还体现在相应的软件开发上,理查德・纳什开发了 Cursor 软件,帮助独立出版商学习社交网站出版的模式。以上的这些都足以说明"自出版"在美国的发展速度和规模。①

（二）英国

如果说,几年前人们对于自出版还有许多猜测,那么,2012 年,自出版在英美的大发展证明了其价值。企鹅用 1.16 亿美元收购了自出版和按需印刷企业 Author Solutions;全年,美国作者自出版了 40 万种图书,他们使用的服务平台包括 Smashwords、Author Solutions、Vook、Wattpad 等等——当然,还有亚马逊。2012 年年初,31 岁的凯利・威金森以自出版侦探小说《锁定》三部曲打败一众文学巨匠,连续 3 个月荣登英国亚马逊自出版作家和英国最畅销电子书作家的宝座。

据美国鲍克市场研究机构最新公布的调查显示,2012 年,英国以犯罪、科幻、言情和幽默为题材的电子书销量中,自助出版的电子书占据了 20％以上的份额。数据显示,虽然这种自助出版的电子书在整个图书的销量中只占 2％的份额,但是当剔除了传统的印刷书籍销量后,其市场份额达到了 12％。他还透露,女性读者比男性读者更倾向于购买自助出版电子书,比例分别为 68％和 58％。此外,购买

---

① http://www.nn77.cn/beijing/2013/28/1093.html.

自助出版电子书的读者花在阅读上的时间也比购买其他类型书籍的读者多。[①]

英国的著名出版社诺丁山出版社的负责人米歇尔·戈曼在面对"自出版"这一潮流时,更是开拓了不同于传统出版和自助出版的"第三种"出版方式。"这是一种兼具传统出版和自助出版双重优势的模式。"诺丁山出版社采用签约作家的方式,让每位作家自行决定自己作品的出版策略,再由出版社的专业人员对每位作家的出版计划进行评估。作家拥有较大程度的出版自由,可根据作品选择传统的实体出版或是电子书的自助出版,让作者不必再费心劳神地到处推销作品,也让更多的作品得到了展示平台,这种"混合型"服务正在受到英国出版界的广泛关注。像诺丁山出版社这样,坚持传统出版与自助出版"两条腿走路"的出版社在欧美出版领域已经并不鲜见了。

（三）中国

豆瓣网于 2012 年 5 月推出"付费书店",为普通作者提供作品"自出版"平台。通过认证的作者,签署《数字阅读授权合作协议》,成为签约作者,即可向该网站投稿,销售文字作品。在这个平台上,任何人都可以申请作者资格,一旦审核通过,作者就可以自行上传作品并定价。由于豆瓣拥有几百万读者,系统会根据读者偏好进行推荐,让作品第一时间被"最可能喜欢你作品"的读者们看到和购买。

但是在我国,"自出版"这种新的模式面临着几大考验。

（1）我国《出版法》明确规定,从事出版活动的必须是经国家批准的出版单位。同时,不论是数字作品还是实体作品,必须获得国家批准的书号和出版号以及进行一系列登记才能出版,而出版号是政府每年按实际需求发放给固定出版社的,个人不能"自出版"。

（2）我国的电子书平台缺少良好的秩序和有效的管理。在鱼龙混杂的环境下,"自出版"的作家如何保护自身权益成了难题。在我国,自出版的作家一旦被侵权,只能依靠个人的力量去维权,在缺少有效法规的情况下,这非常困难。

（3）作家个人原因也是困扰"自出版"在我国推行的重要因素。上海新闻出版局政策法规处处长武幼章表示:"传统的出版工作分工很细,对于技术要求很高,而数字技术的出现,降低了出版界的技术门槛,让出版变得更加简单了,这为自出版创造了条件。但即便技术变简单,它仍具有较高的专业性。要一个人包办写

---

① http://www.cdpi.cn/xzx/huanqiusaomiao/guojidongtai/20130719/7463.html.

作、排版、装帧、发行,难度太大。不是每个作家都能够成为多面手的。"中文在线手持阅读事业部总经理伍王应也提出,一般作家很难对一本书全权负责,这会牵扯到作家的创作精力。①

目前国内的自出版还是很初级的,从本质上来说,并没有脱离传统出版的模式,都是作者投稿或者编辑约稿,然后由编辑决定这本书是否出版,编辑进行排版、制作,然后渠道发行。在我国,网络文学成为自出版模式的最大实践者和受益者。这种新型文学也开辟了新的小说品类。在大众数字出版领域,网络文学是社会影响最大、用户基础最广、盈利能力最强的产业分支。但是,中国网络文学的发展也暴露出诸多问题。在西方,开放技术与独立出版精神的结合是网络"自出版"的根基。在中国,以网络文学为代表的"自出版"却与传统出版思维越走越近:开放技术服务于逐利思维,而不是文学理想;开放模式与产业垄断并存,大公司借由对资源和渠道的掌控来最大化利润。结果,模式化的类型小说严重桎梏了文学创意,内容雷同、低俗低质的作品泛滥,水军刷榜与噱头炒作无处不在。可以说,中国网络文学的商业化与产业化背离了自出版的开放、草根、自由、多元等原则,日益成为披着"自出版"外衣的传统出版。

## 三、自出版概念来袭给传统出版业带来的挑战

自动化出版是电子图书出版的特点。不可否认,这让出版界多了一种选择,作为一种新的出版模式,"自出版"为传统出版业带来了新的探索。

在自动化模式下,作者上传封面,填写图书信息,上传图书文件。自助出版和定价模式的成功将会影响非传统出版的发展。此前电子化已将图书价格降低了60%多(从均价 25 美元降至 10 美元以下,若考虑通货膨胀因素,这一比例可能更高),通过大量消除中间环节,缩短产业链,自出版将以更大幅度拉低价格,最终图书价格将比以前低至少一个数量级,而与此同时,作家从每个 copy 中获得的收入却很可能不降反增。除了降低单位价格,自出版带来的另一项变化意义更大,它将图书出版门槛降到了所有作家都能轻易负担的水平,和维持一个个人网站的花费差不多。在传统模式下,每部书的固定投入要高出两个数量级,至少要确信能卖出几千本,才能找到出版社愿意出版,假如由作家自己负担这笔开支,就会让许

① http://www.caphbook.com/web/c_00000009/d_5143.htm.

多作家望而却步,打消出书的念头,很可能因此而埋没了许多天才和杰作。初始门槛的消除,有望吸引大批原本被挡在门槛外面的作家来写书出书,同时,由于网络销售免除了零售货架空间的成本,即便这些作品的初始销量很低,作家也有机会通过长尾效应而获得满意的报酬。

美国作家布莱克·克劳奇作为亚马逊"Kindle""自出版"第一人感叹道:"原来我跟传统出版社合作的时候,一本书定价25美元左右,我拿10%版税,每卖出一本拿2.5美元;现在我与几个电子书平台都有合作,以亚马逊为例,一本电子书虽然定价2.99美元,但每卖掉一本,我能拿70%,也就是2.1美元左右——看起来比先前少一点,不过,在传统出版模式下我每年最多只能出一本新书,而现在我可以出更多的书。"[①]

一些成功的案例也许更能说明问题。科幻惊悚小说《羊毛战记》(Wool)是一个极具代表性的经典案例。该书在实体书店上架销售之前,其电子版已经售出了50多万份,在亚马逊上拥有读者给出的5 260条评论。书籍作者休·豪伊从电子书销售中赚到了100多万美元。《羊毛战记》一开始只是一个小故事,豪伊花了3个星期的时间写完了它。2011年7月,他把这个故事贴在亚马逊上,售价是99美分。3个月内,这个故事就售出了1 000份。这样的成果让豪伊感到震惊。该书的封面是他自己设计的,他让妻子和妹妹给他的画当模特。在营销方面,休·豪伊更是一个厉害的角色,他把《羊毛战记》免费送给社交阅读网站GoodReads上的博主。这些博主写的书评促使更多人阅读该书,评论也像雪球一样越滚越多。《羊毛战记》现在在GoodReads上有2 200条书评,12 500多个评分。当然,这样的例子还有很多:《在这样的夜晚》(On a Night Like This),自助出版销量280万份;《绝望》(Hopeless),自助出版销量100多万份;《盲目的信仰》(Blind Faith),自助出版销量120万份……这种"自出版"的方式,正在持续侵蚀着传统出版商"文学看门人"的地位。

但是在中国,一些学者和业界人士对网络自出版会给中国传统出版社带来釜底抽薪的致命打击颇有怀疑。质疑来源于亚马逊是否具备中国传统出版的核心资源,即"内容审核能力和作者资源"。此外,与传统出版模式相比,虽然网络自出版降低了分享、传播作品的门槛,具有程序简单、费用更低、作者更自主等方面的优势,但在中国也存在不少让人担忧的地方,"因为网络自出版更看重的是市场而

---

① http://www.ewen.cc/qikan/bkview.asp? bkid=217755&cid=666176.

非作家作品的内容与质量,因此很有可能带来的一个问题是,作者只能靠内容去拉拢阅读者付费阅读,他必须要投读者所好,这就不可避免地要出现一批没有多少营养的垃圾作品"。不可否认,作为一种新的出版模式,网络自出版为传统出版业带来了新的探索,但从法律、国情、作者权益和社会责任等角度考虑,中国网络自出版的良性健康发展应该是我们工作的出发点。

## 四、"自出版"未来的发展

"自出版"的最大意义就在于极大地减省了作者和读者之间的环节,不仅极大地压缩了时间成本,同时也有效削减了出版成本,读者和作者通过电子出版这座桥梁较之以前能够更有效、方便地沟通和联系。这样的出版形式同时还意味着一种新的信息和思想传播理念:每个人既是读者,同时也有成为潜在的作者的可能性,每个人都可以通过互联网获得更加自由、开放地表达自己的权利和机会。

从未来发展看,不可否认,自出版与传统出版的融合将成为一种趋势。这不但体现在人才的交流上——作家、编辑、发行人才、策划经理等——还包括模式的相互借鉴。但是,必须看到,自出版的 DNA 是没有中间商的出版,而传统出版以知识媒介为核心价值,二者有着本质区别。自出版的发展根基是开放技术、用户参与和颠覆性创新,是更具出版理想主义与多元独立精神的出版。自出版只有沿着开放创新之路走下去,才可能与传统出版比肩。相反,如果在资本、旧理念和传统利益群体的重压下妥协,更多地回归传统思维,否定开放精神,自出版则只能成为传统出版的附庸。

"自出版"让大家更多地照顾小众文化以及个性作家。"有的作家喜欢包揽所有的出版工作,有的则只希望自己的作品在小圈子里发行,自出版可以满足这些个性作家的需求。我国的自出版或许会和国外的不太一样,国外是一个作家负责从写作到发行的全部环节,但我国由于法律等客观因素,可能最终还是形成多个帮助作家自出版的小团队。这种团队类似但又不同于经纪公司,他们或许只负责帮助作家解决排版等技术上的工作,并为作家解决书号问题。"[①]

西方"自出版"也存在很多问题。比如说,发展了十多年,并没有诞生令人惊艳的大作,至少在作品水准与创新方面,没有超越传统出版体系。这一民主化的

---

① http://www.caphbook.com/web/c_00000009/d_5143.htm.

模式也未带来预想的文化创意大爆发；我们看到的是浩如烟海的平庸之作，很多甚至格调水平低下，达不到传统出版的要求。多数"自出版"作家难以维系生计，作品被淹没于茫茫内容之海，罕有人问津。西方的"自出版"始终没有解决好筛选和分销问题——如何让真正的好作品脱颖而出；或者说，如何让一部作品找到真正喜欢它的读者，而且找到尽可能多的读者。

自出版还面临一些无法逃避的问题。比如一般作家很难对一本书全权负责，而且这会牵扯到作家的创作精力。美国知名推理小说家苏·格拉夫顿在给年轻作家的建议中提到，千万不要自出版，因为这会让你更懒惰。虽然像 Kindle 这样的平台能够让你很容易把一本书推向市场，但中间缺少了专业出版社的把关，本来他们可以帮你把逻辑梳理得更清楚，让这本书阅读起来更顺畅。作家哈里·马科斯在一篇《自出版的问题》文章结尾处写道："作家写得越多越频繁，才能写得越好。但如果我们写得越多，却并没有意识到写得很糟糕，那我们怎么样进步？"①

## 五、结　　语

传统出版业更应理性看待"自出版"的兴起。轻视、漠视"自出版"发展的态度不足取，一味抱怨"自出版"对传统出版模式的冲击没有用，以抵触情绪对抗、试图打压"自出版"则尤为有害。传统出版业当前亟须做的是积极关注"自出版"，汲取他们的实践经验，探究确保"自出版"顺畅运行的规则程序，在此基础上自觉实现传统出版模式与这一新型模式的有机融合。这样做，才能进一步利用好网络信息技术，未雨绸缪，化"危"为"机"。

**参考文献**

[1] 魏龙泉.自助出版风靡美国的 7 个理由[J].出版参考，2005 (6)下旬.

[2] 周慧虹."自出版"时代需顺势而为[N].中国文化报，2013 - 02 - 04(2).

[3] 李文涛.抛开出版社亚马逊欲直接与作者签约[EB/OL]. http://news. eeidnet. com/art/1032/20111018/2941929 - 1.html.

[4] 宋平.变革众生相：2012 年英美出版大事记[EB/OL]. http://innovation. epuber. com/2013/

_____

① http://tech.qq.com/a/20121206/000016.htm.

0217/8897.shtml.

　　[5] 任翔.从 WebX.0 到云：开放技术与数字出版的未来[EB/OL].http://blog.sina.com.cn/s/blog_49e653b001019lqj.html.

# 数字化浪潮中的少儿期刊

## 徐 斌

随着期刊业全球化、集团化、细分化、数字化的发展，期刊品种不断增多，期刊内容不断丰富，并出现了大型的期刊群，但是这并不代表所有的期刊都能如日中天地发展。2009—2012 年期刊业发展前景分析及投资风险预测报告显示：在我国一千多种期刊中，真正活跃于市场的不足 3％，能够自我发展的不超过 10％。就少儿期刊来说，目前两百余种期刊中，发行量达上百万的少儿期刊屈指可数。可见，要想少儿期刊业有所改变和突破，从形式到内容，从编辑到发行，从整体到局部，都要有所改变和创新才行。

事实上，在网络、电视和数字阅读越来越普及的今天，中国大众文化和文摘类期刊仍然出现了很多发行量过千万的大刊，如《故事会》《读者》等，这一现象值得人们关注，这也说明数字化时代的到来并非洪水猛兽。"纸书是个超过 500 年历史的老科技，纸书的阅读体验，至今没有任何高科技装置能够比拟。"①纸质阅读不会被数字阅读所取代，如果充分利用数字化所带来的机遇，纸质阅读甚至可以发展得更好。少儿期刊同样可以利用这一机遇，在纸质阅读和数字阅读之间找准定位，在众多期刊中实现华丽转身。

## 一、创新办刊理念

少儿期刊吸引读者的因素有很多：美观、求知、漫画、感性、另类等等。从整体上看，我国少儿期刊大体有这样几类：文学类期刊如《儿童文学》《少年文艺》等，科普类期刊如《小哥白尼》《科学小院士》等，作文类期刊如《七彩语文》《我爱写

---

① 陈颖青：《老猫学出版》，浙江大学出版社 2009 年版，第 191 页。

作文》等，低幼类期刊如《东方娃娃》、《幼儿画报》等，文摘综合类如《学与玩》、《小百科》等，动漫类期刊如《知音漫客》、《漫友》等。正如有人所指出的："今天的大多数杂志都像开屏的孔雀一样。它们精美的版面上到处都是漂亮的照片和插图，以至于广告和内容的界限变得越来越模糊。"[①]虽然期刊品种结构看上去很全面，但是从某一类少儿期刊来看，其内容存在着同质化、重复性的嫌疑，其形式风格也大同小异，色彩的鲜亮和版式的多变并不能掩盖其单薄的内容。这样的期刊既造成了资源浪费，也不可能办出特色，赢得更多的读者。它们充其量依靠地方保护主义在少儿期刊市场中占据一席之地。另外，少儿期刊的品种结构还有待完善，尤其是科幻类、心理健康类的品种还偏少。

除了在内容上有重复之嫌，在品种结构上有些失衡外，少儿期刊在办刊宗旨上也有很多误区。很多少儿期刊都把自己定位在教学教辅这一块，带着过多过强的应试教育色彩。在提倡素质教育和快乐学习的当下，这样的办刊方向是在给小读者们减负吗？过于强调知识性和应试技巧只会让期刊的路子越走越窄，只有将知识性、趣味性和图画性融合起来，将当下五彩缤纷的生活描绘出来，少儿期刊才能走得更远。这样的道理很简单，好比某个人总是吃一道菜，没有荤素的变化，不可能不吃出病来。对正处于心智成长期的少年儿童来说，他们更应该阅读那种集知识性和趣味性于一体的期刊，全面滋养心灵的成长。因此，对于办刊者来说，应该把少儿读者的阅读需求和成长需要放在第一位，而不是盲目地为了办刊而办刊。

在办刊过程中，刊物内容的细分能让期刊焕发出别样的光彩。这样做既满足了不同读者的阅读需求，也能更多地占据市场，进而不断扩大自己的影响力。如中国少年儿童出版社形成了以《儿童文学》、《我们爱科学》为代表的期刊集群，并带动了图书出版，形成了良好的联动效应。江苏少年儿童出版社专门成立了期刊中心，发行的少儿期刊有十多个品种，读者覆盖面大，形成了独具特色的集约化编辑和经营模式。

因此，少儿期刊走多样化道路不仅要避免重复办刊的路子，而且要形成集约化和规模化的刊群。刊群本身要实行优胜劣汰原则，不断接受市场和读者的检验，最终形成具有规模效应、市场效应和读者效应的品种，并培育这些品种成为刊群的核心期刊。同时，要根据现实生活中的多变口味和需要，根据少儿读者的好

---

① 萨梅尔·约翰逊：《杂志产业》，王海主译，中国人民大学出版社2006年版，第91页。

恶和时尚,根据少儿读者的心理成长需要,出版一些让读者感到有趣并具有教育功能的期刊,起到正确引导少儿读者的阅读取向和风尚的作用;围绕着核心期刊,不断更新编辑眼光和思维,催生新的期刊,让刊群得以不断壮大。

## 二、关注性别阅读和分级阅读

时代的发展让如今的少年儿童的物质生活和精神生活有了极大的改变,阅读不再是一件奢侈的事情,但是选择什么样的读物成了一个令人头疼的问题。如今小学生的阅读现状堪忧,低年级的小学生特别喜爱看各种漫画刊物,高年级小学生则对最小说一类感兴趣,因为这些言情小故事有着活泼搞怪、魔幻另类、新颖出奇等特征。我们每次光顾书店时,都会看到一大批"小书虫"或坐或蹲或站,全神贯注地翻阅着各种期刊和书籍,走进一看,他们要么专注在内容单薄的漫画期刊上,要么拿着惊悚、玄幻类的书籍埋头苦读。可见,如果不有效引导少儿读者的阅读取向,这种极度偏爱恐怖、刺激和言情等的成人化阅读会损害少年儿童的性格发展和精神成长。性别阅读和分级阅读将是解决办刊成人化和阅读成人化的重要途径。

性别阅读一直以来被人们所忽视,但是性别阅读又是无处不在的。性别阅读是指读者在阅读中不自觉地接受性别差异的信息,并能影响到自我判断和性格。事实上,当读者面对一本图书或者杂志时,都会通过其封面和内容进行某种判断,这其中也包括性别判断。少儿读者也不例外,哪怕男孩和女孩都读同一种杂志,他们所记忆的信息是不一样的。正是基于这样的考虑,少儿期刊在发展过程中就需要关注男孩女孩成长的需要,要有性别差异的信息存在,男孩女孩既有不同的关注,又有共同的分享,其内容和风格要根据这些不同和相同追求变化。同时,要避免办刊的成人化倾向,要提防那种"中性的、性别缺失的,其中男孩和女孩的差异是不适当的或者说是无意义的。……男孩和女孩做完全一样的事情,参与到性别混杂的团体中,存在于没有性别堡垒的世界中"①。在这方面,包含各样品质的经典儿童文学作品和老牌少儿期刊为性别阅读提供了范本。当然,少儿期刊关注性别阅读和避免成人化倾向并不矛盾。关注性别阅读能够促使少儿读者健康成

---

① 蒂姆·莫里斯:《你只年轻两回——儿童文学与电影》,张浩月译,少年儿童出版社 2008 年版,第 81 页。

长,让少儿读者在自我性格发展中不走偏路,而成人化倾向有拔苗助长的嫌疑,将会极大地损害少年儿童正常而健康的审美取向。

少儿期刊在性别阅读上要有所平衡的一个重要方式就是建立分级阅读模式,给不同年龄阶段的读者提供不同的阅读刊物,让孩子们在每一年、每一步的成长过程中都有相应的刊物提供娱乐和指导。在国外,基本上每一岁的时间跨度都有属于自己的刊物,但在我国这种分级阅读还不能做到。就我国目前少儿期刊的现状来说,年龄阶段的划分都比较模糊,都希望自己的期刊能够囊括各个年龄阶段的读者。当然,年龄的分级也要求少儿期刊的内容更细化、更有序,对某一类问题的探讨要有一个持续的过程,而不是浅尝辄止。如美国《国家地理》专门创办了一本《环球少年地理》(National Geographic Kids)期刊,刊物以精美大气的图片和幽默风趣的语言讲述自然地理、天文宇宙和日常生活中奇妙而有趣的现象,让少年儿童"探索世界,关爱地球,让他们对我们美丽的世界充满好奇并将这种好奇心保持下去"。相信他们的办刊模式和风格会给我国少儿期刊的发展提供不少启发:让读者在感到有趣的同时又有教育功能的呈现,其内容细分和读者划分又明确了目标读者。

## 三、注重封面和内插的设计

21世纪是一个信息爆炸和色彩斑斓的时代,这个世界的精彩需要人们用眼睛去看。英特尔前总裁葛鲁夫有一种形象的说法,他认为21世纪的世界是一个争夺眼球的世界,谁能吸引更多的注意力,谁就能成为世纪的主宰。对于少儿期刊来说,争夺读者眼球的就是美丽的图画,包括封面图画和内插图画。对图画的重视在清朝末期订立的《钦定小学堂章程》中可见一斑,当时除了修身、作文、习字、读经、算术、史学、地理、体操八门科目外,还特别提到了要加入"图画"科目。[①] 可见,当时社会已经认识到儿童对图画的特别喜爱,以及图画在娱乐教育过程中所起的作用。想象一下,在报刊亭密密麻麻的期刊中,如果封面的尺寸、颜色、配图等方面没有自己的个性,恐怕就难以销售了。因此,少儿期刊"应注重形式的创新,充分利用现代科学技术及电脑特技,用怡人的色彩,疏朗的版式,使期刊童趣

---

① 舒新城编:《中国近代教育史资料》中册,人民教育出版社1961年版,第404页。

盎然,充满动感"①。

　　当下很多少儿期刊都不太注重封面的设计,模仿他人、缺乏创新的封面比比皆是。有的少儿期刊甚至做起了广告,如果广告信息误导了读者,对期刊造成的负面影响不可估量。有的少儿期刊封面做得花里胡哨,缺乏想象力和意境,构图不完整或者多图拼贴,各种文字说明到处堆放,这些都损伤了封面的整体感和意境感。还有的少儿期刊经常改头换面,希望给读者一些新鲜感,但这样做往往适得其反:原有的风格被抛弃,而新的风格又不能很好地吸引读者。少儿期刊的封面设计"应该既提供变化又保持统一性。一方面,各期杂志之间应保持相似的外观……便于读者识别。同时,杂志不能看起来总是一副老面孔,这样会令人生厌"②。因此,期刊的"变脸"一定要有充分的市场论证,对各种风险要有足够的调查研究。

　　少儿期刊除了封面要有足够的吸引力外,内插也非常重要。有些创意的内插甚至能把一个平常的故事阐释得异常丰富。"今天的大人通常读的都是没有插图的书……他们一般都能建立起自己对故事的环境和人物的想象。对于孩子来说却不是这样的。他们远在能够阅读之前就认识了很多图像,哪怕不是每一页都有插图,那有限的几幅也就会成为他们想象的根据。一个插画家选择画什么,怎么画可能会深深影响到孩子们对于这部书——甚至是所有的书——的感受。"③我们不能想象一本没有图画的少儿期刊如何才能吸引读者把内容读完。内插的存在极大丰富了整本期刊的艺术性和层次感,为故事增加了想象力、趣味性和神秘感,也大大减轻了读者的阅读负担。纯粹的文字阅读最容易造成疲劳,内插的出现会让读者的思维在画面里得到休息和愉悦。内插的选择一定要符合少儿读者的审美需求,无论是插画还是照片,都要力求生动形象、和谐有致、乐观向上,有意境美和童趣美。只有上述特征的内插才能与文字相得益彰,保证整本期刊的内容质量。

　　不管是封面还是内插,它们存在的理由就是为了让刊物本身具有足够的个性和筹码,能够吸引和刺激更多的读者,让他们拿到书时就有一种爱不释手的感觉,

---

①　时淑敏:《办好"小"杂志 做好"大"文章》,《中国编辑》2011 年第 2 期。

②　萨梅尔·约翰逊:《杂志产业》,王海主译,中国人民大学出版社 2006 年版,第 363 页。

③　艾莉森·卢里:《永远的男孩女孩:从灰姑娘到哈利·波特》,晏向阳译,南京大学出版社2008 年版,第 185 页。

在阅读时又有意想不到的愉悦感。

## 四、保持栏目的稳定性

如果说少儿期刊封面的变化只是涉及"脸面"问题,那么栏目的变化就会波及期刊的"全身"。"一个成功出版物的读者对他喜爱的杂志都有占有感和主人翁意识。如果编辑对受欢迎的固定专栏进行改版,即便是细微的变动,都会收到读者的来信质询:'你对我的杂志到底做了些什么?'"①近年来,一些少儿期刊把改版作为革新刊物、赢取市场的重要手段,把月刊改为半月刊或者旬刊,扩充版面,改变开本,增加页码,或者干脆变换栏目。期刊栏目的形成都经过了相当长的一段时间,受过读者和市场的检验。读者对栏目的喜爱和"偏见"已经形成,轻易改变栏目设置对读者、作者和编者来说都是一种不负责任的表现,尤其是那种随随便便更换栏目的行为更不可取。期刊栏目的稳定性也有利于稳固原有的读者,不断吸引新读者。少儿期刊各个栏目的设置都是有针对性的,编排什么内容,适合什么年龄阶段的读者,这些都是保证栏目稳定性的前提。

少儿期刊栏目的稳定性并不是说要永远一成不变。栏目可以有变化,比如在叙述口吻、排版样式、配图等方面,以此来保证栏目的新奇感和新鲜感,只是要尽量避免那种更换栏目名或者彻底放弃这个栏目的行为。倘若经过了充分的调查取证,证明这个栏目已经过时,或者说这个栏目在同类期刊中毫无新意可言,读者、作者和编辑对这个栏目都有了抛弃之意,那么适时更换栏目便合情合理了。当然也有栏目设置的初衷是美好的,只是在具体操作过程中,栏目内容让读者提不起阅读的兴趣,这就需要编辑反思栏目策划的目的了:故事内容是否做到了深入浅出,语言是否生动形象,配图是否具有想象性和动态感等。

保持栏目稳定性的一个重要方式就是拥有一批出色的、稳定的作者队伍。优质的作者队伍不仅给期刊提供了优质的内容,而且会吸引更多的读者。这就对编辑提出了更高的要求,要寻找优质的作者并与作者搞好关系。在通讯如此便捷的出版时代,只要编辑想去寻找作者,并非一件多么困难的事。因此,编辑要根据期刊的办刊理念和内容设置,敢于去寻找和培养新作者,而不是守株待兔,等待作者们自动找上门。这就需要编辑要有"猎手的直觉",去寻找更好的作者来满足当下

---

① 萨梅尔·约翰逊:《杂志产业》,王海主译,中国人民大学出版社 2006 年版,第 9 页。

读者和未来读者的阅读需求。著名出版人阿尔班·米歇尔建议编辑要把自己的作者变成自己的朋友,他明确地说:"我很诚实地大胆承认,有时,出版人和他的作者之间存在着一种剑拔弩张的和平,我一点都不喜欢……我完全忍受不了怀疑和猜忌。我希望我所有的作者都是我的好朋友。"[①]编辑不仅要对期刊的编校质量负责,而且要对给期刊提供优质内容的作者负责,努力成为作者的顾问和最忠诚的支持者。

　　保持栏目的稳定性还需要有不断更新的、优质的内容资源。期刊内容一般有四个来源:编辑自己构思自己撰写,自由来稿,专栏作者和版权内容。优质内容资源的获取关键在于编辑的构思和创意。"对于大多数期刊而言,不断产生新的编辑构思和每个月新的内容是至关重要的,而且,确保构思层出不穷是期刊编辑的事情。"[②]在保证栏目稳定性的前提下,让每个栏目的内容都时刻保持新鲜而富有创意的状态是一本期刊的福分。如果能做到像美国《国家地理》那样,成为人们收藏的对象,那就是编辑们值得骄傲的一件事情了。

## 五、重视数字化技术的影响

　　当然,少儿期刊无论怎样变化,都要受到当下数字化出版技术的影响。每个月印制出来的纸质少儿期刊到达读者手中的这个过程耗时耗资。现在,随着互联网的普及和新技术的不断涌现,这一切都在发生着变化。以前的纸质出版物,现在可以通过各种新技术载体,以最小的花费和最短的时间就可以传递给世界各国的读者。对于少儿期刊来说,数字化不仅仅是期刊内容的数字化,制作成电子期刊的模样,而是涉及更大范围的数字化的出版和运用;不仅仅是做一个默默无闻的内容供应商,更要做一个数字化阅读的引领者。韩国教育部正在打造全数字化的教学体系,计划在 2015 年以数字化材料代替纸质课本,学生只需通过平板计算机就可以使用这些数字材料。可见,内容数字化和运用数字化内容是相辅相成的,少儿出版数字化有利于让少儿期刊的娱乐性和趣味性最大程度地展现出来,相信在不久的将来,少儿期刊出版数字化会被越来越多的读者所接受。

---

　　① 埃玛纽艾尔·艾曼:《阿尔班·米歇尔:一个出版人的传奇》,胡小跃译,人民文学出版社 2010 年版,第 129 页。

　　② B.R.帕特森,K.E.P.帕特森:《期刊编辑》,崔人元译,河北教育出版社 2004 年版,第 49 页。

在各种新兴媒体崛起的时代,数字化不是现在完成时,而是现在进行时,人们使用各种阅读器进行游戏、娱乐和阅读已经不是一件新鲜的事情。"对游戏的欢乐追求需要被重新发现、重新阐释,并被重新接受。"①娱乐和游戏是少年儿童的天然需求。他们对色彩、图画、声音等有着天生的喜好。因此,我们就需要考虑如何把色彩感、动态感、声音化、现场感和游戏化的内容编辑出来,让我们的读者不再没有什么内容阅读,不再没有兴趣阅读。但是我们还有很多问题需要去解决:我们提供给少年儿童的数字化内容是否可读,是否传递了社会正能量呢?我们采用了何种媒介来呈现可读的内容呢,是否真正做到了易读?如果我们做到了可读和易读,我们是否能保证这些内容能像经典那样耐读呢?因此,只有将游戏和德育的内容结合起来,真正做到寓教于乐,才能使数字化的少儿期刊成为少年儿童的好朋友、好帮手。

以上略谈了如何做活少儿期刊的几点看法。少儿期刊从封面设计到栏目编排、从内容打造到内插风格,都应该坚持"内容为王"。与此同时,在少儿期刊的市场竞争越来越激烈的当下,少儿期刊的出版和发行如果可以"抱团"前进,如果能很好地利用数字化技术,无疑会为其综合竞争力增加不少筹码。但是,少儿期刊的出版和发行无论采用何种形式,都要牢记少儿出版的社会责任:"少儿出版单位要本着对社会负责、对历史负责、对未来负责的态度,加强少儿精品力作的出版,不断满足少年儿童精神文化需求。"②

---

① 徐兰君,安德鲁·琼斯主编:《儿童的发现——现代中国文学及文化中的儿童问题》,北京大学出版社 2011 年版,第 104 页。

② 《关于加强少儿出版管理和市场整治的通知》,中宣发〔2013〕21 号。

# 图书网络销售的发展趋势探究

王日俊

## 一、当前我国图书发行形势

### 1. 图书零售市场状况

近年来,我国新书品种逐年递增,2009 年为 15.4 万种,2012 年达到 20.5 万种之多,图书零售市场总量持续增长。但是,因为租金和人员成本的压力,不少实体书店倒闭,大型图书城缩减图书销售面积,转而经营其他文化产品,图书销售总面积减少,线下发行系统的销售码洋 2012 年、2013 年连续出现负增长,如图 1。同时,我国图书的总库存量持续加大,全国新华书店系统、出版社自办发行单位历年累积的库存则从 2005 年的 482.92 亿元涨到 2013 年的 884.05 亿元。这些都反映出当前图书市场整体不景气。

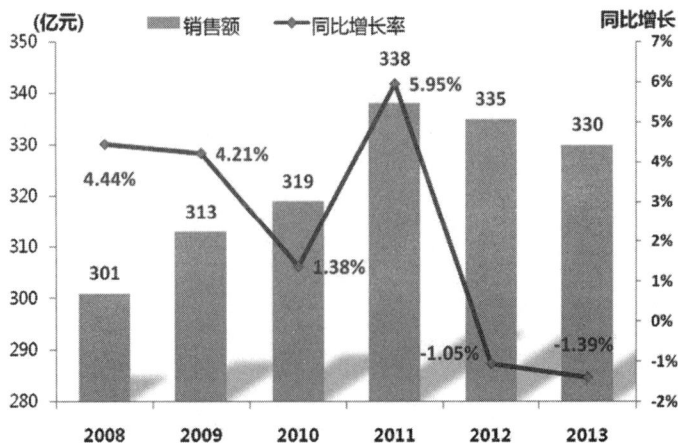

**图 1　2008—2013 年我国图书线下销售码洋情况**
注:数据来源于开卷统计数据库

## 2. 图书线上销售状况

得益于电子商务的不断发展,线上图书销售逐年增长。根据2013年开卷数据,全年网上销售图书160亿—170亿元,如图2。虽然线上图书销售的规模还不及线下图书销售,但已不容小视,并保持了持续增长势头。除了原有的几大网站,零售商、出版社也纷纷借助第三方平台进行图书销售,拓展销售渠道,寻找摆脱当前销售困境的办法。

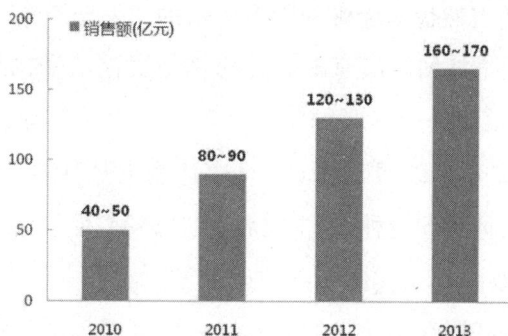

**图2　2010—2013年网店销售状况评估**

## 3. 图书销售品类情况分析

当前我国销售图书品种以社科、文学、少儿、教育、休闲类图书为主,如图3,2013年人文社科类图书零售额占比超过30%。近年来广受社会关注的国人平均阅读书籍量的下降,主要原因也就是人文社科书阅读量的下降,而此类图书恰恰

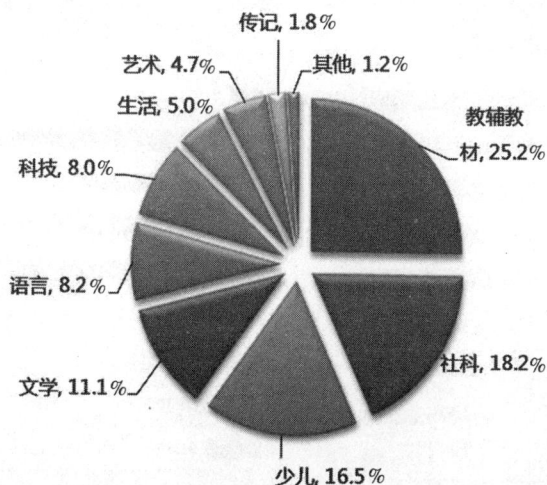

**图3　2013年我国图书销售品类分布情况**

注:数据来源于开卷年度报告

是线上销售的主力。人文社科类图书单笔购买量小，购买分散，销售周期长，这都是编辑策划选题时必须考虑的问题。如何借助线上实现销售是图书策划编辑必须掌握的技能。

## 二、拓展线上销售渠道是破解图书销售困境的必然选择

**1. 互联网经济的自然优势能弥补图书零售的"先天不足"**

经济学的本质便是如何解决有限资源的优化配置，制约资源有效配置的一个很重要因素是信息不对称，而互联网很好地解决了这一问题。它使得信息透明，传播速度快，线上交易不受地域限制。实体书店图书品种多、产业规模低，2013年全国零售市场动销品种126万种，新书品种20.2万种，而销售码洋才600亿元，单品种效益低，这也就支撑不了实体书店的运营。

网络销售借助互联网存储信息的大容量和信息展示的便捷性，可以尽可能多地展示图书，并且可以通过讨论版、用户评价等模块更好地提高用户体验，也就是在宣传和推广图书。网上销售还使得图书销售具有"长尾优势"，一些年代久远、印刷册数少的图书可以在网络上实现增值销售。从图4中可以看出，网络书店销售占比最大的是社科图书和文学类图书，分别为29.41%和20.26%，而实体书店占比最高的为教辅教材。

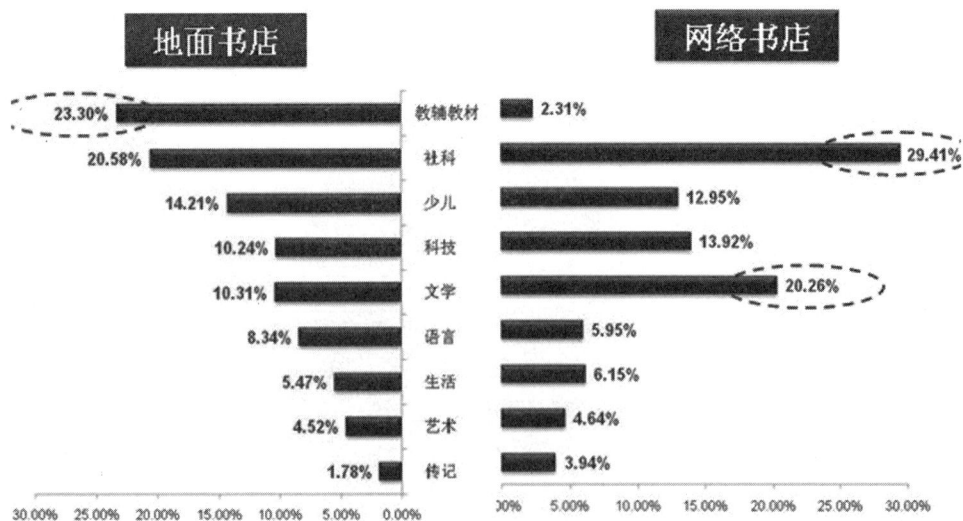

**图4　线上与线下销售品类对比**

注：数据来源于开卷年度报告

### 2. 客户群体阅读的个性化需求得不到满足

在信息资源爆炸时代,普通消费者被海量的信息包围,在近年来的出版业大发展背景下出现了诸多同质化的图书,这也就使得一般读者在选择时无所适从。当前人们社会生活节奏快,在繁多的同类图书中进行挑选也具有时间成本,这就导致读者对图书失去挑选的耐心,提不起读书的兴趣,"少买书,不读书"的现象较为严重。

另一些读者已不满足阅读出版社提供的一本内容固定、形式单一的图书,他们渴望得到更多的背后故事、相关的知识介绍、更丰富的展现形式、读者与作者之间的相互交流等等。

这些矛盾随着社会信息化程度不断提高而不断加剧,这也是当前图书发行困境的重要原因,如何破解这一难题关系到我国出版业的持续发展。

### 3. 电子商务发展的前沿成果可以用来革新出版产业链

(1) 大数据处理。通过网站来收集产品推荐、洞察用户需求、分析购买行为等环节的大数据,通过平台在后台对海量数据进行挖掘分析,针对不同用户推荐最佳的产品,在极大提升用户体验的同时,促进了销售。这都是在线下无法实现的。美国亚马逊公司 2013 年已经获得了一个"预测式购物"的专利,未来将出现这样的场景:亚马逊根据你的购物偏好,提前将你可能购买的商品配送到距离你最近的快递仓库,只要你一下订单,即刻就可送到家门口。

同样,在图书线上销售中,我们可以根据注册用户的购书历史、购书意愿、搜索历史、购物车内容等数据,对其商品偏好进行分析。这都是利用大数据带来的便利,帮助读者找到自己需要购买的图书,同时进行相关图书推荐,提高购买转化率。例如,南京大学出版社现在建设的 CSSCI‐BCI 项目是全国学术出版的评价标杆,可以利用 BCI 项目中的作者信息库,为平台上图书的在线推广提供相对精准的目标客户群。

同时,将分析得到的数据和读者需求发送给出版社,帮助出版社指导选题、编辑、推广、发行等各个环节。这是对出版产业链的一项巨大贡献,它对于破解当前图书品种杂乱扩张、图书库存不断增加等图书业发展谜题有积极作用。

(2) O2O 模式。O2O 即 Online To Offline,它将线下商务的机会与互联网结合在了一起,让互联网成为线下交易的前台。这样线下服务就可以用线上来揽客,消费者可以用线上来筛选服务,成交可以在线结算,迅速扩大规模。

　　将城市社科书店纳入图书网络销售平台中来,可以实现图书销售的 O2O 模式。书店可以在平台上发起讨论,出版社也可以借助平台来与书店做读书会活动。通过发展线下城市著名的社科书店,公共平台给他们提供服务,他们自身代表的当地的文化品位和影响力也有助于公共平台的发展。

## 三、图书网络销售可能发展的方向

### 1. 图书销售网站的蜕化

　　当当网、卓越网初期即以图书销售为主打,后来涵盖其他生活品类,京东网以电子产品销售在电商领域站稳脚跟后进入图书网上销售,都基本能实现一站式购物给消费者带来的便利。一站式购物的便捷性使得消费者对相关网站还是具有消费黏性,这也就说明这些网站还将在图书网上销售市场上占据一定的份额。但是因为图书销售的利润率较低,这些网站也会面临洗牌,市场份额会发生变化甚至会退出图书线上销售。2011 年 10 月高调进军图书销售市场的苏宁易购于近日退出图书网上销售,此前他们的目标是用一年的时间实现全国网上图书销售前三名。如何提高服务水平,增强消费黏性,留住读者,这是他们必须面对的问题。在电子商务中,掌握终端客户群,拥有终端客户规模便是与上端供货商的谈判资本。未来,这几大图书销售网站是否能在丰富多元化的网上销售渠道中继续占据较高份额,从而获得出版社给予的较低供货折扣,关系到他们能否继续生存下去。

### 2. 行业性专业公共平台的发展

　　行业性专业公共平台的开放性带来丰富的地理延展性,公共平台的建设具有极大的开发性,平台管理方负责产品信息的上传和销售资金的统一归口管理。相关行业领域内,任何地区的读者、出版社、图书批发商、书店都可以注册进来,在公共平台上各取所需。

　　未来的电子商务发展将摆脱传统的买卖产品,更多的是要提高综合性服务水平,通过提供服务实现产品销售;提供的服务即收费的"产品",原有的产品不再是主要的利润来源。行业性公共平台管理方因为具备本行业相关知识,易于对各出版社同类图书进行筛选推介,信息服务较为权威。通过后台数据处理,可以分月、季度、年向注册会员主动推送其关注领域的图书排行榜,减少其搜索、筛选时间。

　　与相关领域的出版社加强合作,在公共平台上开辟相关学术活动专区,实现学者相关领域的线上互动,加强出版社与优秀学者、学术资源的联系,实现双方共赢。这也推动了整个出版产业链的优化。

### 3. 借助第三方平台自营网上书店的发展

第三方公共平台此前建设已相对成熟,淘宝和天猫商城使用成本几乎为零,一些小型经销商早已尝试在淘宝开设网上书店销售图书,免除租赁门店费用,降低图书销售成本。扩大网店影响,增加浏览点击量,直接拉动网店销售。得益于近两年来自媒体的迅猛发展,出版社具有了更多宣传产品的媒介,可以以极低的成本宣传推广自己的图书,使得各家出版社乐于自建网上销售店,免于被当当网、卓越网等网站经销商盘剥,自主实现图书网上销售。目前因维护与几大网站经销商的关系,出版社在自建网上书店的销售折扣通常不低于网站经销商,在不久的将来,这一折扣关系会随着其他网络销售渠道的拓展而失衡,出版社自建网上书店会降低折扣来促进销售。

随着未来社会信息化程度不断深化,信息传播媒介不断丰富,电子商务形式不断发展,图书出版发行这一传统行业必须要与之结合,并不断创新,才能迸发出新的活力,才有可能破解当前图书发行的困局。

**参考文献**

[1] 张志强,左健.中国出版业发展报告——新千年来的中国出版业[M].南京:南京大学出版社,2013.

[2] [英] 维克托·迈尔-舍恩伯格,肯尼斯·库克耶.大数据时代[M].盛海燕,周涛,译.杭州:浙江人民出版社,2013.

[3] 王宇明.社会化阅读与数字出版的变革趋向[J].出版发行研究,2013(10).

[4] 张博,乔欢,李武.基于大数据的出版内容价值发现与应用[J].出版发行研究,2014(3).

出版法律与
CHUBANFALUYU
FAGUI 法规

# 《伯尔尼公约》述论<sup>*</sup>

## 金 眉

## 一、概  况

继 1709 年英国制定第一部版权法之后,世界上大多数国家都制定了自己的版权法。版权制度在全球的普遍确立,表明了人类对智力创作认识的深化和对智力劳动的尊重。但此时各国所提供的保护,仅限于本国国民创作的作品,在他国并不能得到版权保护。自 19 世纪以来,随着印刷生产的机械化和交通、通讯的发展,出版业日趋国际化。为了在国际上有效而广泛地保护本国国民的作品,国与国之间纷纷订立双边版权协定,互相保护版权。到 19 世纪下半叶,越来越多的国家发现谈判和签订双边版权协定十分麻烦,并且各国的版权保护水平参差不齐,管理困难,人们开始寻求制订统一的国际版权公约。1858 年首次召开的"国际作者与艺术家大会"提出了这一设想。在此之后 20 年,国际文学艺术联合会开始起草一份关于版权国际保护的文件。这一文件的内容涉及国际版权保护的组织机构、保护的内容、加入联盟的程序等,这便是《伯尔尼公约》的蓝本。

自 1884 年到 1886 年,英、美、法、德、意、日、瑞士、比利时、突尼斯、利比亚、哥斯达黎加、海地、洪都拉斯、巴拉圭、萨尔瓦多等欧、亚、非、美洲国家的代表,在瑞士首都伯尔尼多次举行外交会议,讨论缔结版权国际公约事宜。1886 年,英、法、德、意、瑞士、比利时、西班牙、利比里亚、海地和突尼斯共 10 个国家签署了《保护文学艺术作品伯尔尼公约》(简称《伯尔尼公约》)以及附属的"补充条款"和最

---

<sup>*</sup> 本文在介绍《伯尔尼公约》产生的历史背景、发展和现状之后,着重阐述了公约的基本内容和基本原则,尤其对公约为发展中国家制定的翻译和复制强制许可制度作了较详细的分析。

后条款,由批准这一公约的国家组成了伯尔尼联盟。《伯尔尼公约》后经 7 次补充修订,成为版权保护水准最高的国际公约。今天,它已拥有 90 多个成员国,它们是(资料截止日期为 1992 年 9 月 1 日):

| 序号 | 国家 | 参加《伯尔尼公约》时间 | 序号 | 国家 | 参加《伯尔尼公约》时间 |
|---|---|---|---|---|---|
| 1 | 塞浦路斯 | 1964.6.24* | 28 | 摩纳哥 | 1889.5.30* |
| 2 | 印度 | 1928.4.1* | 29 | 挪威 | 1896.4.13BP |
| 3 | 以色列 | 1950.3.24* | 30 | 波兰 | 20.1.28RP |
| 4 | 日本 | 1899.7.15* | 31 | 荷兰 | 1912.11.1* |
| 5 | 黎巴嫩 | 1947.9.30R | 32 | 葡萄牙 | 1911.3.29* |
| 6 | 巴基斯坦 | 1948.7.5RS | 33 | 罗马尼亚 | 1927.1.1RS |
| 7 | 菲律宾 | 1951.8.1BP | 34 | 英国 | 1887.12.5* |
| 8 | 斯里兰卡 | 1959.7.20RP | 35 | 梵蒂冈 | 1935.9.12* |
| 9 | 马来西亚 | 1990.10.1* | 36 | 瑞典 | 1904.8.1* |
| 10 | 泰国 | 1931.7.17Berlin | 37 | 瑞士 | 1887.12.5BS |
| 11 | 土耳其 | 1951.1.1B | 38 | 捷克和斯洛伐克 | 1921.2.22* |
| 12 | 德国 | 1887.12.5* | 39 | 南斯拉夫 | 1930.6.17* |
| 13 | 奥地利 | 1920.10.1* | 40 | 美国 | 1989.3.1* |
| 14 | 比利时 | 1887.12.5BS | 41 | 加拿大 | 1928.4.10BS |
| 15 | 保加利亚 | 1921.12.5* | 42 | 墨西哥 | 1967.6.11* |
| 16 | 丹麦 | 1903.7.1* | 43 | 阿根廷 | 1967.6.10BP |
| 17 | 西班牙 | 1887.12.5* | 44 | 巴哈马 | 1973.7.10BP |
| 18 | 芬兰 | 1928.4.1* | 45 | 巴巴多斯 | 1983.7.30* |
| 19 | 法国 | 1887.12.5* | 46 | 巴西 | 1922.2.9* |
| 20 | 希腊 | 1920.11.9* | 47 | 智利 | 1970.6.5* |
| 21 | 匈牙利 | 1922.2.14* | 48 | 哥伦比亚 | 1958.3.7* |
| 22 | 冰岛 | 1947.9.7* | 49 | 哥斯达黎加 | 1978.6.10* |
| 23 | 爱尔兰 | 1927.9.7BS | 50 | 洪都拉斯 | 1990.6.25* |
| 24 | 意大利 | 1987.12.5* | 51 | 秘鲁 | 1988.8.20* |
| 25 | 列支敦士登 | 1931.7.30BS | 52 | 苏里南 | 1977.2.23* |
| 26 | 卢森堡 | 1888.6.20* | 53 | 特里尼达-多巴哥 | 1988.8.16* |
| 27 | 马耳他 | 1964.9.21RP | 54 | 乌拉圭 | 1967.7.10* |

续　表

| 序号 | 国家 | 参加《伯尔尼公约》时间 | 序号 | 国家 | 参加《伯尔尼公约》时间 |
|---|---|---|---|---|---|
| 55 | 委内瑞拉 | 1982.10.30* | 75 | 布基纳法索 | 1963.8.19* |
| 56 | 厄瓜多尔 | 1991.10.9* | 76 | 刚果 | 1962.5.8* |
| 57 | 巴拉圭 | 1992.1.2* | 77 | 埃及 | 1977.6.7* |
| 58 | 澳大利亚 | 1928.4.14* | 78 | 加蓬 | 1962.3.26* |
| 59 | 新西兰 | 1928.4.24* | 79 | 莱索托 | 1989.7.28* |
| 60 | 斐济 | 1971.12.16BS | 80 | 利比亚 | 1970.9.28* |
| 61 | 喀麦隆 | 1964.9.21* | 81 | 马里 | 1962.3.19* |
| 62 | 加纳 | 1991.10.11* | 82 | 毛里塔尼亚 | 1973.2.6* |
| 63 | 几内亚 | 1980.11.20* | 83 | 中非 | 1977.9.3* |
| 64 | 利比里亚 | 1989.3.8* | 84 | 乍得 | 1971.11.25BS |
| 65 | 毛里求斯 | 1989.5.10* | 85 | 多哥 | 1975.4.30* |
| 66 | 马拉维 | 1991.10.12* | 86 | 扎伊尔 | 1963.10.8* |
| 67 | 摩洛哥 | 1917.6.18* | 87 | 津巴布韦 | 1980.4.18* |
| 68 | 尼日尔 | 1962.5.2* | 88 | 科特迪瓦 | 1962.1.1* |
| 69 | 卢旺达 | 1984.3.1* | 89 | 马达加斯加 | 1966.1.1B |
| 70 | 塞内加尔 | 1962.8.25* | 90 | 几内亚比绍 | 1971.7.22* |
| 71 | 突尼斯 | 1887.12.5* | 91 | 斯洛文尼亚 | 1992.6.12* |
| 72 | 赞比亚 | 1992.1.2* | 92 | 克罗地亚 | 1992.7.28* |
| 73 | 南非 | 1928.10.3* | 93 | 中国 | 1992.10.15* |
| 74 | 贝宁 | 1961.6.3* | | | |

　　*＝巴黎文本；B＝布鲁塞尔文本实质条款；R＝罗马文本实质条款；S＝斯德哥尔摩文本行政条款；Berlin＝柏林文本；P＝巴黎文本行政条款

　　注：本资料引自《著作权》1993年第1期

　　由上表我们可以看出，在94个参加《伯尔尼公约》的成员国中，有74国批准了《伯尔尼公约》1971年巴黎文本实体条文。只批准了1928年罗马文本实体条文的国家有6国，它们是[①]：

---

　　① 《版权公约，版权保护与版权贸易》一书(中国人民大学出版社1992年版)第10页误将加拿大、冰岛、新西兰、津巴布韦列为只批准了1928年罗马文本实体条文的国家。

| 国　别 | 参加公约的时间 | 批准文本 |
|---|---|---|
| 波兰 | 1920 年 1 月 28 日 | |
| 罗马尼亚 | 1927 年 1 月 1 日 | |
| 黎巴嫩 | 1947 年 9 月 30 日 | 1928 年罗马实体条文 |
| 巴基斯坦 | 1948 年 7 月 5 日 | |
| 斯里兰卡 | 1959 年 7 月 20 日 | |

未批准 1971 年巴黎文本实体条文,但批准了 1948 年布鲁塞尔文本实体条文的有 13 国,它们是①:

| 国　别 | 参加公约的时间 | 批准文本 |
|---|---|---|
| 比利时 | 1887 年 12 月 5 日 | |
| 瑞士 | 1887 年 12 月 5 日 | |
| 挪威 | 1896 年 4 月 13 日 | |
| 爱尔兰 | 1927 年 9 月 7 日 | |
| 加拿大 | 1928 年 4 月 10 日 | |
| 列支敦士登 | 1913 年 7 月 30 日 | |
| 土耳其 | 1951 年 1 月 1 日 | |
| 菲律宾 | 1951 年 8 月 1 日 | |
| 马达加斯加 | 1966 年 1 月 1 日 | |
| 阿根廷 | 1967 年 6 月 10 日 | |
| 乍得 | 1971 年 11 月 25 日 | |
| 斐济 | 1971 年 12 月 16 日 | |
| 巴哈马 | 1973 年 7 月 10 日 | |

泰国则只批准了《伯尔尼公约》1908 年柏林文本的实体条文。

自 1886 年缔结《伯尔尼公约》到 1952 年缔结《世界版权公约》的 60 余年间,《伯尔尼公约》是版权国际保护领域唯一的世界性多边公约。即便是在《世界版权公约》等国际版权公约问世后的 30 余年间,它也一直是拥有成员国最多的版权公

---

① 《版权公约、版权保护与版权贸易》一书第 10 页误将以色列列为批准了布鲁塞尔文本实体条文的国家,而漏掉加拿大。

约。①《伯尔尼公约》对众多概念所作的明确定义、对各类事项的详细规定和其周密性，对各国版权立法有着极为重要的影响。其高水平的版权保护，也成为世界各国版权保护努力的方向。《伯尔尼公约》已于 1992 年 10 月 15 日正式在中国生效，中国由此进入了版权国际保护的行列，同时也意味着研究和履行公约的规定，已是必然。

## 二、《伯尔尼公约》的基本内容

《伯尔尼公约》1971 年巴黎文本共 44 条，由实体条文（公约第 1—21 条及附件）和行政条文（公约第 22—38 条）组成。实体条文规定公约的宗旨、保护范围、基本原则、权利的内容、权利的发展等内容，行政条文则规定公约的管理、加入公约的条件等。

（一）《伯尔尼公约》保护的作品

《伯尔尼公约》第 2 条在规定了"文学艺术作品"一语，包括文学、科学和艺术领域内的一切成果，而不问其表现形式或表现方式如何之后，详细列举了受保护的文学艺术作品：

1. 书籍、小册子和其他文字作品；

2. 讲课、演讲、布道和其他同类性质作品；

3. 戏剧或音乐戏剧作品；

4. 舞蹈艺术作品和哑剧；

5. 配词或未配词的乐曲；

6. 电影作品和以类似摄制电影的方法表现的作品；

7. 图画、油画、建筑、雕塑、雕刻和版画作品；

8. 摄影作品和以类似摄影的方法表现的作品；

9. 实用艺术作品；

10. 与地理、地形、建筑或科学有关的插图、地图、设计图、草图和立体作品。

此外，演绎作品如翻译、改编、乐曲改编以及对文学艺术作品的其他变动所产

---

① 1894 年，《世界版权公约》与《伯尔尼公约》的成员国数量相等。1985 年，《世界版权公约》成员国的数量一度超过了《伯尔尼公约》。见郑成思：《版权公约、版权保护与版权贸易》，中国人民大学出版社 1992 年版，第 7 页。

生的作品,在不损害原作的版权的前提下,属于受公约保护的作品。① 汇编作品,如百科全书和选集,凡由于对材料的选择和编排而构成智力创作的,在不损害汇编内每一作品的版权的前提下,也属于受公约保护的作品。② 至于实用艺术品、工业品外观设计、模型等,公约允许各成员国自行立法决定本国法律对它们的适用程度,以及它们受保护的条件。这意味着《伯尔尼公约》允许各成员国不将实用艺术品、工业品外观设计和模型等视为版权法所保护的"作品",而允许以工业产权法予以保护。③

**(二)《伯尔尼公约》保护的经济权利**

《伯尔尼公约》规定各成员国必须保护的经济权利主要有:

(1) 翻译权:规定于公约第 8 条中,它是指作品的作者在版权保护期内,享有翻译和授权他人翻译其作品的专有权利。

需要指出的是,《伯尔尼公约》所规定的翻译权,受到翻译权十年保留制度[公约第 30 条第(2)款和附件第 5 条]、合理使用和强制许可证制度的限制。

(2) 复制权:规定于公约第 9 条第(1)款中。它指作品的作者享有授权他人以任何方式或采取任何形式复制其作品的专有权利。这一权利,也受到强制许可和合理使用的限制。

鉴于录制是一种间接的复制,因而《伯尔尼公约》在 1967 年修订时,将所有形式的录音或录像也视为公约所指的复制。

(3) 公演权:规定于公约第 11 条中。它是指戏剧作品、音乐戏剧作品及音乐作品的作者,享有授权他人以任何手段和方式公开表演和演奏其作品以及授权用各种手段公开播送其作品的表演和演奏的专有权利。

(4) 广播权:按照公约第 11 条之 2 的规定,广播权意味着文学和艺术作品的作者享有下列专有权利:"① 授权广播其作品或以任何其他无线传送符号、声音或图像的方法向公众传播其作品;② 授权由原广播机构以外的另一机构通过有线传播或转播的方式向公众传播广播的作品;③ 授权通过扩音器或其他任何传送符号、声音或图像的类似工具向公众传播广播的作品。"由此观之,公约所称的广播包括无线电广播、电视广播、有线广播、扩音器广播等。简言之,广播权便是作者

---

① 《伯尔尼公约》第 2 条第(3)款。
② 《伯尔尼公约》第 2 条第(5)款。
③ 《伯尔尼公约》第 2 条第(7)款。

享有授权他人或组织的无线广播或其他方法向公众广播其作品的权利。

（5）公开朗诵权：规定于公约第 11 条之三。它指作者享有授权他人以任何手段或方式公开朗诵其作品以及授权用各种手段公开播送其作品的朗诵的专有权利。

（6）改编权：规定于公约第 12 条中。它指作者享有授权他人对其作品进行改编、音乐改编和其他变动的专有权利。

（7）制片权：按照公约第 14 条的规定，制片权意味着文学艺术作品的作者享有下列专有权利：① 授权将这类作品改编和复制成电影以及发行经过如此改编或复制的作品；② 授权公开表演、演奏以及向公众有线广播经过如此改编或复制的作品。

与此同时，公约还规定，若电影作品系根据文学艺术作品制作，则不论以任何其他艺术形式改编该电影作品，在不妨碍电影作品作者授权的情况下，仍须经原作作者授权。

（8）追续权：规定于公约第 14 条之 3 中。它是指艺术作品原作和作家与作曲家的手稿出卖后，作者及其继承人以及国家法律授权的机构，在作品以后的各次转售中可分得一定的售金。但是，追续权并不是公约对各成员国的最低要求，即并不要求各成员国必须履行保护义务，而是允许各成员国在对待外国作品是否享有追续权的问题上实行互惠原则，而不适用国民待遇原则。这就是公约第 14 条之 3 第（3）款所规定的："只有在作者本国法律承认这种保护的情况下，才可在本同盟的成员国内要求上款所规定的保护，而且保护的程度应限于被要求给予保护的国家的法律所允许的程度。"

至于分享利益的方式和比例，公约规定由各国法律自行确定。

### （三）《伯尔尼公约》保护的精神权利

公约第 6 条之 2 第（1）款规定了公约所保护的精神权利的内容："不依赖于作者的经济权利，乃至在经济权利转让之后，作者均有权声明自己系作品的原作者，并有权反对任何对其作品的有损作者声誉的歪曲、篡改或其他更改或贬抑。"按照这一规定，《伯尔尼公约》所保护的精神权利主要有：

（1）署名权：即作者对其作品有署真名或署假名或不署名的权利。

（2）保护作品完整权：即作者享有反对对其作品进行歪曲、篡改和对其作品进行有损作者声誉的修改的权利。

由公约第 6 条之 2 第(1)款我们还可得知,作者的精神权利不依赖于其经济权利而独立存在,这意味着即便一部作品的版权已卖绝,其精神权利仍归作者所有,受让方不得篡改作品内容和取消作者姓名。

### (四)《伯尔尼公约》的基本原则

#### 1. 国民待遇原则

简单来说,它指《伯尔尼公约》成员国对其他成员国国民所提供的版权保护,与依照本国法已经为其国民提供的版权保护相同。国民待遇原则贯串于公约的大部分实体条文中,集中体现于公约第 3、4 条和第 5 条(1)、(3)、(4)款中。值得注意的是,公约所奉行的国民待遇原则不以互惠为基础,而是以作者国籍或作品国籍(即首次出版地)为基础。这种待遇的内容包括两方面:① 享有公约各成员国依照本国法律已经以及今后可能为本国国民提供的版权保护,这就是公约第 5 条第(1)款前半部分所规定的:"就享有本公约保护的作品而论,作者在作品起源国以外的本同盟成员国中享有各该国法律现在给予和今后可能给予其国民的权利。"这里所称的本国法律包括版权法以及与版权保护有关的法律如民法、民事诉讼法等,在英美法系国家还包括有关的判例。② 享有《伯尔尼公约》特别授予的权利。①前者意味着各国之间的版权保护存在差异,后者则是公约对各成员国所规定的最低保护要求。

具体而言,享有国民待遇者有:

(1)《伯尔尼公约》成员国的国民,无论其作品是否出版。② 这一标准又被称为"作者国籍标准"。至于何为出版,按照公约第 3 条第(3)款的规定,无论复制件以何种方式制作,只要从这部作品的性质来看,复制件的发行方式能满足公众的合理需要,就构成出版。至于戏剧、音乐戏剧或电影作品的表演,音乐作品的演奏,文学作品的公开朗诵,文学或艺术作品的有线广播或广播,美术作品的展出和建筑作品的建造,则不构成出版。

(2) 虽然不是公约成员国的国民,但其作品首次在公约某一成员国出版,或者在某一成员国和某一非成员国同时出版。③ 这一标准被称为"作品国籍原则"。按照公约第 3 条第(4)款的规定,同时出版是指作品于 30 天内在 2 个或 2 个以上国

---

① 见《伯尔尼公约》第 5 条第(1)款末句。
② 见《伯尔尼公约》第 3 条第(1)款 a。
③ 《伯尼尔公约》第 3 条第(1)款 b。

家先后首次出版。

（3）非公约成员国国民，但在公约某成员国有惯常住所的作者。①

（4）电影作品的作者，虽不符合上列（1）、（2）、（3）之任一项标准，但只要该电影作品制片人的总部或惯常住所在公约某成员国中，则该电影作品的作者仍被视为享有公约所规定的国民待遇。②

（5）建筑作品的作者，虽不符合上列（1）、（2）、（3）之任一项标准，但只要其作品是建造在公约某成员国内，或艺术作品构成公约成员国内建筑物的一部分，则该建筑作品或该建筑物中的平面和立体艺术作品的作者仍被视为享有公约所规定的国民待遇。③

在国际民事诉讼中，对侵犯版权的诉讼，适用侵权行为地法。这一原则意味着凡享有国民待遇者，无论公约哪一成员国发生侵犯其版权的行为，均有权在侵权行为发生国起诉，要求维护自己的权利。

### 2. 自动保护原则

这就是《伯尔尼公约》第5条第（2）款所规定的："享有和行使这些权利（笔者注：指享有及行使依国民待遇所保护的有关权利）不需要履行任何手续。"它包括无须注册登记、无须交纳一定费用、无须交纳样书、无须在作品上注明版权保留标志等。值得一提的是，有一些《伯尔尼公约》成员国如阿根廷、智利、西班牙等要求版权注册或要求作品加注版权标记。这一做法若仅限于对本国国民适用，则并不被视为违反《伯尔尼公约》的自动保护原则。

### 3. 版权独立保护原则

版权独立保护原则规定于《伯尔尼公约》第5条第（2）款的后半部分：作者就其作品所享受的国民待遇，"不论作品起源国是否存在保护。因此，除本公约条款外，保护的程度以及为保护作者权利而向其提供的补救方法完全由被要求给予保护的国家的法律规定"。简言之，版权独立保护原则是指公约各成员国按照本国版权法保护其他成员国的作品，而不论该作品在起源国是否受保护。

版权自动保护原则意味着只要符合公约的要求，一部作品可以在90多个成员国内享有版权保护；而版权的独立性原则则表明，享有国民待遇的作者，其作品

---

① 《伯尔尼公约》第3条第（2）款。
② 《伯尔尼公约》第4条a。
③ 《伯尔尼公约》第4条b。

在 90 多个成员国内虽都自动受到保护,但这种保护是 90 多种不同的版权保护。举例来说,在英国,复印权受到版权法的保护,而中国则不予保护。对此,中国不保护英国作品的复印权,但英国应保护中国作品的复印权,尽管这种权利在中国并不受版权法保护。

### 4. 最低限度保护原则

鉴于版权独立保护原则允许公约各成员国按照本国版权法保护其他成员国的作品,从而导致一部作品会有 90 多种不同的版权保护。为了保证公约的基本精神通行成员国,公约又规定各成员国版权立法提供的保护水平不能低于公约所规定的最低限度。这就是最低限度保护原则。

### (五)《伯尔尼公约》关于经济权利和精神权利的保护期

### 1. 经济权利的保护期

一般作品的保护期,公约规定为作者有生之年及死后 50 年。这里的"50 年",按照公约第 7 条第(5)款的规定,是从作者去世后的第二年的一月一日起计算。

对于特殊的作品,公约又规定了具体的保护期和起算日期:

(1)电影作品的保护期为经作者同意而公映后 50 年期满,自公映之日起计算;若电影作品完成后 50 年内未公映,则保护期为作品完成后 50 年期满,自电影作品完成之日起计算。

(2)不具名作品或假名作品的保护期,自作品合法公之于众之日起 50 年有效;若根据作者采用的假名可以毫无疑问地确定作者身份时,则作品的保护期与一般作品的保护期相同,为作者有生之年及去世后 50 年;若是不具名或假名作者,在其作品与公众见面后的 50 年间公开其身份,则作品的保护期为作者有生之年及去世后 50 年。

(3)摄影作品和作为艺术作品保护的实用艺术品的保护期,由各成员国立法规定,但不得少于自该作品完成后算起 25 年。

(4)合作作者共有的作品,其保护期的计算应以合作作者中最后去世的作者为准,为其有生之年及去世后 50 年。

此外,公约第 7 条第(6)款还规定了成员国可以提供比上述各款的规定更长的保护期。

### 2. 精神权利的保护期

就大多数国家的版权立法而言,精神权利的保护是无限期长。但也有少数国家规定作者去世后,其作品的精神权利就不再存在。对此,公约作了调和性的规定:精神权利在作者去世后"应至少保留到作者经济权利期满为止,并由被要求给予保护的国家本国法律所授权的人或机构行使之。但在批准或加入本公约文本时其法律中未包括有保证在作者死后保护以上第一款承认的全部权利的各国,有权规定对这些权利中某些权利在作者死后不予保留"。这意味着只在作者有生之年给予精神权利保护的国家,在加入公约后,可保留其原有的规定,在作者去世后对其作品不提供精神保护。

### (六)《伯尔尼公约》的保留

公约允许各成员国的国内立法对公约的规定作某些保留,这主要有翻译权 10 年保留、解决争端程序保留、适用公约旧文本中实体条文的保留等。

(1) 翻译权 10 年保留:指公约允许非成员国在加入公约时声明以 1886 年公约文本第 5 条(于 1896 年增补)的规定来代替公约现行文本第 8 条关于翻译权的规定[1],对作品的翻译权不提供作者有生之年加死后 50 年的保护,而允许在一定条件下,本国国民将其他成员国作品翻译为本国的通用语言文字。

翻译权 10 年保留制度适用的条件是:一国在加入公约时须作出保留声明;其他成员国作品首次出版之后 10 年内,其作者未授权任何人将其作品翻译成作出保留声明国家的通用文字;只能翻译为作出保留声明国家的通用文字。在具备上述条件后,作出保留声明的国家可允许任何国民在该作品首次出版 10 年之后,自由翻译该作品。[2]

值得注意的是,按照公约 1971 年巴黎文本附件第 5 条第(2)款的规定,成员国若系发展中国家,则在享有了翻译权强制许可待遇后,不能再主张翻译权 10 年保留。并且,除发展中国家之外的任何成员国,一旦声明翻译权 10 年保留后,其他成员国对该国作品的保护,也实行 10 年翻译权保护,这就是公约第 30 条第(2)款 b 后半部分规定的:"在不违反附件第 1 条第 6 款 b 项的情况下,任何国家对于使用持此保留条件的国家为其起源国的作品的翻译权,有权实行与后一国提供的相同的保护。"

(2) 解决争端程序保留:公约第 33 条第(1)款规定了成员国之间就公约的解释或适用发生争端,经谈判不能解决时,若有关国家不能就其他解决办法达成协

---

① 见《伯尔尼公约》第 30 条第(2)款 b。
② 参见郑成思:《版权公约、版权保护与版权贸易》,中国人民大学出版社 1992 年版,第 36 页。

议,则争端的任一方可按国际法院规定的方式通过起诉将争端提交国际法院解决。但同条第(2)款又规定了任何国家在加入本公约时可以声明不受此约束。据载,到 1992 年 1 月为止,还有委内瑞拉、突尼斯、泰国、南非、罗马尼亚、毛里求斯、马耳他、利比亚、利比里亚、莱索托、印度、埃及、保加利亚等国坚持这项保留。[①]

(3) 文本保留:规定于公约第 32 条第(1)款之中。它指公约允许成员国仍适用《伯尔尼公约》旧有文本中的实体条文。

### (七) 为发展中国家制定的优惠条款——翻译和复制强制许可制度

第二次世界大战以后,殖民体系分崩瓦析,民族独立意识增强,民族国家纷纷独立。但由于历史的原因,这些民族独立国家的经济基础十分薄弱,经济、文化、教育都亟待发展。显然,在版权保护方面要求这些发展中国家与发达国家承担相同的义务,既不合理也不现实。长期以来,发展中国家与发达国家就存在版权保护方面的冲突,发展中国家为此也进行了长期不懈的斗争。历史进入六七十年代,面对发展中国家越来越强烈的呼吁,《伯尔尼公约》于 1971 年修订时,补充了仅适用于发展中国家的优惠条款,它们集中体现为翻译和复制强制许可制度。

按照《伯尔尼公约》(1971 年巴黎文本)附件第 1 条的规定,发展中国家鉴于本国的经济状况、社会和文化的需求,认为本国不能立即提供本文本所规定的权利保护,在申请加入《伯尔尼公约》时,可以声明其享有翻译强制许可或复制强制许可,或同时享有二者。按照公约 1971 年巴黎文本第 21 条和附件的规定,颁发翻译和复制强制许可,必须符合下列条件:

(1) 只有按照联合国大会惯例被视为发展中国家的国家,才能颁发强制许可。

(2) 欲享有这种优惠的国家,必须在申请加入公约,提交批准书或加入书时,书面通知公约管理组织——世界知识产权组织总干事,或在提交批准书或加入书之后的任何时间,声明享有这种优惠。

(3) 这种声明须每 10 年续展一次。若公约成员国不再被视为"发展中国家",则无权续展。并且,不再被视为发展中国家的成员国,无论其是否正式撤销了声明,在其 10 年有效期满后,或在该国不再被视为"发展中国家"满 3 年后,该国便不再享有这种优惠待遇。

(4) 颁发强制许可证,必须经申请人按照有关国家的现行规定,证明他根据不同情况已向权利所有者提出翻译和出版译本,或复制和出版该版本的要求,而又

---

① 郑成思:《版权公约、版权保护与版权贸易》,中国人民大学出版社 1992 年版,第 36 页。

未能得到授权,或经过相当努力仍未能找到权利所有者。在向权利所有者提出这一要求的同时,申请人还必须将这一申请通知作品出版者和据信为出版者主要业务中心所在国政府指定的任何国内或国际情报中心。

若申请人无法找到权利所有者,则应通过挂号航邮将申请书副本,寄给作品出版者和据信为出版者主要业务中心所在国的政府所指定的任何国内或国际情报中心。

(5)依强制许可而出版的译本或复制本的所有复制品上都应列出作者姓名、作品名称。若系翻译本,还须在所有复制品上标出原作名称。

并且,必须在复制品上以文字说明该复制品只能在该许可证适用的国家或领土内发行。若用于出口,则应符合公约附件第 4 条第(4)款所规定的特定条件,并通知世界知识产权组织总干事。

(6)向权利所有者支付的报酬,应符合有关两国个人之间自由谈判的许可证通常支付版税的标准,即所付报酬应符合两国国民在自由版权贸易下通常支付的版税。

并且,各国应保证这笔报酬的支付和转递;如果存在着国家对外汇的管制,则主管当局应通过国际机构,尽一切努力保证使这笔报酬以国际上可兑换的货币或其等值货币转递。

(7)若作者已行使收回权,则不论使用国是否承认收回权,均不能再发放强制许可证。

(8)声明享有这种优惠的成员国,应通过国内立法,采取适当措施,保证在不同情况下作品的正确翻译或精确的复制。

翻译和复制强制许可证的颁发,除必须符合上述条件外,公约还分别规定了二者应具备的条件。

关于翻译强制许可证:

(1)只限于教学、学习或研究之用。

(2)限于以印刷形式或类似的复制方式出版的外国作品。

(3)一部作品自首次出版之日起满 3 年(我们简称为 3 年优惠期)或该国的法律所规定的更长的时间期满之后,如果作品翻译权所有人自己没有,也未授权他人将其作品以该国通用语文出版译本,则该国任何国民都可得到用该国通用语文翻译该作品并以印刷形式或其他类似的复制形式出版该译本的许可证。

如果用发证国通用语文出版的译文的所有版本均已售完,则享有翻译权强制许可优惠待遇的国家,也可以颁发许可证。

(4) 若将外国作品译成公约成员国中非发达国家通用的语文,则发证国自该作品首次出版之日起满一年(我们简称为一年优惠期)即可颁发强制许可证。

(5) 颁发翻译强制许可证,必须是按公约规定需要经过 3 年期限才能取得的许可证,需要经过 6 个月的补充期限才能颁发(即 3 年优惠期届满之后 6 个月才可以颁发);需经过一年期限才能取得的许可证,则需经过 9 个月的补充期限(即一年优惠期届满之后 9 个月才可以颁发)。

(6) 若在上述 6 个月或 9 个月的期限未满期间,由翻译权所有者或经其授权,用申请使用的语文出版译本,则不能颁发翻译强制许可证。

(7) 对主要由图画组成的作品,只有在具备了复制强制许可证所规定的条件后,才能颁发其文字的翻译出版与图画的复制出版的许可证。

此外,公约还规定了在符合一定条件后,国家主管当局可以应广播机构的要求,发给总部设在该国的广播机构翻译强制许可证。这些条件是:译文是根据有关成员国法律制作并获得的复制品翻译的;译文只能用于教学广播或向特定专业的专家传播专门技术或科学研究成果的广播;这种广播只能是对该国境内听众的合法广播,其中包括通过录音或录像手段合法录制的广播;所有对译文的使用均无任何营利性质。

关于复制强制许可:

(1) 目的是满足广大公众或系统教学的需要。

(2) 必须是公约其他成员国的作品,已满公约所规定的期限或本国法律所规定的更长期限届满后,该作品特定版本的复制本尚未由复制权所有者或其他获得其授权者按照与该国同类作品的一般合理价格在该国公开销售,则该国任何国民都可得到许可证,以此种价格或更低价格复制和出版该版本,供大、中、小学教学之用。

此处所称的期限,自特定版本首次出版之日起计算,分别计算为:有关数学和自然科学以及技术的作品,期限为 3 年;小说、诗歌、戏剧和音乐作品以及美术书籍,期限为 7 年;其他作品,期限为 5 年。

此外,公约还规定,如果在适用的期限届满后,该作品经授权的版本在有关国家已脱销 6 个月,无法按照与该国同类作品相似的价格供广大公众或系统教学之用,则该国主管当局也可以颁发复制强制许可证。

(3) 通常情况下,复制强制许可适用的作品只限于印刷的形式或任何其他类似的复制形式出版的作品。但公约也规定了它也适用于以视听形式复制的受保护作品或包含受保护作品的视听资料,以及用许可证申请国通用语文翻译的该视听资料中的文字评分的译本,但条件是所涉及的视听资料的制作和出版限大、中、小学教学使用的唯一目的。

值得指出的是,由于存在过多的限制和烦琐的手续,《伯尔尼公约》自实施优惠条款至今虽已有 20 余年,但正式向公约主管机构声明享有这种优惠待遇的国家屈指可数,而颁发的强制许可证总共不到 10 个。由此观之,强制许可证的颁发是十分有限同时又是相当困难的。

综上所述,《伯尔尼公约》是国际社会为版权保护国际化而努力的结果。在其产生后的一百多年间,随着科学技术和人类社会的进步以及国际社会的变化和人类对版权认识的深化,其内容也在不断修订和完善之中。

(原载于《南京大学学报》1994 年第 4 期)

# 关于编辑作品图书出版的法律思考

## 金 眉

近来看到一则消息，讲的是季羡林等 15 位学者、作家状告中国物价出版社在其出版的《诺贝尔文学奖大系》中收录了他们的译作，却没有和他们打招呼，也没有经过任何授权，甚至还将译者的署名删除。[①] 这起纠纷因涉及著名学者而显得突出。事实上，类似的事例在出版界并不少，只是因为有的图书作者未能看到或者不予计较而未起纠纷。

将各类报刊或图书中的若干文章、文章片段或图片结集汇成书这一作品形式在法律上被视为编辑作品的一类。[②] 这类作品的特点是：

（1）原作已经在图书或杂志上发表过；

（2）是多人作品的汇集；

（3）具有独特的编辑思路、编排体例和顺序。

这类图书在图书市场上占有不小的份额，从高层次的学术书系到普教大众系列，因其具有精选、快捷、方便的特点，能够满足不同人群的需要而受到读者欢迎。对出版者而言，这类作品选材方便，成书快捷，易成为畅销书，因而也为出版者看好。

就各社的做法而言，目前大致有以下几种情况：

（1）各篇文章既无原作者也无原出版者，甚至也无编者，只有出版者。

（2）只有编者、出版者，而无原作者、原出版者。

（3）有编者和原作者，但无原出版者。

---

① 《新闻出版报》2001 年 4 月 6 日。

② 编辑作品的范围很广，既包括将已发表的作品编辑成书，也包括组织者组织编写的辞书、画册、文集等，由于前者存在的纠纷较多，因而本文集中予以探讨。

(4) 译文类(含图片和文字两类),只有出版者而无原作者和原出版者。

(5) 编者说明中无任何关于得到授权的说明。

就上述各种做法而言,无一不是侵犯了原作品著作权人和原出版者的权益。按照现行《著作权法》第十四条的规定:"编辑作品由编辑人享有著作权,但行使著作权时,不得侵犯原作品的著作权。"依笔者的理解,这一法律规定包含如下两层含义:① 编辑作品是作者按照一定的思路、编排体例、顺序和风格对既有作品进行筛选,从中精选出符合编辑思想的作品汇集而成,由此而形成的编辑作品体现了编辑人独特的思想和风格,具有独创性,因而受到法律的保护,其著作权归编辑人享有。② 编辑人行使著作权时,不得侵犯原作品的著作权。此处的著作权应包括署名权、修改权、保护作品完整权、使用权和获得报酬权。<sup>①</sup> 而"使用权"是指原作品著作权人以复制、表演、播放、展览、发行、摄制电影、电视、录像或者改编、翻译、注释、编辑等方式使用作品及许可他人以上述方式使用作品的权利。如上所述,这种许可使用权最容易因各种原因诸如著作权人分散于各地,难以一一征得授权同意而遭到编辑人和出版者的侵犯。

由此可知,出版编辑作品须做到:

(1) 编辑作品的编辑人首先要征得原作品著作权人同意,方可将其作品编入编辑作品中。

(2) 这种使用应尊重作者的署名权,未经原著作权人同意,不得擅自修改、歪曲甚至篡改原作。

对出版者而言,在编辑出版此类图书时,必须注意审核下列内容:

(1) 编辑人是否取得原作著作权人和原出版者的书面授权。若无书面授权,则不得出版。这里需要指出的是,原作品是由多人完成的合作作品,编辑人取得授权可以分为两种情况:① 如果合作作品属于不可分割使用的作品,则编辑人必须征得所有合作作者的同意后,才能将原作收入编辑作品中;② 如果合作作品属于可以分割使用的作品即各个作者对各自创作的部分可以单独享有著作权,则编辑人只需征得所要选用的作品的作者同意即可,但应注意不能因单独使用而影响合作作品其他合作者的著作权。

(2) 作者署名和内容的变更是否有原作著作权人的书面证明。署名权和保护作品完整权是著作权人的权利,编辑人和出版者未经原作著作权人的同意,不得

---

① 发表权是指著作权人将作品首次公之于众的权利,作品发表后作者即不再享有发表权。

擅自改变原作品的署名方式,也不得擅自修改原作品的内容。原作品著作权人要求修改,必须向编辑人或者出版者提交书面材料,以免纷争。

(3)签订合同,明确各自的权利与义务。合同应包括以下主要内容:① 原作品著作权人同意将原作品收入编辑作品中,许可使用的范围、期限;② 署名方式是否改变;③ 原作品内容有无改变;④ 付酬标准、时间及方法。按照《著作权法》第三十四条的规定:"出版改编、翻译、注释、整理、编辑已有作品而产生的作品,应当向改编、翻译、注释、整理、编辑作品的著作权人和原作品的著作权人支付报酬。"按照这一规定,出版者支付的稿酬应包括两部分,即编辑作品著作权人(编辑人)和原作品著作权人的稿酬。但实践中,有不少出版社只付给编辑人稿酬,而对原作品著作权人却采取不问不付的做法,或者采取含糊的做法,将稿酬统付给编辑人,但不言明稿酬是由原作品著作权人和编辑人(即编辑作品著作权人)的稿酬组成,使编辑人误认为是自己独享的稿酬,由此易引起纠纷。

需要指出的是,由于编辑作品是多人作品的汇集,尤其是有的大型图书涉及上百名作者,而这些作者又分散于不同的国家和地区,因而给取得授权增加了难度。于是有的出版社采取在书中登载声明的做法,如下例:"由于我们无法与各位作者取得联系,所以恳请有关人士见书后与出版社联系,以便奉上稿酬。"

就目前而言,这类声明还算称得上是有著作权意识的出版者对原作者表达尊重的一种方式。有不少编辑人和出版者自认为有这种声明就可以免去侵犯的顾虑。但是这一做法有先斩后奏之嫌,事先并未征得原作者和原出版者的同意,这便侵犯了原著作权人的使用权。并且,若原著作权人无从得知编辑作品出版,因而不知与出版者联系时,其经济利益便因编辑人和出版者事先未告知而无从实现,其获得报酬权受到侵犯,因此这种登载声明的做法仍然属于侵权行为,出版者并不因在图书上印有类似的文字就可以免去法律上的义务。但是,就出版实践来看,一部编辑作品,动辄涉及几十人甚至上百人的作者,这些作品的时间跨度往往很大,作品中既有进入公有领域的作品,也有由作者或其继承人享有著作权的作品,况且这些著作权人分散于各地,编辑人要一一征得各著作权人的授权实际很难,且耗时漫长,客观上会影响图书出版的周期,也往往会导致失去图书销售的最佳时机,这也是许多编辑人和出版者明知故犯的一个客观原因。就立法者而言,法律条文的现行规定对现实生活中编辑人和出版者取得授权的难度没有给予足够的关注,在强调保护原著作权人利益的同时没有充分考虑出版者操作的现实性,因而出现立法和社会生活相脱离的状况。因此,怎样调解著作权人和传播者之间存在的现实矛盾应是立法者解决编辑作品出版存在的违法现象需要考虑的问题。笔者认为,在这二者之间并不存在根本利益的冲突。对作者而言,他创作作品的目的并不是为了孤芳自赏或者将作品束之高阁,而是为了传播思想和文化,开发人们的智力资源,提高全民族的科学文化水平,这与出版者从事传播业的宗旨是一致的。况且出版者使用作品的次数越多,数量越大,说明作品传播的范围越广,作品和作者的社会影响越大,作者的经济权益也会实现得越充分、越有保障。基于上述考虑,笔者在此建议,立法可以考虑建立编辑作品授权公告制度,由编辑作品的编辑人和出版者在国家有关部门指定的报纸杂志上登载公告,预置一定的异议期,过期无异议即可选用,以方便取得授权,同时也可以消除不经授权而任意使用原作品的客观社会基础。

(原载于《大学出版》2001 年第 3 期)

# 论图书出版者的权利与义务

金 眉

在中国,图书出版者是指经过有关部门审核并批准、具有法人资格、专门从事图书出版活动的出版社(或公司)。

作为出版者,它出版作品的权力是作者赋予的,即图书出版权是作者著作权的一部分,出版社出版其作品,必须取得著作权人的授权并支付一定的报酬。但这并不是说出版者仅仅是一个只承担义务的实体,相反,出版者在图书出版过程中,也付出了艰苦的劳动。一本书的面世,常常要经过选题论证、确定选题、组稿、审稿、编辑加工、排版、校对、印刷、发行等多重程序,凝聚着出版者的心血,对此法律承认并保护出版者的劳动,在规定出版者承担义务的同时,也应享有权利。

专有出版权是图书出版者的一项重要权利,它是指在合同约定的期间内,出版者享有独家出版某一作品的权利。专有出版权的排他性意味着:著作权人在授权某一出版社出版作品后,在合同约定的期限内,不得再次授权其他出版社出版该作品。只有在专有出版权期限届满或出版者严重违反合同规定后,出版权才重归著作权人;取得专有出版权的出版社,在享有专有出版权期间,只能自己出版该作品。未经著作权人同意,不得许可他人出版;除享有专有出版权的出版社外,其他任何组织、个人均不得复制发行该作品。

专有出版权早在著作权制度萌芽和确立之时就已存在。现代各国著作权立法仍确认这一制度,是基于现代社会科学技术迅猛发展,尤其是电脑照排取代铅字排版之后,出版业的竞争变得更为激烈。为了保护出版者所付出的劳动,禁止不正当竞争,同时也是为了避免重复劳动,各国都确认出版者享有专有出版权。

鉴于实践中各人对专有出版权内涵的理解存有歧义,《中华人民共和国著作权法实施条例》第三十九条专门就《中华人民共和国著作权法》第三十条作补充规定如下:"图书出版者依照著作权法第三十条的规定,在合同有效期内和在合同约定地区内,以同种文字的原版、修订版和缩编本的方式出版图书的独占权利,受法律保护。"

依照这一补充性的法律规定,在我国,专有出版权意味着对下列几种出版方式的独占权利。

(1)对作品原始版本的独占权利:这是指拥有专有出版权的出版社首次出版该作品的版本。

(2)修订版:这是指在原版基础上,不变换文字种类,作适当的修改。按照出版惯例,修改的内容需达到30%以上才能认可为修订版。

(3)缩编本:缩编不是对作品作实质性的修改,而是在保持原作品内容、风格不变的情况下,对作品作一些非实质性的减少。

我国著作权法关于专有出版权的规定集中于该法第三十条中:"图书出版者对著作权人交付出版的作品,在合同约定期间享有专有出版权。合同约定图书出版者享有专有出版权的期限不得超过十年,合同期满可以续订。图书出版者在合同约定期间享有的专有出版权受法律保护,他人不得出版该作品。"

依笔者对这一法条的理解,专有出版权的取得是有条件的,虽然从法理上讲专有出版权是法律赋予出版者的一项权利,但它还只是一种抽象的权利。每一出版者要实际享有这一权利,必须是按照著作权法第三十条第一款的规定,与著作权人签订合同,在合同约定的期限内,出版者才享有专有出版权。

笔者也注意到了学界对这一法条的不同理解,比较典型的有两种观点。

一是"专有出版权来源于著作权人的出版权。当著作权人授权出版社出版其作品并签订合同后,无论合同是否约定,该出版社即享有专有出版权。这是说出版社经许可出版任何一部作品,该出版社对该作品享有的都是专有出版权,而不是非专有出版权,这一权利是法定的。著作权法规定,'合同约定出版者享有专有出版权的期限不得超过十年',这里的'约定'是指'期限',而不是约定专有出版权"[①]。

二是"图书出版者只有按照第 29 条的规定,与著作权人订立出版合同并向其

① 肖峋、江流主编:《著作权入门和著作权纠纷事例分析》,中国电影出版社 1991 年版,第 59—60 页。类似的见解还见于全国人大常委会法制工作委员会民法室编:《中华人民共和国著作权法知识问答》,法律出版社 1991 年版,第 125 页。

支付报酬、获得出版许可后(出版已进入公有领域的作品的情况除外),才能主张一定期限的专有出版权,否则(如上所讲的由著作权人承担出版经费的合同),图书出版者不能取得任何专有出版权"[①]。

以上两种解释,一种强调了专有出版权的法定性质,一种强调了享有专有出版权的条件,都有其合理之处。但从法理上讲,专有出版权来源于著作权人对作品的使用权。著作权人许可他人使用作品的权利可以是专有使用权,也可以是非专有使用权,法律也规定了合同中要明确是专有使用权还是非专有使用权,可见专有出版权并不是出版社与著作权人一签约就具有的。我们由《著作权法》第二十四条第二款和第三十条的字面意义,并不能得出"当著作权人授权出版社出版其作品并签订合同后,无论合同是否约定,该出版社即享有专有出版权"的结论。况且如果合同中并无专有出版权的约定,那么对于出版者而言,法律又没有赋予出版社永久享有专有出版权的意思,那么这种没有履行期限的权利又有什么实际意义呢?如果我们真依第一种解释的话,那么实际生活中就会出现这样的情形:虽然合同中对专有出版权并无约定,但出版社仍处于霸主地位,随时可以主张专有出版权,这实质上是将出版社和著作权人置于不平等的地位上,有违公平原则。

关于专有出版权的第二种解释强调出版者享有一定期限的专有出版权,必须是以著作权人订立出版合同并向其支付报酬、获得出版许可为前提。这一解释排除了由著作权人承担出版经费的合同中,图书出版者取得专有出版权的可能。但是,按照现行著作权法实施细则第四十一条的规定:"由著作权人承担出版经费的,不适用著作权法第二十九条、第三十条、第三十一条、第三十三条的规定。"按照这一规定,由著作权人自费出版的,不适用现行著作权法第三十条关于专有出版权的规定。依笔者的理解,《实施细则》的这一规定并不意味着在著作权人承担出版经费的情况下,图书出版者一概不享有专有出版权。现实生活中,著作权人承担出版经费的情形常常有两种:一是作品的出版会因印数少而有亏损,在此情况下出版社又不愿意承担亏损;二是作品出版后会畅销,著作权人愿意自己承担出版经费,自办发行。对这两种情形,一概规定图书出版者享有或不享有专有出版权多有不妥,最好的解决办法是由图书出版者与著作权人协商而定。

至少我们可以讲,从著作权法条文的字面意思我们看不出以上两种解释的完全合理。歧义的澄清有待于法律条文规定的进一步明确。

---

① 史文清、梅慎实:《著作权诸问题研究》,复旦大学出版社 1992 年版,第 78 页。

专有出版权可以因下列原因而消灭:双方约定的专有出版权期限届满,双方不愿续订合同;图书出版者终止;一方当事人严重违反义务;图书脱销后,出版者拒绝重印、再版,著作权人提出终止合同。

由于出版权是著作权人的权利,它不能长期与著作权人分离,因而现行著作权法规定了专有出版权的期限由双方通过合同约定,但最长不得超过10年。合同期满,若双方愿意,还可续订合同,就专有出版权的期限再次协商。

至于专有出版权的期限如何起算,目前国际上有两种通常做法:一是从图书出版者决定出版该作品之日起算,二是从作品出版之日起算。我国现行著作权法对此无明确规定,依笔者的理解,专有出版权期限的起算由双方当事人通过合同自行约定。

除了专有出版权外,出版社还享有下列权利:

(1) 有权根据图书市场需求情况,决定图书重印、再版。在一般情况下,出版社是一个独立核算、自负盈亏的实体,它的经营状况直接体现于图书的社会效益和经济效益中。决定一部作品是否重印、再版,属于出版者的业务范围。作品的学术价值和社会价值以及市场潜在的需求量,都是出版者决定是否重印、再版时需要考虑的事项。

(2) 有权要求著作权人按照合同的约定,保质保量、按时交付作品。作品往往都具有一定的时效性。在一定期间内,一部作品可以畅销,但错过了特定的时间,同样一部作品就有可能滞销。况且在出版业竞争激烈的情况下,谁先出版作品,谁就先占领市场,掌握主动权。因此,作者向出版社交付作品的时间就至为重要。同时,一部作品的生命力在于它的内在质量。同一类型的作品,其销售的多少固然与发行、促销手段相关,但归根结底,要能经得起市场和时间的检验,唯有质量上乘。对出版者而言,它肩负着传播文学艺术、科学技术的历史使命,其出版的每一部作品都应对社会、对读者、对历史负责,这就要求作者在撰稿时应本着严肃、认真、实事求是的态度创作。出版者也有权严格把关。

(3) 经作者许可,可以对作品修改、删节。生活中往往有这样的情况,由于作者的来源不一,其生活阅历、思想认识、文化水准、专业技术、学术功力等也不同,反映为作品的质量参差不齐,难免有需要对一些作品进行润色,乃至修改、删节的情形。为了维护著作权人的作品完整权,《著作权法》第三十三条第一款规定了:"图书出版者经作者许可,可以对作品修改、删节。"对此条规定,笔者的理解是,出版者若是对个别词句作润色,对原作品的观点、结构、思想、风格等无实质性修改,就属合法行为。因为在这种情况下的润色,并不涉及作品的内容和风格,而只是给作品增色添彩,并不违背创作宗旨。如果出版者未征得作者的同意,强行在作品中加入己见,擅改作品的框架、内容、风格,则构成对作者作品完整权的侵犯。实践中最为妥当的做法是,或者退作者修改,或者修改后再送作者审阅。

(4) 对其出版的图书的版式、装帧设计享有专有使用权。版式包括开本大小、横排竖排、所用字体字号等。装帧设计则是指图书的外观设计。一本书的版式和装帧设计都凝结着出版者的心血和劳动,理应受到尊重和保护。如果一本书的专有出版权期限届满,双方又没续订合同,则著作权人可以授权其他出版者出版该作品,但其他出版者必须改变版式和装帧设计,不能侵犯原出版者所享有的版式、装帧设计专有使用权。

在中国,图书出版者与势单力薄的作者个人相比,实力、地位都有差距。所以著作权法在规定图书出版者享有权利的同时,更多地规定了出版者的义务。出版者应履行的义务有:

(1) 按照合同约定的出版质量、期限出版图书。这里所指的出版质量,包括了字数、开本、用纸、印刷、精装本、平装本、袖珍本等等内容。合同一经签订,就具有法律效力。除出现法律规定的免责条件外,出版者不得随意变动合同约定的出版质量和期限。

(2) 重印、再版作品,应当通知著作权人,著作权人有权要求修改。现代社会生活瞬息万变,学术研究突飞猛进。一部作品重印、再版的时间,少则半年、一年,多则几十年,而其间社会发展已日新月异,若仍按原版重印、再版,无疑会给作品增添落伍、陈旧感。明智的做法是及时通知著作权人。对著作权人合理的修改要求,出版者应予尊重和采纳。

(3) 图书脱销,应当重印或再版,否则著作权人有权终止合同。按照《著作权法》实施细则第四十二条的规定,图书脱销是指"著作权人寄给图书出版者的两份订单在六个月内未能得到履行"。

(4) 尊重著作权人的财产权,有义务向著作权人支付报酬。至于付酬的标准,按照《著作权法》第三十七条的规定:"使用作品的付酬标准由国务院著作权行政管理部门会同有关部门制定。合同另有约定的,也可以按照合同支付报酬。"这一规定实质上给付酬以较大的自由决定权,出版社既可以按国家有关规定付酬,也可以另行约定,超过或低于国家付酬标准都为法律所允许。这一规定反映了著作权立法的成熟,因为图书是一种特殊的商品,由国家强行规定其付酬上下限是有违商品经济规律的。

至于使用演绎作品,出版社有义务向演绎作品的著作权人和原作品的著作权人支付报酬,支付的标准,实践中还有待探索。

(5)尊重作者的署名权、修改权和保护作品完整权。未经作者许可,图书出版者不得对作品进行修改、删节。特别需要指出的是,尊重作者的署名权应作全面、完整的理解,尊重绝不意味着放任,尊重的实质在于尊重作者的创作劳动。书籍的署名,仅仅表明书是何人创作,而创作的情形又很复杂,有个人独立完成的创作,有数人合作完成的创作。前者的署名单一,不存在争议,后者的情况就很复杂,参加创作者数人,他们都付出了创作劳动,都应署名。但是一本书的封面、扉页和版权页的版面都极为有限,不可能将所有作者的姓名都署上。在此情况下,如果依从某些作者的心愿,在书的封面、扉页和版权页上无限制地署名,势必贻笑大方。笔者以为,数人创作的作品,在书的封面、扉页和版权页这些重要地方,只能署上起主要作用的作者姓名,至于其他作者,可以在书的前言或后记中说明,也可以用专页列出。

综上所述,图书出版者是既享有权利同时又承担义务的实体。履行义务是享受权利的前提和基础,而享受权利是履行义务的目的和保障,二者密不可分。

（原载于《江海学刊》1994 年第 4 期）

域外出版
YUWAICHUBAN
JIEJIAN
借鉴

# 澳大利亚高等出版①教育的定位、特点与启迪

**杨金荣**

与英美等国家相比,澳大利亚人口稀少,市场容量有限,出版业竞争激烈,进入出版业的门槛很高。无论是业内人还是想进入出版行业的人都希望通过专业深造以取得更高的从业资格。为了适应这种需要,从20世纪80年代末期开始,澳大利亚高等出版教育进行了改革,并在改革中逐步找到了自己的位置,形成了自身的特点。了解澳大利亚高等出版教育的定位与特点,对于探索中国的高等出版教育发展之路是个有益的参照。

## 一、澳大利亚高等出版教育的定位:与其说是学历教育,<br>毋宁说是继续教育、职业教育

高等出版教育在澳大利亚很普及,办学层次也较高。言其普及,在全澳大利亚近40所大学(university)中,开设编辑出版课程或授予学位的高校有12所②,其中不乏一些著名大学,如,墨尔本大学、莫纳什大学、墨尔本皇家理工大学等。这些学校的数量约占澳大利亚大学总数的四分之一强。与美国、英国、加拿大等发达国家相比较,无论是所占全部大学总数的比例数,还是绝对数,都是高居前列

---

① 这里的"出版"是包括编辑、复制、发行等活动在内的大概念。而文中提到相关专业名称和相关项目名称时,均将"编辑"和"出版"相提并论,此时"出版"的概念是一个与"编辑"等同的概念,指包括取得作者作品,帮助作者提炼、完善作品的内容,使书稿达到适合公之于众的质量等在内的全过程(which is the process of accepting the authors' work, assisting to refine the content, and making the document publicly available)。

② 这12所大学是:墨尔本皇家理工大学、莫纳什大学、墨尔本大学、维多利亚大学、迪金大学、昆士兰科技大学、悉尼科技大学、麦考里大学、南澳大学、昆士兰大学、南昆士兰大学、科廷大学。该数据由澳大利亚墨尔本皇家理工大学编辑与出版项目主任迈克尔·韦伯斯特统计,统计时间截止到2004年4月。

的。言其层次高,这些大学中的大多数都可以授予硕士学位,这一比例也普遍高于英、美、加拿大、日本等国家。此外,澳大利亚的一些学会或行业协会,在出版教育领域也有所作为,如位于维多利亚州的编辑学会就开设编辑出版方面的课程,这也是澳大利亚高等出版教育的一个亮点。

澳大利亚没有专门的出版类大学或学院。和中国的大多数高校一样,澳大利亚的高等出版教育专业(方向)隶属于不同的系科或二级学院,有的隶属于人文学院(Arts),如莫纳什大学的"出版与编辑"隶属于"人文、传播与社会科学"学院(Humanities,Communications and Social Sciences);有的隶属于传播学院(Communications),如墨尔本皇家理工大学的"编辑与出版"隶属于"应用传播"学院(School of Applied Communication),悉尼大学的出版教育专业(方向)隶属于"媒体与传播系"(Department of Media and Communications);也有的隶属于语言学系,如墨尔本大学的"出版与编辑"隶属于英语系,麦考里(Macquarie)大学的"编辑与出版"、麦克勒(Macleay)学院的"图书编辑与出版"均隶属于语言学系(Department of Linguistics)。

察看整个教育的链条,澳大利亚的高等出版教育实际是大学后教育,通常要求受教育者已经完成大学本科教育,拿到学士学位并有一定编辑出版工作的经历。在澳大利亚,人们选择出版产业是因为出版业是有创意的文化产业,进入出版业可以实践自己的文化创意。从性别看,出版从业者以女性居多,原因可能是出版业中,有些工作,如编辑工作,有一定的时间弹性。因此,接受高等出版教育的人群中,女性的比例高于男性。

在澳大利亚,本科以后的教育有硕士证书(postgraduate certificate)、硕士文凭( postgraduate diploma)、硕士学位 (master's degree) 和博士学位(PhD)等层次。硕士证书、硕士文凭都是以上课方式完成的,内容可以与大学本科期间有关联也可以是独立的。申请硕士证书、硕士文凭通常要求取得学士学位,但如果有丰富的相关工作经验,也可以弥补学历的不足。申请硕士学位则需完成一篇短论文。澳大利亚的这一学制决定了其高等出版教育的层次,其高等出版教育主要有三个层次:硕士证书、硕士文凭和硕士学位。

硕士证书层次,学分要求不高,供选修的课程也相对较少,课程内容相对于出版产业而言是基础性的。硕士文凭层次,学分要求介于硕士证书与硕士学位之间,与前者相比,除了增加了学分数,还增加了实习环节。硕士学位层次,除了学分数高,另外还有论文的要求。

墨尔本大学是一所国际化、研究型、综合性的世界知名大学，在 2006 年全澳大学中综合排名第一。该校的"出版与编辑"课程设置的特点，可以视作澳大利亚高等出版教育课程设置的标杆。下面以墨尔本大学的硕士证书、硕士文凭和硕士学位三个层面的课程设置与课程目标为例（见表 1），来说明澳大利亚高等出版教育的定位。

表 1

|  | 硕士证书 | 硕士文凭 | 硕士学位 |
|---|---|---|---|
| 开设课程 | 每门课 12.5 学分，须修满 50 学分<br><br>编辑结构<br>编辑英语<br>当代出版业<br>出版商务交流<br>编辑写作技巧<br>网络写作与编辑<br>印制与设计 | 每门课 12.5 学分，须修满 100 学分<br><br>编辑结构（必修）<br>编辑英语（必修）<br>当代出版业<br>出版商务交流<br>编辑写作技巧<br>网络写作与编辑<br>印制与设计<br>实习（25 学分）<br>出版伦理与法律<br>印刷市场的结构与战略<br>出版与传播<br>受众研究<br>公共关系与社团<br>新闻理论与实践 | 每门课 12.5 学分，须修满 200 学分，且递交 3 000 字<br>有新意的论文<br>研究方法论（必修）<br>编辑结构（必修）<br>编辑英语（必修）<br>当代出版业<br>出版商务交流<br>编辑写作技巧<br>网络写作与编辑<br>印制与设计<br>阅读与图书史<br>出版业与全球化<br>数字与编辑出版<br>杂志高级编辑<br>印刷生产与设计<br>图书高级编辑<br>杂志高级编辑与出版<br>伦理与法律问题<br>高级专业编辑<br>论文（必修，37.5 学分） |
| 课程目标 | 概要了解文艺作品和媒体的编辑原理与方法；<br>了解电子编辑和数字媒体出版的实用技能；<br>对出版业进程变化能够有自己的思考，有研究的技能和相关主题写作的技能 | 在文艺作品和媒体的编辑原理与方法方面有坚实的基础；<br>实际掌握电脑在印刷和数字媒体出版中的运用；<br>对澳大利亚及亚太地区的出版业组织机构与运作有全面的了解并能够进行分析；<br>在出版业务的沟通方面，无论是口头的还是书面的，都有高水平的沟通技巧；<br>对出版业进程中的变化能娴熟地开展研究，进行相关主题写作和理性批判 | 完成一项重要的理论、实务或者理论与实务相结合的研究项目；<br>能够在编辑出版项目中解决问题，从事研究、写作；<br>深入了解编辑的原理与方法，详细了解计算机在印刷和数字媒体出版中的应用；<br>获得详细的有效沟通战略的知识，较好地了解全球范围内尤其了解澳大利亚与亚太地区的商业出版机构及其运行；<br>熟悉印刷生产和设计，包括了解印刷文化史；<br>熟悉编辑出版学科的伦理与法律标准；<br>有批判性评价与有创意的自觉能力；<br>重视交流、证据、合作和建设性的批评，尊重作品的完整性 |

从表1中可以看出,这些课程有如下特点:① 偏理论性的课程少,重编辑出版实务的课程多;② 学科体系主导型的课程少,岗位任务驱动型的课程多;③ 实用性、实践性强,与业界联系紧密,体现产业发展的新动态、新趋势,如电子技术、网络技术的应用,全球化与出版产业的整合等。

澳大利亚高等出版教育的课程设置不仅贴近出版业的最新发展,而且课程更新快。多数高校的课程是一年更新一次。这一点也是与世界趋势相吻合的。例如,美国纽约大学的暑期出版学校(SPI),就是以课程引导出版业发展趋势、更新速度快而著名的。自1988年以来,澳大利亚的高等出版教育一直都是基于这样的目标:学生通过课程学习与实践所掌握的基础知识与基本技能,与商业出版实践中各个关键领域所需要的基础知识与基本技能高度契合。

2006年秋,笔者在澳大利亚拉筹伯大学做访问学者时,曾专门拜访墨尔本皇家理工大学应用传播学院编辑与出版项目负责人麦克尔·韦伯斯特先生。麦克尔·韦伯斯特先生也是澳大利亚资深的出版人士。据韦伯斯特先生介绍,硕士文凭这一层次的教育最受澳大利亚业界的欢迎。因为这一层次主要是让学生以课程的形式学到有关出版的业务知识,修业年限短,通常为一年。这一层次又招收有工作经验的学生,他们以后能继续在出版领域取得更高的资格。硕士文凭层次强调实践环节,实习的学分数达到25分。学生更受业界欢迎。这从另一个侧面说明,这个层次的教育是最贴近产业需求,也是最成功的。

在办学的方式上,各大学也是因地制宜。有全日制的,如墨尔本大学,有业余形式的,如墨尔本皇家理工大学;授课方式有采取传统的面授形式的,也有采用现代技术的远程网络形式的,如麦考里大学。

无论从对入学者资格的要求看(不唯学历,有丰富的工作经验也可弥补),还是从课程设置的导向看(以就业为导向,重视实践与应用,紧密追踪行业的最新发展),还是从学生对接受教育层次的实际选择看,澳大利亚的高等出版教育,与其说是学历教育,毋宁说是继续教育、职业教育。

## 二、澳大利亚高等出版教育的特点:一只脚在学界,一只脚在业界

澳大利亚的高等出版教育对入学申请者的资格要求是:硕士证书层次,一般要求大学毕业后有1—2年的编辑出版工作经历;而修读硕士文凭和攻读硕士学

位者的入学要求,则是3—4年编辑出版工作经历。申请者应当理解力强和富有创意。

澳大利亚高等出版教育的组织者、实施者不是仅由大学的教师构成,而是由包括来自产业的实践者(practitioners)等在内的多方面人员组成。这是澳大利亚高等出版教育的一个特点。首先,澳大利亚高等出版教育的课程项目必须有行业协会参与,并且得到行业协会的认可。许多大学的出版教育的课程项目都要得到澳大利亚出版工作者协会的认证。其次,课程设置是由"课程协调员"(course coordinators)负责的。他们往往有丰富的产业实践经验,熟悉教育,更熟悉产业发展的动态,被称为行走在学界与业界的双栖型人才。课程设置每年都进行更新与调整,以与产业的发展相衔接。墨尔本皇家理工大学是一所以培养应用型人才著称的大学,其编辑与出版项目课程协调员的主要从业经历(见表2),充分体现了澳大利亚高等出版教育"一只脚在学界,一只脚在业界"的特点。①

**表2**

| 课程协调员 | 主要从业经历 |
| --- | --- |
| Susan Keogh | 剑桥大学出版社编辑部主任,墨尔本大学出版社高级编辑,Lonely Planet 出版公司系列读物出版经理,澳大利亚编辑学会终身荣誉会员 |
| Tracy O'Shaughnessy | 墨尔本大学出版社特约编辑,Reed 图书出版公司编辑部主任,Lothian 图书出版公司高级编辑,Time Life 图书出版公司生产部经理,财务总监 |
| Jude Bourguignon | 有20多年学术图书贸易宣传工作的经历,企鹅图书出版公司的资深宣传人员,牛津大学出版社经理,墨尔本大学出版社的营销经理 |

从表2中可以看出,课程协调员往往有在多个著名出版公司工作的经历,在业界有多个领域的实践经验,并担任过一定的管理职务。他们熟悉出版企业最欢迎什么样的人才,知道什么样的知识结构是合理的,什么样的实践是必须的,除了知识与技能,还需要具备哪些非智力的要素,等等。与之相对应,他们在协调课程时,非常清楚应该设置什么样的课程,应该扬弃什么样的课程,应该增加哪些实践性环节,课程的设置与产业的流程应该是怎样的对应关系,等等。如此一来,课程的协调能够有的放矢,人才的培养也就越来越接近产业的需求。

课程协调员承担了组织协调的工作,他们邀请许多资深的出版业内人士作为"访问讲师"前来授课。这些"访问讲师"中的每个人都在出版实务领域有建树,擅长出版教育。教育组织者、实施者的"一只脚在业界,一只脚在学界",决定了澳大

---

① 这部分材料由澳大利亚墨尔本皇家理工大学编辑与出版项目主任迈克尔·韦伯斯特提供。

利亚高等出版教育是直面产业需要与产业发展的,避免了产和学的脱节,最大限度地避免了教育与产业需求"两张皮"的尴尬。

由于有出版工作经验的学生来自不同的出版企业,他们也带来了各自企业的信息。这些信息是多维度的,涵盖了出版产业各个环节。学生们在一年左右的相处、交流中,相互碰撞,相互启迪,相互学习,也相互融合。有了这样一个平台,出版企业之间的信息不再相互隔绝,学校对于企业的了解也不再是雾里看花;有了这样一个平台,"学"与"产"的结合更紧密,"学"服务于"产"的目标更清晰,教育的效果也更好。

## 三、澳大利亚高等出版教育的借鉴与启迪:他山之石,可以攻玉

我国现阶段的出版人才的产生主要有出版专业培养、非出版专业培养＋出版专业培训两种途径。一是我国有专门的系科、院校。这些系科、院校设置了编辑、出版、设计、印刷、营销、发行等专业,为出版业输送专业人才。尽管如此,学校培养和输送的专业出版人才在整个业界的专业人才队伍中所占比例并不高。现有出版队伍中的大多数,是非出版类本科或本科以上毕业生。二是出版企业及其上级主管部门的短期培训。这种培训对出版企业来说,费时少,针对性强,现学现用。现在,出版企业人才培训正在升级,越来越多的出版企业把骨干编辑送到国外大的出版公司或大学去进修。澳大利亚高等出版教育的定位与特点,对我国的出版人才培养有不少可借鉴之处。

### 1. 出版人才应该在多学科综合背景下培养,而非进行单一向度的单一学科的教育

我国的高等出版教育主要有本科、硕士、博士三个层次,学科性、体系性强,重视课堂教育和基础理论训导。这是中国的教育传统所决定的,也是与现阶段大学教育的评估体系分不开的。这种方式培养出来的学生,基础扎实,有理论研究的能力。但另一方面,这种教育也存在比较突出的问题,就是对出版产业的实际发展关注不够,课程的更新未能与产业发展相同步,出版教育与出版产业在一定程度上相脱节,培养出来的学生动手和实践的能力比较弱,无法满足业界的实际需要。

建议改革目前国内高等出版教育的由本科到硕士再到博士的单一学科的线性培养模式。据统计,国内有二十余所高校开设出版类本科专业,如果简单取消

出版类本科教育是不可取的。笔者建议由现有出版类本科开设或增设双专业（学位）教育，逐步过渡到将出版教育定位为本科后的教育。因为仅仅是出版专业的教育背景，而缺乏其他学科、专业的知识、技能，毕业生在未来的出版产业中很难适应多学科、多专业出版要求。出版产业属于知识产业，从业者丧失了除出版以外的学科专业话语权，在出版产业是很难获得可持续发展的，这一点，已经引起业界有识之士的关注。与此相对应，建议提高报考出版学研究生的门槛，尽可能选择有一定出版经验或经历，或本科阶段修学的是非出版类专业的学生，从学科交叉和实践环节两个方面优化出版人才的培养。

**2. 重视出版教育的岗位性、职业性**

出版人才的培养应该以出版产业的需求为导向，在课程设置、导师配备、专业实践等方面，与出版产业保持紧密的联系。学界应充分依靠出版企业与出版行业学（协）会，邀请他们之中那些实践经验丰富又有学术造诣的资深编辑、出版管理人员、设计人员、营销人员和会计师等，到学校开设讲座、讲授课程、指导论文等。有条件的高校可以实行出版人才培养的双导师制，即学界一位导师、业界一位导师。业界的导师可以直接带领学生深入产业链的各个节点：参与市场调研，了解读者的需求，参与选题的策划、文稿的编辑和与作者的沟通，熟悉生产制作的流程、装帧设计的要素，熟悉市场营销筹划、发行环节，懂得出版物的成本核算、利益与风险的评估，等等。学生的论文题目的选择最好与出版产业实际需要探讨和解决的课题相契合。

**3. 构建有出版企业和行业学（协）会参与的出版类人才培养评价标准和评价机制，对我国的高等出版教育形成正反馈**

建议尽快推出出版从业人员的岗位描述与岗位要求，为出版人才培养提供一个参照。要尽快改变普遍存在的教育与产业相脱节的"两张皮"现象。可以直接借鉴澳大利亚高等出版教育的"课程协调员"制度。大学在设计课程时，邀请不同类型的出版企业的各个关键领域或部门的资深人员参与，把出版企业发展过程中的新技术体现在课程设置中，把出版企业对人才的新要求反映在课程设置中，把出版企业发展的新趋势，呈现在课程设置中。改进考核体系与考核方法，加大对实践环节的考核，把业界对人才的要求作为出版教育绩效考核的终极目标。

（原载于《中国编辑》2007 年第 4 期）

# 中日图书销售市场比较

## 左 健 田 雁

进入新世纪以来,日本图书市场日渐萎缩,而中国的图书销售市场则呈现增长态势。本文就中日两国图书市场的规模变迁,就销售渠道、销售手段的拓展变化以及今后的市场前景等方面进行探讨,这将对认识中国图书市场今后的发展走向有着积极的借鉴意义。

## 一、两国图书销售市场格局的变迁

作为一个图书出版大国,1996 年日本的图书销售额曾高达 15 632 亿日元。然而,受经济持续低迷、出生率降低、电子书籍扩展以及国民阅读量减少等诸多因素的影响,自 1997 年以来,日本图书的销售额呈一路下滑的趋势,至 2011 年,图书市场的销售金额已下降到了 8 198 亿日元。

相对于日本,在 1978 年,中国图书的销售额为人民币 9.3 亿元。随着改革开放进程的推进,经济发展、人民生活水平提高以及国民阅读量的增加,中国图书市场呈现出持续发展的景象。到 2011 年,全国图书的销售额已达到 653.59 亿元人民币(约合 8 170 亿日元),与日本图书市场规模基本持平。

随着中国图书市场规模的不断扩大,图书销售网点以及销售从业人员的数量也都有了较大幅度的增加。根据新闻出版总署公布的有关资料,2001 年,全国各类图书销售网点共有 74 235 家。至 2011 年,已经增加到 168 586 家。受此影响,全国图书销售的从业人员也从 2001 年的 25 万人剧增至 2011 年的 72.4 万人。[①]

① 新闻出版总署:《全国新闻出版业基本情况 2001—2011 年》,新闻出版总署官网:http://cips.chinapublish.com.cn/chinapublish/hw/syzx/dlcbygk/.

## 二、两国图书销售渠道的比较

### 1. 日本：加大对独立书店网络的投入与渗透

日本图书销售渠道主要由独立书店、24 小时店、车站店、生协（大学生协会）、立式小店（店面小，站立式选购）以及网络销售等构成。进入新世纪以来，日本独立书店的总量不断减少，而 24 小时店、车站店及立式小店等数量却在不断增加。如日本国铁 JR 所属的东日本 KIOSK（车站小卖店）股份公司，2000 年时拥有 1 647 个分店，营业额为 1 990 亿日元，其中报刊和图书的销售约占总商品销售的 29％。如今，KIOSK 在全日本的店铺已经扩展到了 4 000 多家。此外，还有"7－11"在全日本的 13 232 家店铺以及 LOWSON（连锁店）、家庭市场、am/pm 等 24 小时店也都兼卖图书。

从图书的销售额上看，独立书店依然是日本目前最大和最重要的图书销售渠道。从 2001 年至 2010 年，独立书店的图书销售金额几乎每年都保持在整个图书行业销售的 70％以上。即便是后起的网络销售，也丝毫未能撼动独立书店的龙头地位。[①] 以 KIOSK 公司为例，到了 2006 年度，虽然它的店铺数增加了，但是，它的三大商品香烟、报刊、图书的销售金额却比 2001 年下降了 60％—70％。[②]

由于 24 小时店、车站店及立式小店图书销售疲软，业绩低下，为了推动图书的销售，日本一些著名出版社开始直接投资书店。如小学馆、讲谈社、集英社等分别在 2011—2012 年间，各自出资 1 000 多亿日元，投资日本最大的二手书店新古书店（Book off Corporation）。同时，这些出版社也加快了网络销售步伐。自 2000 年以来，日本有半数以上的出版社、图书中介公司以及独立书店都以不同的形式参与了网络营销，使得日本图书的网络销售额从 2001 年的 145 亿日元增长到了 2010 年的 1 285 亿日元，2010 年日本图书的网络销售金额已占全部图书销售金额的 6.7％。（见表 1）

---

① ［日］日贩经营相谈中心：《2012 年出版物销售实态》，日贩经营相谈中心 2013 年版，第 28 页。

② ［日］川又英纪：《KIOSK"立地安住"意识与笑颜下的改革》，《日经情报战略》2008 年第 3 期。

表1　2001—2010年日本各类销售渠道销售金额统计（百万日元）

| 年份 | 总数 | 独立书店 | 24小时店 | 车站店 | 网络销售 | 其他 |
|---|---|---|---|---|---|---|
| 2001 | 23 402 | 16 533 | 4 901 | 1 053 | | 915 |
| 2002 | 23 023 | 16 289 | 4 893 | 964 | | 877 |
| 2003 | 22 598 | 16 192 | 4 638 | 923 | | 845 |
| 2004 | 22 330 | 16 249 | 4 471 | 812 | | 798 |
| 2005 | 21 948 | 16 036 | 4 329 | 749 | | 834 |
| 2006 | 21 626 | 15 964 | 4 253 | 711 | | 698 |
| 2007 | 21 102 | 15 019 | 3 822 | 676 | 932 | 653 |
| 2008 | 20 505 | 14 678 | 3 547 | 636 | 1 012 | 632 |
| 2009 | 19 732 | 14 268 | 3 124 | 595 | 1 134 | 611 |
| 2010 | 19 286 | 14 017 | 2 860 | 534 | 1 285 | 590 |

本表根据日贩经营相谈中心《2012年出版物销售实态》有关资料编制

### 2. 中国：当当、京东等网上书店异军突起

在中国，图书销售的渠道主要由新华书店、供销社、出版社所属书店、其他系统所属书店、二级民营批发网点及集体个人零售网点所构成。从渠道构成的变化看，自2001年以来，新华书店、供销社、出版社所属书店的数量逐步减少，其他系统所属书店、二级民营批发网点及集体个人零售网点有不同程度的增加。新华书店系统是图书销售的龙头老大，占有50%以上的市场份额，虽然它的占有比例出现了下滑，从2001年的68.5%下降到了2011年的53.2%，但它的龙头地位仍不可动摇。

不同于日本出版界注重独立书店的营销，中国出版业似乎更侧重其他系统所属书店、二级民营批发网点以及集、个体零售网点的发展。特别是随着交通业的发展，高铁、地铁以及机场等交通站点的图书销售网点已经成为一个重要的销售渠道。

在超市、便利店等设置图书的网点已经在中国各大城市铺开。如上海少年儿童图书连锁有限公司，在20家大百货店和10家超市中建立起自己的卖场，年销售额超过2 000万元。如在广州，广州市金榜图书销售有限公司和广州如荼文化传播公司共有700余个便利店网点。

网络销售是中国图书销售的一大亮点。开卷数据显示，2010年，全国图书零售市场金额近370亿元，其中网络销售就占50亿元，约占总额的13.5%。专业人士

对此数据的解读是:"从 2008 年以来,通过电子网络渠道销售的图书年均增幅达 100%,目前,电子网络渠道在出版社总体的市场占比从以往的不到 5%,增长到 35% 以上。而畅销书类的网络销售已经占到整体图书零售额的 60% 左右。"①以当当、卓越、京东为代表的网络销售异军突起,成为一大亮点,份额远超日本。此外,其他系统所属书店以及集、个体零售网点虽有所发展,但受制于车站店、机场店以及超市这些场所的垄断性及其高额进场费,也削弱了图书出版业可持续发展的力度。

## 三、图书销售手段的创新

### 1. 日本:重视书店销售

图书销售的创新,就是利用创造性的方法,最大化地满足人们对图书的需求。在日本,因为独立书店依然占据有 70% 以上的图书市场份额,所以,日本的出版社、图书营销公司特别是书店自身都非常注重对书店营销手段的拓展。

出版社对书店十分重视,除前述小学馆、讲谈社、集英社等著名出版社直接投资书店来推动各自的图书销售,宝岛社自 2005 年推出的"买书刊赠礼品"的营销活动,由宝岛社出资在各大书店的大堂内设立"宝岛社书店专柜",销售与宝岛社品牌包及品牌化妆品有相同包装的书籍。宝岛社销售的不是简单的书、包及化妆品,而是品牌。如 2012 年 8 月销售的《馥颂巴黎》(*Fauchon Paris*)一书,定价 1 470 日元,随书相赠的礼品是与图书封面图案相似的宝岛手提包。自 2005 年至今,宝岛社所营销的各类品牌包及品牌化妆品已经超过 200 种,而与品牌包、品牌化妆品同期销售的图书和杂志超过了 2 500 万册。

图书营销公司对书店的重视,反映在日本著书贩促中心的创新上。据称这一图书营销公司收集了日本 16 785 家独立书店以及 3 026 家图书馆的传真号码,在此基础上开发出了一个 FAX DM 对书店的对接系统。系统直接连接日本全国所有的书店及图书馆的传真号码,然后根据出版社的作品内容、不同地区读者的阅读需求,选择性地向终端书店及图书馆进行产品推销,并且取得了 2 份传真卖 1 本

---

① 肖昕:《畅销书网络销售额占 60% 实体书店相继败走麦城》,《南方都市报》2011 年 11 月 11 日。

书的销售业绩。① 而老牌图书营销公司东贩也保持着与日本 3 734 家出版社及 14 696 家独立书店的联系,在 2011 年度取得了 5 039 亿日元的业绩。

日本的出版社与图书营销公司、书店面对连年萎缩的图书市场,在图书营销创新方面也显得格外用心。自 2010 年起,他们先后推出有纪伊国屋书店模式和三省堂书店模式。前者主要是通过"纪伊国屋书店 BookWeb"的设立,统筹全部店铺的电子书籍的销售。目前已经在"BookWeb"上登录销售的电子书籍有数理、医学、经济、小说、艺术、历史等 27 个大类 5 000 多个品种,成为日本最大的电子书籍网络销售系统。后者在店堂内安装有印刷装订一体机,读者在确定所需购买的书籍后,可以直接在店堂印刷装订。个性需求印刷的服务,主要是外文版书籍及店内长期脱销的日文版书籍。

### 2. 中国: 强调特色营销

出版社加强与非出版企业合作,利用优势,在图书宣传方面强势介入。如中信出版社的《史蒂夫·乔布斯传》一书在出版之前,就利用苏宁电器旗下 1 440 余家门店大力渲染,中信银行信用卡部在北京、深圳等城市机场高速道路两旁制作了该书的巨幅宣传广告,京东商城也在北京地铁投放宣传广告。此外,在北京的公交站点,可以看到凡客诚品以"乔布斯"为主题的户外广告。这些非出版行业的大量介入,浓墨重彩地强化了《乔布斯传》一书的影响力,改变中国图书出版业多年来的平面营销模式。②

网络宣传成为亮点。许多出版社、书店都加强自己门户网站的建设,加强其宣传和营销的功能,开设官方博客和微博,直接面向终端读者,发布新书资讯、书评、封面,同时通过网络互动了解读者的反馈。

加强主题活动,提升关注度。不少出版社利用各种机会组织读书沙龙、新书发布会、作者座谈会、签名售书等活动,与读者直接交流;还经常召开各种类型的经销商会议,推介新产品。

书店与咖啡馆、图书馆捆绑在一起的文化销售。如北京库布里克书店,创造了书店+咖啡馆+沙龙的模式。苏州大学出版社用"彼岸书香书吧"取代原有的书店,实现扭亏为盈。还有位于上海静安别墅 136 号的上海 2666 图书馆会员制书店,图书销售以纯文学、学术书、港台书、英文图书为主,而赢利模式则以收会员费

---

① 田雁:《电子书时代日本出版业的自救》,《现代出版》2012 年第 1 期。
② 严葭淇:《乔布斯传国内混战:40 种版本传记源自一本书》,《华夏时报》2011 年 11 月 5 日。

和举办各类图书活动为主,兼卖咖啡。

网络销售成为图书销售的常态。除了当当、卓越、京东从事网络销售,很多出版社和新华书店系统也都开设了自己的网店。如上海文艺出版集团就设有官方网店,主要介绍价格较贵的套装书,精装版或珍藏版的旧书。南京大学出版社也在网上开设网购视窗,配备有专门人员打理网店。

上述可见,日本主要是通过加强主流书店的功能,来维护市场、拓展市场,而中国的出版社及书店则采取多渠道多方位的改革,在图书销售方面寻求新的生存和发展之路。

## 四、图书行业"内部抱团"和外行业的介入

受销售渠道和读者阅读方式变化、数字化浪潮冲击、非出版行业介入等影响,传统图书销售都面临着一场深刻的变革。在日本,这种改变主要表现为图书产业内部的积极整合,内部相关产业链不同企业间的相互渗透,以此对抗外来行业的侵袭,保持行业的传统性和一贯性。其中,有出版社对书店的注资,也有印刷企业对出版社、书店以及图书电子商务公司的参股,或书店之间的相互持股。这种"抱团式"的发展,有效地阻止了外来行业进入图书销售领域,使得日本独立书店的图书销售,能够在出版业不景气的背景下,依然保持有70%以上市场占有率。

相比日本图书出版业的抱团发展,中国也有这方面的尝试,如2007年31家人民出版社联合打造图书连锁直营专卖体——人民书店的创设,2009年上海新华传媒股份有限公司、解放日报报业集团、上海易狄欧电子科技有限公司共同合资成立上海新华解放数字阅读传媒有限公司,在江苏凤凰传媒新华控股海南新华等。但总体来讲,中国的图书行业自身内部整合的力度不大,以至于很多新兴业务模式的主导权并没有能掌握在本行业自己手中。

首先,从数字化出版的角度,中国移动、联通、电信三大运营商以垄断地位开通的手机阅读业务发展很快,在2010年月均销售收入就已超过8 000万元。但在利益分配上,运营商处于支配地位,作为内容提供商的出版企业得到的只是小头,图书销售商更是被边缘化,影响了行业可持续发展。出版产业链上下游企业由于没有形成行业联盟,无法联手与通信运营商、终端设备商等进行利益博弈,很难进入数字化出版市场并成为获利主体,这是图书行业的缺位。

其次,从网络销售的角度,全国图书的网络销售基本被当当、卓越、京东等控制。仅当当网在 2012 年一季度的图书销售额就高达 7 亿元。这些网络营销商用小额商品——图书的销售来带动网上人流,用打折销售的方法在网上积聚人气,也拉动其他商品的销售,对实体书店尤其对民营书店的影响颇大。

再次,从渠道开拓的角度看,机场店、车站店、超市店看起来很是热闹,是一道亮丽的风景线,但超市店进场费高昂,机场、车站在入场利润分配等方面占主导地位,使得图书行业的利益微乎其微。

从上述可见,因为其他行业的介入,中国传统图书出版业已经失去了不小的市场份额。相对于日本图书行业面对数字化出版、网络等新介质的进入,采取了互相参股、抱团取暖,保护本行业长远利益的做法,对中国图书行业应当有所启示。

(原载于《中国出版》2013 年第 6 期)

# 中日图书版权输出之比较研究

田　雁

中国和日本都是目前亚洲文化的主要输出国,文化输出的内容包括图书、音乐及影像。在日本,影像输出应该是三者之中的先行者。1963 年,《铁臂阿童木》在日本国内上映 9 个月后即西渡美国,由此揭开了日本文化对外输出的帷幕。

中国真正意义上的版权输出要到 1992 年我国成为《保护文学和艺术作品伯尔尼公约》和《世界版权公约》签约国之后。在这不到 20 年的时间里,我国的版权贸易有了飞速发展。其中,图书版权的输出从 1995 年的 354 种增加到了 2010 年的 3 880 种,16 年间增长了近 11 倍。

## 一、中日图书版权输出的现状——规模与实例对比

根据国家版权局的有关资料,在 1990—2000 年,我国总共输出图书版权约 5 100种,引进图书版权约 25 700 种,10 年间版权引进与输出的比例大约是 5∶1。进入新世纪后,我国图书版权输出的速度明显加快,从 2001 年的 653 种,到 2010 年的 3 880 种,10 年间增长了近 6 倍。

不过,在这 10 年间,我国图书版权的引进速度也在增加,从 2001 年的 8 226 种,到 2010 年的 13 724 种,10 年间增长了 53.9%。与此同时,图书版权的引进与输出的比例从 2001 年的 12.95∶1 降至 2010 年的 3.53∶1(见表1)。

表 1　2001—2010 年中国图书版权引进及输出数据统计(种)

| 年份 | 2001 | 2002 | 2003 | 2004 | 2005 | 2006 | 2007 | 2008 | 2009 | 2010 |
|---|---|---|---|---|---|---|---|---|---|---|
| 引进 | 8 250 | 10 235 | 12 516 | 10 040 | 9 382 | 10 950 | 10 255 | 15 776 | 12 914 | 13 724 |
| 输出 | 653 | 1 297 | 811 | 1 314 | 1 434 | 2 050 | 2 571 | 2 440 | 3 121 | 3 880 |
| 比例 | 12.6∶1 | 7.9∶1 | 15.4∶1 | 7.6∶1 | 6.5∶1 | 5.3∶1 | 4.0∶1 | 6.5∶1 | 4.1∶1 | 3.5∶1 |

(本表根据中国新闻出版总署及中国出版年鉴有关资料统计)

在图书版权输出的个案中,也出现了像《中国读本》、《狼图腾》及《于丹〈论语〉心得》这样的奇葩。其中,《于丹〈论语〉心得》"海外版权共签约 33 个,涉及 28 个语种、33 个版本……版权收益到账 200 多万元人民币"[①]。

与中国的图书版权输出的数字统计不同,日本图书版权的输出与引进是以实际到账金额进行统计的。根据日本经济产业省文化情报关联产业课所提供的有关资料,在进入新世纪以后,日本的图书版权无论是在输出还是在引进的金额上都呈现出一种下滑的态势(见表 2)。不过,日本经济产业省在 2012 年版的《通商白皮书》中将这种下滑的态势归结于日本出版社的海外展开战略,并举例解释说,如在 2002 年日本的小学馆、集英社与 ShoPro 共同出资在美国成立了合资公司 VIZ Media,结果,2011 年全美图书销售前 10 部的漫画图书中有 7 部作品是由 VIZ Media 出品的。[②] 因为 VIZ Media 属于美国公司,这些数据就没有被列入日本图书版权输出的统计内。有意思的是,《通商白皮书》还专门解释说,在 2009 年,仅日本漫画在美国的销售金额就高达 1.7 亿美元。

表 2　2003—2010 年日本图书引进及输出金额统计(亿日元)

| 年份 | 2003 | 2004 | 2005 | 2006 | 2007 | 2008 | 2009 | 2010 |
|------|------|------|------|------|------|------|------|------|
| 引进 | 367 | 327 | 301 | 308 | 296 | 269 | 229 | 227 |
| 输出 | 121 | 107 | 98 | 103 | 107 | 101 | 76 | 78 |

(本表根据日本经济产业省提供的有关资料编制)

至于日本图书版权输出的个案,最为亮丽的要算村上春树,一本《1Q84》在韩国拍出 15 亿韩元(约合 840 万元人民币)的天价,创下韩国出版界历史最高纪录,另外还有中文、英文、法文、西班牙文版等其他 20 多个语种的版权输出。此外,日本还有一批海外知名度较高的作者,如《蜡笔小新》的作者臼井仪人、《失乐园》的作者渡边淳一、《名侦探柯南》的作者青山刚昌、《湖边凶杀案》的作者东野圭吾等,他们构成了日本图书版权输出的重要支柱。

就现状而言,中国图书版权输出也已经进入快车道,这其中既有一年 3 880 种图书版权输出的规模,也有了苏叔阳、姜戎、于丹这样的个例。但是与日本相比,我们缺少像村上春树这样世界级的作家,也缺少像渡边淳一、青山刚昌这样海外

---

①　张洪波:《2010 年中国出版"走出去"分析报告》,《中国出版年鉴 2011》,中国出版年鉴社 2011 年版,第 176 页。

②　日本经济产业省:《通商白皮书》,日本经济产业省官方网站 2012 年版,第 337 页。

知名度较高的一流作家的作品支撑,更不用提日本图书一年海外销售 347 亿日元的实绩了。

## 二、图书版权输出中的政策导向——姿态及对策解读

2002 年"十六大"明确了"走出去"战略。2006 年,新闻出版总署和国务院新闻办联合推出了"中国图书对外推广计划",并于 2009 年启动了"中国文化著作对外翻译出版工程"、"经典中国国际出版工程",采取资助翻译费、出版费、推广费等方式,加大对国外出版机构向国外图书市场翻译出版中国文化著作以及传统文化精品图书的资助力度。

国家政策加速了中国图书版权的对外输出。截至 2010 年年底,"中国图书对外推广计划"共资助 54 个国家的 322 家出版机构的 2 156 种图书。加上 2009—2010 年间"中国文化著作翻译出版工程"所资助的 373 种输出版图书,在 2006—2010 年间,政府资助的输出版图书达 2 529 种,而同期输出版图书的总数为 14 062 种。受政府资助的图书占输出版图书总数的 17.98%,可见政府资助的力度之大。

受政策影响,国内各家出版社也都积极参与了图书版权的海外输出。安徽少年儿童出版社在 2007—2011 年的 5 年间引进图书 292 种,输出图书达 302 种,在全国专业少儿出版社中率先实现版权贸易顺差。南京大学出版社在 2009 年就《中国思想家评传》与日本北陆大学出版社签订了一揽子协议。根据协议,双方将在 2010—2013 年的 3 年间,合作翻译出版包括《孔子》、《李白》在内的 15 部中国历史名人评传的日文版。

国内出版社对海外图书版权输出的积极姿态还表现在由中国版协、中国新闻出版研究院及《出版参考》杂志社组织发起的"年度输出版、引进版优秀图书"评选活动上。2011 年,全国共有 172 家出版社的 896 种图书参评。这表明,全国三分之一的出版社都已经有了图书版权输出与引进的实绩。

日本政府在图书版权输出上的姿态也比较积极。2002 年,为了传播日本的文化及价值观,日本文化厅制定了"现代日本文学的海外翻译和出版资助"项目。

在 2002—2010 年间,日本文化厅资助项目为 121 项,翻译出版作品 86 部。此外,日本外务省下属的国际交流基金也在 2006—2010 年间,资助出版项目 293 项。

在图书版权的输出上,日本有一个非常独特的亮点,那就是民间社团的参与。

这些民间社团包括笹川平和财团、三得利文化财团、美国研究振兴会等,它们每年都拨出专门的款项支持日本图书的对外版权输出。其中,笹川平和财团自 2009 年起,在中国遴选了社科文献出版社、南京大学出版社等 7 家出版社,冠以"阅读日本书系"项目,每年资助出版 10—15 种人文社会科学类中译本图书,目前已经出版有作品 24 部。

与政府以及民间社团表现出来的积极姿态相比,在图书版权输出方面,日本相当一些出版社的姿态是消极的。这是因为,首先,对出版社而言,版权输出的总体经济效益不高,出版社缺少版权输出的动因;其次,日本的图书版权是由出版社及作家共同持有,出版社在版权输出时,还必须得到作者的同意,这不仅给版权交涉增添麻烦,而且还会分割出版社的版税收入。

总的来说,中日两国政府对图书版权输出都表现出了积极的姿态,采取了相应的对策。不过,与中国出版社对图书版权输出所持有的积极姿态相比,日本出版社的表现就不那么令人如意了,唯有日本民间社团的参与构成了不可或缺的亮丽景色。

## 三、图书版权输出的前景展望——瓶颈及突围分析

经过 20 年的开拓,中国的图书版权输出有了飞速的发展。不过,如果将中国图书版权的输出量放在世界范围内加以比较,中国仅占世界版权输出总额的 0.2%,远低于美国的 22%、法国的 14.7%和日本的 3%,中国图书版权的"走出去"之路任重道远。

目前我国图书版权输出的状态,可以简单概括为"一长三短":一长,是指政府的支持;三短,是指缺少"好"的作家及作品,缺少"好"的译者,缺少专业化的信息平台。

2009 年 7 月,国务院通过《文化产业振兴规划》,明确提出"坚持推动中华民族文化发展与吸收世界优秀文化相结合,走中国特色文化产业发展道路",并且要求"落实鼓励和支持文化产品与服务出口的政策,扩大对外文化贸易"。这意味着图书版权输出作为国家"走出去"战略的优先发展方向,在今后一段时间依然会得到国家政策的强力支持。毫无疑问,这是中国图书版权输出的长处。

至于缺少"好"的作家及作品,这里的"好"是指能够得到国际认同的"好"。图

书版权输出不只是作品的输出，也是一种文化及社会观念的输出。要想让作品内容得到所在国读者的认同，就需要能提炼出具有人类共性的价值观念。曾成功将《狼图腾》一书版权签约 24 种语种，发行 110 个国家与地区的安波舜就是这样做的，他首先"提炼出《狼图腾》人类化的主题，用外国人听得懂能够理解的语言形成推销文案"①。与此同时，在《时代周刊》、《纽约时报》、《泰晤士报》等西方主要媒体上刊登广告，以吸引读者对作品的关注。而《狼图腾》正是一部以人类共性为素材的优秀作品，所以在看过广告及文案之后，包括企鹅集团在内的一些国际知名出版集团都主动地上门联系版权。

其次，缺少"好"的译者。翻译永远是第一位的问题。这里所说的"好"的译者，是指能够理解中国文化，并精通本国文字的译者。《联想风云》一书的版权输出美国之所以获得成功，是因为译者是精通中美两国语言和文化，曾将张贤亮的作品介绍到美国的玛莎·艾利女士（Martha Avery），约翰·威利父子公司看到了玛莎·艾利的译文后，才有了购买英文版权的意愿。

再次，缺少专业化的信息平台。所谓专业化信息平台，是指国内外出版商之间的交流平台。由于目前缺少这样的交流平台，国内出版社缺乏对国外图书市场及读者需求的了解。同样，国外的出版商也没有合适的渠道联系国内出版社，更无从了解中国具有输出潜质的优秀图书。笔者认为，应该由国家版权局牵头，建立一个版权信息交流平台，一方面整合国内各家出版社的出版及版权信息转让给国外出版商，另一方面将国外图书市场及读者的需求转递给国内出版社。

因此，中国图书"走出去"，并不是能够一蹴而就的，它需要政府、出版社、作家、译者以及版权经理人共同努力，方能走出瓶颈，实现突破。

（原载于《现代出版》2013 年第 2 期）

---

① 安波舜：《当我独自面对世界：〈狼图腾〉版权输出过程》，《出版参考》2006 年第 9 期。

# 日本学术著作出版规范的
# 实施现状与评价

田　雁

日本学术著作的出版主要由两类出版社承担,一类是岩波书店、筑摩书屋以及讲坛社等综合性出版社,另一类是东京大学、名古屋大学等大学出版社。二者之间的最大区别是,岩波书店等综合性出版社出版的学术著作主要面向市场,而大学出版社则在主要负责校内学术著作的出版同时接受校外学术著作的资助出版。本文拟从日本学术出版规范源头的追溯开始,并就各出版社的规范执行现状及实施评价进行论述,以期从上述的经验教训中获得启示。

## 一、出版规范的"多源化"

在国内,一般都将学术著作出版规范的源头归结于《芝加哥手册——写作、编辑和出版指南》(以下简称《芝加哥手册》)的出版。《芝加哥手册》最初是由芝加哥大学出版社的一批资深编辑所撰写的图书编辑规范,于 1906 年初版。此后,随时代的发展,尤其是人们对著作权的重视,而不断被补充修订,迄今已有 16 版。从内容上看,《芝加哥手册》几乎覆盖了学术著作及杂志出版所涉及的各个细节,如今已广泛成为各国出版社及学术杂志社在英文稿件处理上常用的编辑标准。

在日本,《芝加哥手册》虽然也被一部分日本学者称为"编辑的指南",甚至称其为记载有文字、表记、句法等英文图书制作规则的"图书制作的圣经",①然而,芝加哥标准似乎没有能在如今的日本图书出版业得到广泛应用,其表现在日本至今未见有《芝加哥手册》完整的日译本。而 2012 年,由日本庆应大学出版社推出的,沼口隆、沼口好雄所翻译的《芝加哥版本——研究论文执笔指南》,从书的副题上

---

① 铃木一志:《页与力》,青土社 2002 年版,第 157－158 页。

看,所侧重的也是在研究论文方面的"执笔指南"。

正因为此,就有日本学者将英国牛津大学在 1893 年初版的 *Hart's Rules for Compositors and Readers*,视作为日本学术著作出版规范的源头。其理由是,早在 1983 年,日本学者小池光三就根据该书的第 38 版,将其翻译为成日语,并以《牛津大学出版局的标记法与组版原则》为书名,由日本 David 出版社出版。从出版时间上看,该书应是日本最早介绍学术著作出版规范的译本。2002 年,牛津大学出版社又在该书的基础上,修订出版了《牛津手册》(*Oxford Guide to Style*)。于是,这些学者便将《牛津手册》称为与《芝加哥手册》相匹敌的"21 世纪的 Hart's Rules"。①

目前在日本,作为学术著作出版的规范应用,除了《芝加哥手册》和《牛津手册》之外,还有 AP 体例、ACS 体例、MLA 体例以及 APA 体例等多个标准版本的存在。其中,AP 体例(Associated Press),原为美国新闻界的学术出版标准,目前主要应用于日本新闻界,其代表人物为日本共同通信社;ACS 体例(American Chemistry Society),是由美国化学学会确定的学术出版标准,目前主要为日本理化业界科学论文投稿时所援用;MLA 体例(Modern Language Association of America),由美国现代语言协会推出,目前主要为日本人文科学学科所应用,包括英语研究、各国语言学研究、文学、比较文学、文学评论、媒体研究、文化研究等专业领域;而 APA 体例(American Psychological Association)是由美国心理学协会所推荐,目前广泛应用于日本物理、化学、天文、医学、看护等学科,还包括社会、统计、经济等社会科学学科。据称这是日本目前唯一文理兼用、适用学科最多的一种学术著作出版规范。

综上所述,目前的日本并没有一个统一的学术著作出版规范,而是根据学科及专业方向的不同,采用不同的学术出版规范,其中,《芝加哥手册》并没有能够占据学术出版规范的主流,倒是 APA 体例,因其学科适用的广泛性,而成为目前日本学术著作的出版应用较为普遍的规范。

## 二、规范的执行现状

诚然,目前日本存在有众多的学术出版规范,但是,无论是哪种学术出版规

---

① 三上胜生:《Cool 的〈芝加哥手册〉》,http://d.hatena.ne.jp/elmikamino/20080316/1205676697,2008 年 3 月 16 日,访问时间:2013 年 5 月 20 日。

范,就其适用性而言,都包含有法律规范、学术规范、技术规范三个方面。所谓法律规范,是对出版社及作者双方而言在学术图书出版时必须遵守的法律规定,尤其是著作权相关的要求;而学术规范,有对出版社而言的,包括对学术图书性质与内容的评定,也有对作者而言的文字处理的规范要求,涉及章节划分、标点使用、专有名词、引文、图片及文字说明、图表、缩写、注释、征引书目及索引等;至于技术规范,主要是对出版社而言,包括版面设计、字体、印刷和装帧工艺等。

在法律规范的实施方面,日本是一个比较重视著作权法的国家,早在1970年就正式制定了《著作权法》,到2012年,前后经历了41次修改。出版社和作者对学术著作出版的法律规范非常熟悉,在所有出版社的出版合同中,第一条必定是确定作者拥有本学术著作的版权及出版有关的一切权利,而随后的条款则就是作者必须作出保证本学术著作没有任何侵权之处。以日本弘前大学出版社的《出版合同》为例,其中第1条规定"甲方(作者)拥有本著作的版权及出版有关的一切权利",第3条则规定"甲方(作者)保证本著作没有任何侵权之处,一旦出现著作侵权事宜,并由此引发对第三者以及乙方(出版社)的损害,其责任由甲方(作者)承担"。[①]

在学术规范的实施方面,日本的做法是由出版社下设编辑委员会来对学术著作的性质与内容加以评审,最终决定是否同意出版。如北陆先端科技大学院大学出版规则第7条明确规定"学术著作的出版须经编辑委员会讨论后,由总编最终决定",而编辑委员会则由学校"各研究科推选一名教授"组成。[②] 明治大学出版社则分设有运营委员会及编辑委员会,"编辑委员会负责检讨出版企划,而运营委员会则负责检证学术进展与社会需求间的适合性"。[③] 此外,也有出版社采用委托审稿的方式,如弘前大学出版社就是在接受了作者书稿后,"委托1~2名专家对书稿进行审读,并根据专家的审读意见,由总编最终作出是否出版的决定"。

至于学术著作的文字处理规范,主要由作者负责。如日本爱知大学的《学术著作出版合同》第2条明确规定:"甲方(作者)负责本图书的著作编辑及校对等一切事务;乙方(出版社)则负责本图书的出版发行等一切事务。"日本书籍出版协会

---

① 弘前大学出版社:《出版合同书》,http://www.hirosaki-u.ac.jp/hupress/guide/,访问时间:2013年5月20日。

② 北陆先端科学技术大学院大学出版社:《北院大规则第95号》,http://www.jaist.ac.jp/library/jaist-press/info/about.html,2005年10月19日,访问时间:2013年5月20日。

③ 明治大学出版社:《自我点检评价报告书》,2012年,第3页。

的《出版合同书》(样板合同)也在第 8 条中规定:"本图书的编校事宜由甲方(作者)负责,不过,甲方(作者)也可以委托乙方(出版社)负责"。① 对此,名古屋大学、弘前大学等其他大学出版社也都采用了相类似的原则。在此背景下,学术图书的编辑及校对等事务就成了作者自身的工作。不同专业的作者对著作的文字处理规范有着各自不同的认知,结果就造成了目前日本国内学术图书的规范在事实上宽严不等的出版格局。

学术著作的技术规范,这是对出版社而言,主要有版面设计、字体、印刷和装帧工艺等。因为是属于出版社范围内的纯粹技术性、工艺性的工作,所以,无论是大学社的《学术著作出版合同》,还是日本书籍出版协会的《出版合同书》(样板合同),都未涉及。

## 三、规范实施的评价

就日本各家出版社目前所实施的学术图书出版规范而言,首先,从内容上看,各家出版社都比较重视对作者在著作版权方面的规范,如东京大学出版社就在"科学健全发展"的旗号下,要求作者遵循"科学研究的行动规范",②其中,将他人会议发表内容充作为自己的学术思想、将网络发表的内容援引为自己的研究报告、偷换主语而将他人的著作言论等充作自己作品内容、论文发表时忽视对引文记载等行为被明确列为学术不轨。在此基础上,通过出版合同中的"内容责任条款",让作者承担起全部的侵权责任,进而减少了出版社在法律纠纷方面的风险。

其次,在程序上,大学出版社都设有专门的编辑委员会,负责对作者提交的图书原稿进行学术评价,一些没有设立编辑委员会的出版社也安排 1—2 名专家对图书原稿进行学术审读评议,这样做既避免了著作内容的造假,也保证了著作的学术质量。

第三,为了提高图书的学术品位,一些大学出版社都设有出版奖或通过出版助成等公募选拔的方式,以对图书原稿进行遴选。如东京大学出版社专门设有"南原繁纪念出版奖",早稻田大学出版部有"石桥湛山纪念早稻田新闻记者奖"

---

① 日本书籍出版协会:《出版合同书》,http://www.jbpa.or.jp/publication/contract.html,访问时间:2013 年 5 月 20 日。

② 东京大学科学研究行动规范委员会:《东京大学科学研究行动规范》,访问时间:2013 年 5 月 20 日,http://www.u-tokyo.ac.jp/ja/administration/codeofconduct/pdf/leaflet.pdf.

等;而九州大学、北海道大学、名古屋大学等出版社也都有"学术图书出版助成"制度。通过这些奖项以及出版助成制度的选拔,进而保证所出版著作的学术性。

以上三个方面应该是日本目前所行的学术图书出版规范的亮点所在。不过,在这一出版规范的实施过程中,也存在有明显的缺陷。

其一,各家出版社将著作的文字处理规范,完全交由作者负责。鉴于每位作者对规范认知的不同,就采用了各自不同的规范方式,最终造成了日本学术图书规范多样化的现状。以岩波书店为例,2000 年出版的岩波新书《日本文化的历史》,作者尾藤正英(日本学士院院士、东京大学名誉教授),书中既没有任何的注释,书尾也没有列出人名索引,只列了每章的参考文献。而 2007 年出版的《日本文化中的时间与空间》,作者加藤周一(日本著名作家、文化论者),虽然其每章后都列有注释,但书尾既没有列出人名索引,也没有列出参考文献。可见对学术规范执行之宽松。与此相对应,名古屋大学出版社 2012 年出版的《外交官的诞生》,作者箱田惠子,全书除正文外,书尾还专门列有注释、人名索引以及参考文献,而且注释长达 64 页,还有多达 14 页的参考文献表和 7 页的人名索引,三者相加页码几为正文的 1/4。[①] 这就比较严谨地体现出了《芝加哥手册》的编辑精神。

其二,因为日本的出版社将著作的文字处理规范,从书稿撰写甚至到编辑校对,都交由作者负责,因此,除了日本大学教育出版这样少数的出版社,在其学术图书执笔要项中,有明确的且是较为严格的 APA 方式的文字处理规范要求外,绝大部分出版社,包括大学出版社以及岩波书店等综合出版社,在其出版合同中,都不涉及具体的著作出版的规范要求。

必须指出的是,日本的各家学会在出版规范态度上要比出版社积极得多,如日本看护研究学会在其《原稿执笔要项》中就明确指出,本学会的编辑方针,原则上依据美国心理学协会发布的《APA 论文作成指南第 2 版》为准则。还有日本心理临床学会、机械学会、宗教学会、教育工学会、传媒文化学会等,也都是如此。鉴于日本学术图书的作者大都被各家学会所罗织,因此,就作者对出版规范的广泛认知而言,学会的推动应该是一个极为有效的正能量。

---

① 箱田惠子:《外交官的诞生》,名古屋大学出版社 2012 年版,第 281–353 页,尾页第 1–23 页。

# 四、启　　示

　　目前，就我国学术著作出版的整体而言，应该说是鱼龙混杂、泥沙俱下。一方面是在国家社科基金、国家出版基金的大力资助下，有相当一批精雕细琢的高学术含量图书出版问世，引领了当代学术出版的风潮；另一方面，也确实存在不少粗制滥造的学术含量很低的所谓学术图书，甚至还伴随着学术抄袭和学术造假的行为。

　　为此，2012 年 9 月，国家新闻出版总署发出了《关于进一步加强学术著作出版规范的通知》（以下简称《通知》），在"进一步提高我国学术著作出版质量，推动学术著作出版繁荣发展，树立良好的学术风气，提升我国学术著作的创新能力，促进国内外学术交流"的目标口号下，提出了加强学术著作出版规范的细则要求。

　　根据新闻出版总署的《通知》精神，结合目前国内学术图书出版的现状，同时参照日本在学术图书出版方面的经验和教训，我国在学术著作的出版规范上，第一，可以由各出版社根据国家《出版管理条例》、《图书质量管理规定》、《图书质量保障体系》等法规，制定出类似于日本《原稿执笔要项》的《作者须知》，详细规范包括序言、前言、目录、正文、结构、公式、图表、引文、注释、参考文献表、索引在内的细则要求。

　　第二，有条件的出版社，尤其是大学出版社应该成立编辑委员会，可以考虑聘用退休教授出任编辑委员，由他们来对作品的学术性加以审读并评议。而没有条件成立编辑委员会的出版社，也必须指定专家对作品原稿进行学术审读。在此基础上，对著作的学术水平和出版价值作出客观评价。

　　第三，有条件的出版社应该设立学术出版基金或者建立学术图书出版资助制度。这种学术出版基金或学术图书出版资助制度的存在，既能提高出版社的学术声誉，又能够吸引社科基金、出版基金之外的高质量的学术作品。

　　第四，考虑到各专业学科的特殊性，各出版社应结合自身出版特色，与国内的专业学科及学会合作，依据国际惯例、民族传统及学科特色，去建立健全适应各自学科的或相近学科群所需要的专业规范，而不是片面追求大而全的意在覆盖所有学科的统一规范。

　　毫无疑问，学术著作出版的规范需要各家出版社的努力，即如何将出版规范的内容落实到作品之中，这是学术著作严谨性的保证；然而，学术著作出版规范的落实有赖于良好的社会学术体制，这种体制包括公认的学术准则和规范、公平的学术出版环境、完善的学术批评风气，这是学术著作权威性的保证。只有二者的结合，才能最终保证我国的学术著作出版规范真正落到实处。

（原载于《科技与出版》2013 年第 7 期）

# 电子书时代日本出版业的自救

**田 雁**

由于经济持续低迷、出生率降低、电子书的冲击以及国民阅读量减少等诸多因素的影响，自 1997 年以来，日本出版业转入了长期的低迷。为了挣脱困境，21世纪初以来，日本出版业采取了多种方式自救，本文拟逐一解读日本出版业的这些自救形式及其成败缘由，以供国内出版业同行参考借鉴。

## 一、数字化转型

日本出版业向数字化转型以自救的不仅仅有出版社，还包括书店以及印刷企业等。

### 1. 日本出版社的数字化转型

出版社转型最为典型的是 2010 年 3 月由朝日新闻出版社、学研社、讲谈社等31 家日本出版社联合组建，以数字出版商务模型试行，以数字出版情报收集为目的的"日本电子书出版社协会"（EBPAJ）的成立。与此同时，2011 年 6 月，软件银行创造社、主妇与生活社、三和书籍等八家出版社也联合成立了一家名为"Bookpub"的电子书店，书店将 8 家出版社精选的实体书数字化文本置于书店页面上，采用网络营销的形式，供读者在线购买。

然而，更多的日本出版社是通过建立网站而间接地参与转型的。据统计，目前日本有 1 500 多家出版社拥有自建的销售网站。以角川书店为例，其专门开发出电子书网络销售平台"Book Walker"，主要提供角川出版实体书的 PDF 电子书下载和销售。这些网站更多地侧重于销售，因此，这 1 500 多家出版社数字化转型的成效并不那么令人激动。

2010 年 11 月,日本 ASCII 综合研究所曾就日本国民的数字化阅读进行了一项社会调查。结果显示,在 7 500 名调查对象中,回答现在正在使用电子书的国民所占比例为 10.2%,今后肯定会使用电子书的国民占 3.5%,今后或许会使用电子书的国民占 34.3%;而今后肯定不使用电子书的国民占 17.9%,今后不打算使用电子书的国民占 29.5%,另有 4.5% 的国民态度不清楚。[①] 这也许就是日本出版社不急于向真正的电子出版转型的根本原因。

### 2. 日本书店的数字化转型

日本的书店对于涉足数字化也不甚积极,其参与模式主要有两种,一种是纪伊国屋书店模式,另一种是三省堂书店模式。纪伊国屋书店模式起于 2010 年 11 月,书店专门设立了网络销售的网站——"纪伊国屋书店 BookWeb",负责统筹电子书的销售。三省堂书店的模式又称为"按需印刷"(Printing on Demand),模式源于美国的兰登书屋。三省堂书店从 2010 年秋起试行这一模式,主要的服务内容是向购书者提供外文版书籍及店内长期脱销的日文版书籍。书店在店堂内安装有印刷装订一体机,购书者在确定所需购买的书籍后,就可以在店堂内直接印刷装订。

### 3. 日本印刷企业的数字化转型

相对于出版社及书店的被动转型,日本印刷企业的数字化转型要华丽得多。日本印刷产业联合会网站发布的一项调查结果显示,在接受调查的印刷企业中,已有 54% 的企业参与了数字出版业务,即将参与的企业占到 27%,预定参与的企业占 7.9%,三者合计为 88.9%。调查结果还显示,在这些企业中,有近 70% 的企业对数字出版的必要性有了明确的认同。[②] 2010 年 7 月,大日本印刷株式会社、日本凸版印刷株式会社及日本电通集团三家行业巨头牵头,联合 89 家印刷及流通企业成立了"电子出版制作·流通协议会",协会期望通过对日本数字出版的商业模型及技术线路的设计,来积极应对数字时代的变迁。

日本印刷企业之所以如此积极求变,是与印刷市场的规模日趋萎缩相关联的。2010 年,日本印刷市场规模为 6 万亿日元,与历史最高水平 1991 年的 8.93 万亿日元相比,市场规模缩小了约三分之一。而据全日本印刷业组合联合会的预

---

① 广田埮:《これだけは知っておけ! 日本の电子书籍事情》,http://ascii.jp/elem/000/000/581/581805/,2011 年 1 月 24 日。

② 日本印刷产业联合会:《电子出版に关するアンケート调查报告书》,http://www.jfpi.or.jp/information/file/22denshi_summary.pdf,2011 年 2 月 7 日。

测,今后 10 年,日本印刷产业规模还将会进一步缩水至 3.8 万亿～5.5 万亿日元之间。

### 4. 图书馆主导的数字化转型之路

日本是世界上图书馆事业最为发达的国家之一。据日本图书馆协会统计,目前日本仅设置在都道府县的公共图书馆就有 3 164 所,此外还有 1 613 所大学图书馆,如果加上各种专业图书馆和特种图书馆,图书馆的总数应该在 5 000 所以上。

2009 年,日本国立国会图书馆馆长长尾真提出设想,由国会图书馆牵头设立一个非营利的第三方机构"电子出版物流通中心",主要负责经由网络发布的图书的著作权分配问题。其方式是由国会图书馆将藏书的电子数据无偿提供给"电子出版物流通中心",再由该中心以收费方式发送销售给使用者,随后将征收到的电子书下载费(每本书收费 120—200 日元)分配给著作权人。①

作为亚洲最大的图书馆之一,日本国立国会图书馆共藏有 650 万册图书。目前,国会图书馆已经将 1945 年前出版的 100 余万册书籍制作成电子书。2011 年,日本政府又向国会图书馆拨款 127 亿日元,计划将 1968 年前出版的 90 万册藏书也都制作成电子书,并逐步向公众开放。

长尾真的设想,得到了日本传统出版社以及包括作家在内的社会各界人士的积极回应。拥有 462 家会员单位的日本书籍出版协会与日本文艺家协会率先上书国会图书馆,表示赞同这一构想。2010 年 3 月,日本总务省、文部科学省及经济产业省又联合组织了一场高规格的"电子、网络社会出版物利用恳谈会",从政策层面对此构想展开研讨。会后,经济产业省还专门成立了"出版市场电子化研究委员会",以推动此构想的实施。

没有想到的是,就在日本全社会如火如荼地响应长尾真号召的同时,2010 年 2 月,拥有 152 家会员单位的日本电子书出版协会(JEPA)却上书国会图书馆,希望国会图书馆在免费发送电子书时能够将出版社正在销售的书籍区分开来,在出版社销售期限内不向公众开放;同时也希望将出版社与作者同意免费开放的书籍区分开来,前者由出版社自行发送,而后者才由国会图书馆发送。②

电子书出版协会的上书显而易见地表露出了该协会会员们的焦虑,他们一方

---

① 三瓶彻:《动き出す国立国会 书馆の「电子书籍配信构想」出版社との住み分けを考虑した议论がスタート》,IA japan Review 2011 年第 8 期。

② 下川和男:《国立国会图书馆に对して电子书籍配信构想に关する「日本电子出版协会案」を提案》,http://bizpal.jp/jepa.pr/00009,2010 年 2 月 5 日。

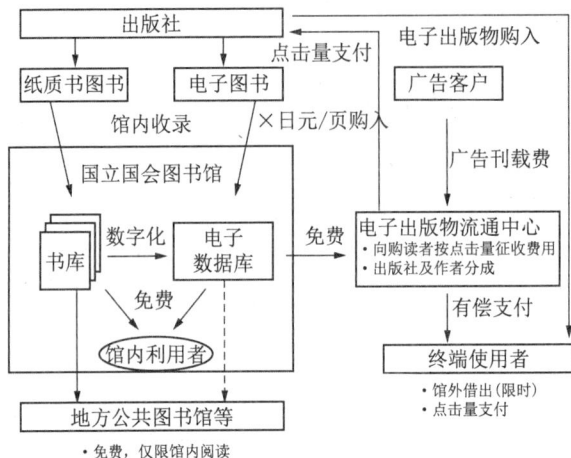

**图1　长尾真设想的"网络免费图书检索"模式示意图**

(注：根据日本总务省"电子、网络社会出版物利用恳谈会"会议资料制成)

面欢呼数字化的进程，因为这有助于库藏书籍的销售；而另一方面，他们也在担心由日本国立国会图书馆主导的数字化之路会侵犯出版社的著作权，同时也担心在数字化时代可能被边缘化，于是，坚持著作权就成为他们唯一的选择。

## 二、新销售渠道的尝试

长期以来，日本的图书销售方式是固定价格销售的"再贩制"。在"再贩制"的实施过程中，日本出版业形成了比较固定的利润分配结构，即每赚取1元钱，出版社得0.70元，图书批发公司得0.08元，而书店得0.22元。①

不过，对出版社而言，"再贩制"虽然能够保证出版社的利润，但是，它允许书店将销售不出去的图书退还给出版社，这也给出版社带来了图书退货率居高不下的问题。于是，近2年来，日本出版业，包括出版社、图书批发公司及书店在内，在开始尝试新销售手段的同时，也加大了寻找新销售渠道的力度。

新销售手段的尝试，是指以宝岛社为龙头于2005—2010年间所推行的以"买书刊赠礼品"为代表的营销活动。这一活动由宝岛社出资在书店的大堂内设置"宝岛社书店"专柜，由专门人员在现场制作并销售与宝岛社的品牌包及品牌化妆

① 日本著书贩促センター：《本の上构成比率、70% ＋ 8% ＋ 22%とは?》，http://www.1book.co.jp/000069.html.

品有相同包装元素的书籍。在这里,宝岛社所营销的已不再是图书等商品,而是品牌。据说自 2005 年至今,宝岛社所营销的各类品牌包及品牌化妆品有 200 余种,与这些品牌包及品牌化妆品同期销售的书及刊物多达 2 500 万册。①

此外,拓展新销售渠道的典型事例还有日本两大图书批发公司"东贩"与"日贩",他们建立了各自的销售网站,在网络上直接销售图书,从而在一定程度上摆脱了对书店零售的依赖,由此动摇了日本出版业"再贩制"的基础。

现阶段,日本出版业最为成功的销售渠道拓展案例,应该是日本著书贩促中心所实施的 FAX DM 对店直接系统。该著书贩促中心收集了日本全国 16 785 家书店以及 3 026 家图书馆的传真号码,并将这些号码与系统连接起来,在此基础上,有选择性地向书店及图书馆推销作品。从 FAX DM 的实际效果来看,最好的成绩是发 1 500 份传真,得到 638 家书店的回应,卖书 10 842 册;最差的结果是发 3 000 份传真,得到 13 家书店的回应,卖书 124 册;而在这份总成绩单中,共发出 113 806 份传真,得到 7 143 家书店的回应,卖书达 61 319 册。② 也就是说,每发 2 份传真,就能卖出 1 本书。考虑在日本每发 1 张传真的成本只要 4.2 日元,因此可以说,这一渠道的销售成效还是十分明显的。

## 三、自费出版与作家"养成"

从 21 世纪初开始,有相当一些日本出版社引进了自费出版项目,进而形成了自费出版的风潮。2005 年,日本国会图书馆馆藏的自费图书还只有 2 274 种,到了 2007 年,以自费出版而著称的新风舍高调出场,全社一年出版的自费图书就达 2 788 种,超过了日本历年自费出版图书的总和。然而,由于自费出版的作者的水平参差不齐,稿件质量难以保证,加之成本所限,其制作也比较粗糙,在一般的情况下很难进入书店销售。

就作者而言,虽然是自费出版,但也都希望自己的书能够上架销售。所以,新风舍等出版社在进行自费出版的营业时,往往抓住作者这一心理,以图书会在各大书店销售为诱饵来吸引作者。日本滋贺大学教授吉田龙惠在与新风舍签约时,

---

① 《高重治香·宝岛社の书店応援キャンペーンを担う マーケティング本部＋桜田圭子さん》,《朝日新闻》2011 年 2 月 27 日。

② 日本著书贩促センター:《书店向け FAX DM 効果の一例》,http://www.1book.co.jp/000038.html。

对方承诺在新书出版后，会在日本 800 家书店内上架销售，而吉田龙惠最终查实的结果是仅有 3 家书店销售。为此，深感受骗的吉田龙惠于 2007 年 7 月以新风舍在自费出版过程中欺诈为由，向东京地方法院提起诉讼。这场诉讼最终导致了新风舍的破产，同时也给自费出版这种模式抹上了阴影。

在自费之外，也有日本的一些中小出版社及书店开始将"作家养成"作为出版社的长期战略。为此，它们建立了出版社或书店直营的"作家养成班"，由出版社资深编辑及出版社旗下的名作家出面开设讲座，为出版社的将来储备后备人才。

在所有这些"作家养成班"中，最为成功的应该是由日本 Libro 东池袋书店与 Appleseed 经纪公司合办的"作家养成讲座"。据称，它们合办的第一期讲座于 2007 年 6 月起开办，共招收 12 名学员。截至 2008 年年底，这 12 名学员的作品全数都在包括宝岛社、光文社、钻石社这样的出版社出版了。[①] 此后，"作家养成讲座"就年复一年地持续至今。

由此可见，从自费出版到作家养成，日本出版业进行了一系列新出路的寻找。就目前的情况而言，自费出版显然是失败了，至于作家养成，虽然也有成功的案例，但在整体上因为缺少有影响力的作家，所以还很难给予很高的评价。

## 四、结　　论

在向数字化转型的过程中，日本出版社、书店的态度比较消极，日本的印刷企业则要积极主动得多，89.9％的印刷企业已经参与或准备参与数字出版，这一数据足以表明印刷企业的态度。

由日本国立国会图书馆主导的数字化之路，对出版社而言是一把双刃剑：一方面，电子化进程有助于出版社库藏书籍的销售；而另一方面，数字化之路也会侵犯出版社的著作权。自费出版及作家养成也是日本出版业寻找的新出路。不过，就目前的情况而言，自费出版并没能够取得成功，作家养成，也还需要时间才能够得到验证。

新销售渠道的尝试，无疑是日本出版业自我拯救的一个亮点。在这里，尤其是宝岛社所行的"买书刊赠礼品"活动，将书籍的销售与出版社的品牌创建相结

---

① 宫田和美：《新人作家を発掘せよ！ ベストセラーはカフェから生まれる！》，《钻石周刊》2008 年 5 月 5 日。

合,的确让人耳目一新。而日本著书贩促中心所实施的 FAX DM 对店直接系统,在证明电子书时代信息选择的重要性的同时,也体现出了出版物阅读分层的重要性。

总而言之,在经济持续低迷、出生率降低、电子书的冲击以及国民阅读量的减少这样的大环境下,虽然日本出版业界有所努力,也取得了一定的成效,但是,就整体而言,日本出版业的前途依然坎坷。

(原载于《现代出版》2012 年第 1 期)